太湖西北部新石器时代遗址考古报告之三

邱承墩

太湖西北部新石器时代遗址发掘报告

南京博物院　江苏省考古研究所
无锡市锡山区文物管理委员会　编著

科学出版社
北京

内 容 简 介

本书是关于太湖西北部新石器时代遗址——邱承墩的考古发掘报告。书中记录了2003~2005年在江苏省无锡市锡山区所发掘的邱承墩遗址，该遗址为良渚文化、崧泽文化、马家浜文化三个时期叠压的新石器时代遗址（墓葬），对其中出土的众多玉器，以及石器、陶器等进行了客观地描述，并配以线图和照片进行说明。

本书适合于从事新石器时代考古，特别是太湖流域考古的专家学者，以及相关专业的大专院校师生参考阅读。

图书在版编目（CIP）数据

邱承墩：太湖西北部新石器时代遗址发掘报告/南京博物院，江苏省考古研究所，无锡市锡山区文物管理委员会编著．— 北京：科学出版社，2009

（太湖西北部新石器时代遗址考古报告；3）

ISBN 978-7-03-026116-8

Ⅰ.邱… Ⅱ.①南…②江…③无… Ⅲ.新石器时代文化－文化遗址－发掘报告－无锡市 Ⅳ.K878.05

中国版本图书馆CIP数据核字（2009）第216398号

责任编辑：孙 莉/责任校对：包志虹

责任印制：赵德静/封面设计：张 放

科学出版社出版

北京东黄城根北街16号

邮政编码：100717

http://www.sciencep.com

北京天时彩色印刷有限公司印刷

科学出版社发行 各地新华书店经销

*

2010年1月第 一 版 开本：889×1194 1/16

2010年1月第一次印刷 印张：19 1/2

印数：1—1400 字数：428 000

定价：450.00元

本报告出版得到

国家重点文物保护专项补助经费

资助

序

环太湖地区新石器时代遗址的发掘和研究，虽然在20世纪50年代即已开始，但当时新中国的考古事业尚处于起步时期，就新石器时代考古学文化而言，还囿于北方以仰韶文化和龙山文化为主，而在徐淮及其以南地区，则被列入青莲岗文化以至湖熟文化的范畴。从20世纪60年代起，在环太湖地区发现并发掘了一系列地层明确、遗迹与遗物丰富的新石器时代遗址，例如浙江嘉兴的马家浜、上海青浦的崧泽、江苏吴县的草鞋山、常州的圩墩等遗址。根据这些遗址的地层叠压和打破关系，结合出土遗物的类型学分析，得出了这一地区新石器时代文化发展的序列，应该依次为马家浜文化——崧泽文化——良渚文化三个发展阶段，并被考古界认同，从而为其后的发掘与研究工作打下了基础。

我有好几位早年的高足在环太湖地区从事着新石器时代到青铜时代的考古工作，如上海的宋建同志、浙江的陈元甫同志以及江苏的张敏同志等，他们都在各自的岗位上有着出色的表现，并且撰写了多种论著问世。现置于我案头的《邱承墩——太湖西北部新石器时代遗址发掘报告》书稿，就是张敏同志执笔的一部新作，他希望我为之作序，但是我脱离新石器时代考古研究已有30年之久，按理说是不适宜写序的。只是鉴于师生之谊，兼以我的籍贯就在无锡市的宜兴境内，既然家乡有这样重要的考古发现，也就勉力写一点随笔以应之。

在无锡市境内，近年来已有无锡的彭祖墩、象塔头墩，江阴的高城墩、祁头山、南楼和宜兴的骆驼墩、西溪等新石器时代遗址的发现和发掘，再加上本书所述的邱承墩遗址，可以说这里早在新石器时代就已经是先民聚居的所在。特别是邱承墩，不仅有新石器时代的文化层堆积，而且其上层还在春秋战国时期被越国贵族利用它的高大土墩营造了特大型墓葬，连同周边已发掘的6座越墓，形成了越国贵族的墓葬群，并被评为“2004年度全国十大考古新发现”之一。其发掘报告亦由张敏同志执笔，报告中除全面地刊布发掘所得的考古资料外，还设有专章讨论墓葬的国属、年代、等级、墓主以至礼器、乐器和玉器等学术问题，并将出土的礼器、乐器和玉器分别编为大型图录同时出版，以便于学术界的专题研究，这是同类报告中的创举之一。

邱承墩为良渚文化、崧泽文化、马家浜文化三个时期文化层上下叠压的新石器时代遗址。第一期的马家浜文化层，其住地内发现有方形和圆形的房基各1座，墓地内则发现有竖穴土坑墓12座。墓葬中有5座无随葬品，4座随葬少量的陶器和石器，仅1座随葬有玉璜2件、玉管1件和陶豆1件。这种状况可能说明当时人们的生活资料还比较贫乏，而这处遗址只是一处小型的氏族聚落。作者推定其年代大致在公元前4100前后，相当于马家浜文化的中晚期。

第二期崧泽文化层，主要发现了东、西并列的两座近似长方形的祭祀遗迹。在祭祀遗迹的顶部均放置有从腹部切割过的夹砂陶罐，并且皆有玉珠、坠、镯、环等小型玉器瘗埋在遗迹周围的土中。这种同期的祭祀遗迹，过去仅发现于嘉兴的南河浜遗址，而后者只是单体的方形祭祀遗迹。这说明当时已经出现了原始的祭祀仪式，其附近还应该分布若干崧泽文化时期的聚落。作者推定其年代大致在公元前3300年前后，相当于崧泽文化与良渚文化之交。

第三期的良渚文化层，由于其高台墓地受到越国特大型贵族墓墓坑的严重破坏，仅余留下10座良渚文化时期的墓葬，但出土的文化遗物仍然十分丰富。从保存完整或基本完整的7座墓葬来看，用玉器随葬墓即有5座。其中M3随葬有玉器19件（组），包括玉琮3件、玉璧7件、玉钺1件、玉斧1件、玉镯1件和玉佩饰等，而3件玉琮则分别是2件5节的简化兽面纹琮和1件9节的简化兽面纹琮；M5随葬有玉器27件（组），包括玉琮2件、玉璧9件、玉钺3件、玉镯2件、玉耳珰2件和玉佩饰等，2件玉琮分别是1件9节的简化兽面纹琮和1件11节简化兽面纹琮；M11随葬有玉器22件（组），包括玉璧6件、玉钺2件和玉佩饰等，虽然未发现典型的玉琮，但在玉佩饰中却有1件2节的简化兽面纹的琮形玉管。此外，在M7中随葬有玉璜1件，M10中随葬有玉环1件，M8和M9则仅有陶器随葬。还有1座被越国特大型墓墓坑破坏的残墓M4，在墓主头部所在的位置，就发现了玉冠饰、玉璜、玉环、玉镯各1件，以及玉管4件和玉扣2件，说明此墓原来也应该是随葬有众多玉器的高规格墓葬。

从目前已知的考古资料看，在邻近邱承墩的良渚文化遗址群中，以常州市武进寺墩遗址的面积最大，达6万平方米，发现的遗迹、遗物也很丰富，可能是这一地区良渚文化的聚落中心。其高台墓地中发现的大墓M3，随葬品多达124件，其中包括玉琮33件和玉璧24件。本书的作者认为邱承墩M5的规格仅次于寺墩M3，并认为邱承墩的M3、M5和M11除随葬玉琮（或琮形器)和玉璧外，均随葬玉钺，但玉钺却未见于寺墩M3，这确实是一个值得注意的现象。

报告认为邱承墩高台墓地内的M7、M8和M9的年代大致相当于良渚文化早期偏晚的阶段，约为公元前3000年左右；而M2、M3、M4、M5、M10和M11的年代则大致相当于良渚文化中期偏晚或晚期偏早的阶段，约为公元前2400年左右。这样，出有众多玉器的高规格墓葬均属于后一阶段。因此，这处高台墓地应是研究太湖北岸良渚文化的不可或缺的一环。

作者虽然谦逊地言明这部报告只是一部描述型报告，而不是研究型报告，但此书的内容中实际已经包含了若干研究性的论点。如关于第二期东、西并列的两座祭祀遗迹的看法，就对原始的“礼”、“以西为尊”以及生殖崇拜等观念提出了值得探讨的问题；关于第三期的高台墓地，也明确地指出这是良渚文化时期贵族墓地的普遍现象，并进而与邻近的武进寺墩遗址高台墓地发现良渚文化大墓作了初步的对比，对大多随葬有玉琮、玉璧和玉钺等高规格的玉器，特别是有无随葬玉钺的问题提出值得思考的问题。书中对地层的叠压和打破关系叙述清晰，分期的依据翔实可靠，对遗迹和遗物的描述详尽而不烦琐，行文简洁，可以说是一部科学性与资料性结合得很强的考古发掘报告。

张敏同志自20世纪80年代即深入钻研长江下游的新石器时代和青铜时代的考古学文化。从他早期的论文如《吴王余昧墓的发现及其意义》、《宁镇地区青铜文化谱系与族属研究》与《试论点将台文化》等，已可窥见其功力；而1999年出版由他执笔的《龙虬庄——江淮东部新石器时代遗址发掘报告》，则带有填补江淮东部新石器时代文化空白的性质，这部报告首开将发掘所得的土壤、人骨、植物、动物等自然遗物列入正文予以分章叙述的先例，并将这些多学科的研究成果融入报告的结语之中，这是一种很值得提倡的作法。

近十年来，张敏同志及其所带领的团队致力于江苏境内太湖北岸新石器时代文化遗址的发掘与研究，先后发掘了诸如无锡的彭祖墩和邱承墩、江阴的高城墩、南楼和祁头山，以及宜兴的骆驼墩、西溪等一系列重要的遗址，并及时发表了考古发掘报告，从而为环太湖新石器时代文化连串成片地进行系统研究创造了良好的条件。

最近又阅及张敏同志为《南方文物》主持的“吴越考古”专栏，他所撰写的“开栏语”和《吴国都城初探》，确实为沉寂已久的吴越考古提出了新的思维、新的方法和新的课题。希望他在长期的考古实践与深厚的研究经验的基础上，继续为长江下游地区的新石器时代和青铜时代的考古学文化研究方面作出更大的贡献。

由于笔者垂垂老矣，精力不济，此序拉杂写来，不成体统，敬希作者和读者见谅。

蒋赞初

二〇〇九年盛夏于南京大学之南秀村，时年八十有二。

目　录

插图目录

图版目录

第一章　遗址概况

第一节　历史沿革与遗址分布

无锡,《禹贡》扬州之地；周代先后为越、吴、楚之属地；秦始皇二十五年（公元前222年）置会稽郡，无锡为会稽郡属地；汉高祖五年（公元前202年)析会稽郡为会稽、吴二郡，会稽郡治山阴（今绍兴)，吴郡治吴（今苏州)，始置无锡县，属吴郡；文帝前元十六年（公元前164年）会稽、吴并为会稽郡；武帝元封元年（公元前110年)，以无锡为侯国，征和四年，复为无锡县；新莽改无锡县为有锡县；东汉光武年间复为无锡县；明帝永平元年（58年）以无锡为侯国；顺帝永建四年（129年）分置吴郡，无锡属之；东吴分无锡以西屯田，置毗陵典农校尉；晋太康元年（280年)，复置无锡县，二年以毗陵典农校尉改置毗陵郡；东晋建武元年（317年）改毗陵郡为晋陵郡，无锡属之；刘宋元嘉八年（431年)，置南徐州，晋陵属之；齐、梁、陈因之；隋改晋陵为常州，无锡县属之；唐宋时无锡县属常州；元初升为常州路，无锡升为州；明太祖洪武元年（1368年）为常州府无锡州，二年降为无锡县；清雍正四年（1726年)，分无锡东境为金匮县；民国初撤金匮县，并为无锡县；建国后无锡县属苏州地区，苏州地区撤销后属无锡市。1995年撤无锡县，改为锡山市；2000年撤锡山市，改为锡山区。2004年初，由于乡镇调整，后宅镇与鸿声镇合并，设鸿山镇。鸿山镇原属无锡市锡山区，2005年初改属无锡市新区。

邱承墩遗址位于无锡市鸿山镇东北，地属无锡市鸿山镇。

第二节　地理位置与自然环境

鸿山镇位于无锡市区东南，地处太湖北部东侧的冲积平原，北高南低，地势平坦，地形局部有明显的起伏，平均海拔1～4米，最高处海拔5～6米（吴淞高程)。鸿山镇四周皆水网湖荡，河流湖泊均属太湖水系，为典型的江南水乡环境。其东邻望虞河（蠡河），西枕运河，伯渎河及其支系九曲河穿流其间；其东傍蠡湖和鹅湖，西依太湖，距蠡湖和太湖均约10公里。

邱承墩遗址位于鸿山镇东约1公里，东南距苏州市区约20公里，西北距无锡市区约20公

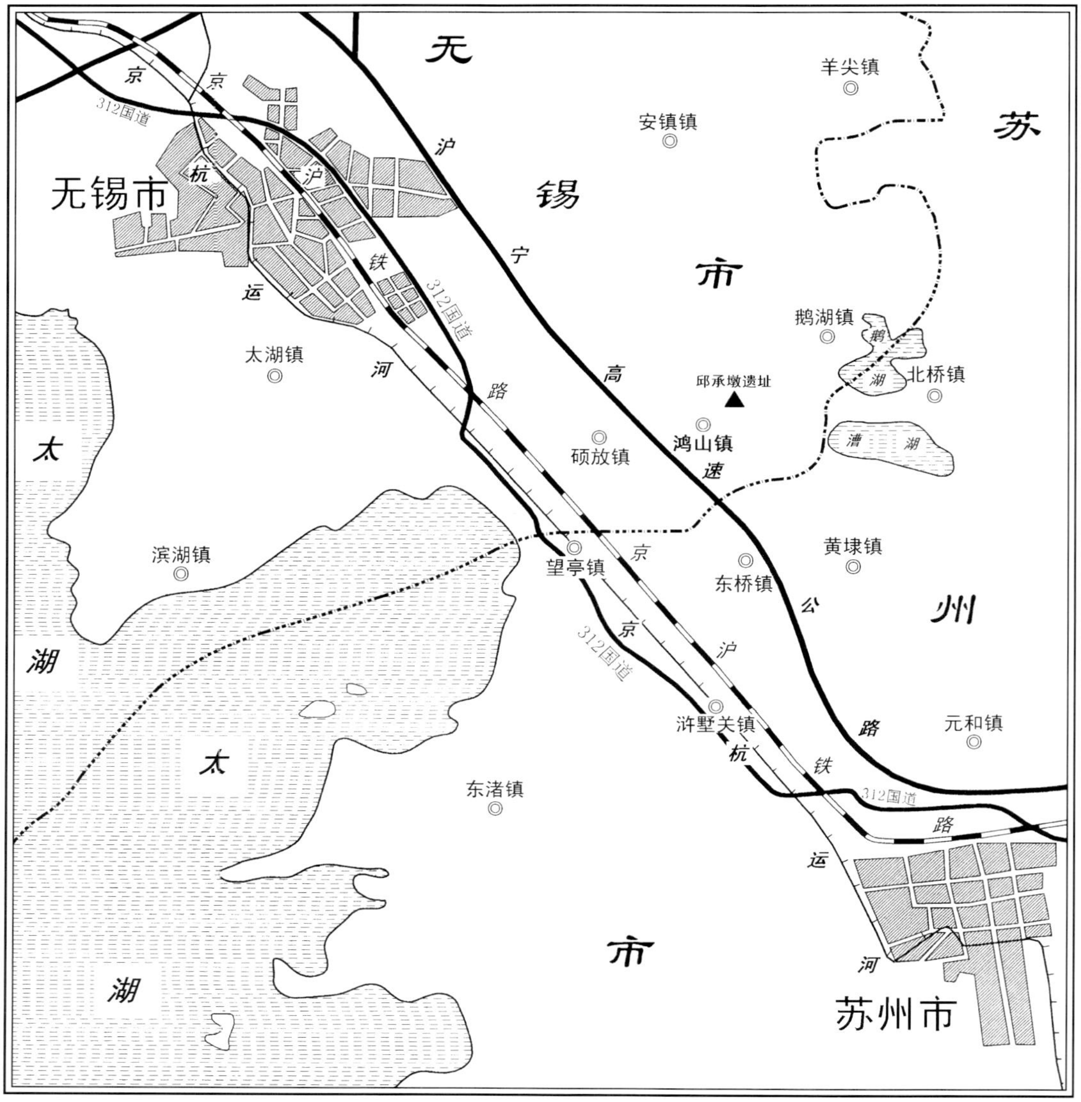

图一　邱承墩遗址地理位置示意图

里，地理坐标120° 30′ 16.8″ E, 31° 29′ 38.6″ N (图一) 。

中国科学院南京地质古生物研究所对邱承墩遗址生土层的土壤样品进行孢粉分析的结果如下：

木本科植物占0.4%, 仅见松 (*Pinus*) ；草本植物占53.9%, 其中禾本科 (Gramineae) 48.7%, 莎草科 (Cjyeracjeae) 1.5%, 蒿属 (*Artemisia*) 1.2%, 石竹科 (Cjaryophyllacjeae) 0.4%, 百合科 (Liliacjeae) 0.8%, 豆科 (Leguminosae) 0.8%, 毛茛科 (Ranuncjulacjeae) 0.4%；水生草本植物占7.6%, 其中香蒲属 (*Typha*) 3%, 水蓼属 (*Polygonum*) 2.3%, 睡莲科 (Nymphaeacjeae) 1.1%, 眼子菜科 (Potamogetonacjeae) 1.1%；蕨类植物占38%, 其中水蕨 (Cjeratopteris) 14.8%, 紫萁科 (Osmundacjeae) 11.8%, 卷柏科 (Selaginellacjeae) 7.2%, 石松属 (*Locjopodium*) 3%, 鳞盖蕨属 (*Micjrolepia*) 0.8%, 海金沙属 (*Lygodium*) 0.4%。

图二　邱承墩遗址外景（南—北）

根据孢粉分析结果，邱承墩遗址在形成之前的周围环境为陆地、河流、湖泊和沼泽相间的湿地环境。

邱承墩遗址周围除原生态湿地环境大多成陆之外，河流、湖泊等一仍如旧（图二）。

第三节　考古发掘与报告编写

由于鸿山开发区的建设，经国家文物局批准①，江苏省考古研究所和无锡市锡山区文物管理委员会组成考古队，于2003年3月～2005年5月对开发区范围内的墓葬和遗址进行抢救性发掘，计发掘了战国时期的越国贵族墓葬7座，按土墩的分布由南向北依次编号为WHDⅠ～WHDⅦ②。

邱承墩原为新石器时代遗址，战国时期的越国贵族墓葬打破新石器时代遗址。邱承墩遗址编号为2005WHQ③。（本报告中探方、地层、遗迹和遗物的编号均略去2005WHQ）

邱承墩遗址由于战国墓葬封土的原因，已形成长方形覆斗状土墩，土墩长78.6、宽50.8、高5.4米，面积约4000平方米，而遗址的实际面积远大于土墩面积，经过钻探在土墩的东部亦发现有较薄的新石器时代文化层，推测在营造战国墓时将遗址东部的土已挖去作为堆筑墓葬的封土，因此遗址的原面积应在10000平方米左右。

由于战国时期的越国贵族墓是在邱承墩遗址上构建的，即战国墓打破新石器时代遗址。战国墓葬的营造方式是先在邱承墩的西部和北部堆土，对原土墩进行加长和加宽，形成东西向

①《中华人民共和国考古发掘证照》考执字（2005）第11号。

②编号中：W，无锡；H，鸿山；D，土墩；Ⅰ—Ⅶ，土墩编号。

③编号中：2005，年度；W，无锡；H，鸿山；Q，邱承墩。

的长方形土墩，平整土墩后在土墩中部开挖墓坑，并将墓坑构筑成墓道、墓室、侧室、后室、壁龛及排水沟等，分别置放墓主和随葬器物，再进行填土和封土，最终形成长方形覆斗状的特大型土墩。越国贵族墓的墓坑总长56.7米，平面呈“中”字形，深3米，其中墓道长21.2、宽3.65米；墓室长23.6、宽6.3米；后室长11.9、宽3.2米；墓道中间有一条宽0.2米排水沟；后室后还有长梯形斜坡状排水沟，宽1.0～1.3、长约12米。越国贵族墓几乎横贯邱承墩遗址中部的东西，因此邱承墩遗址的绝大部分都被越国贵族墓打破。

由于邱承墩既有战国时期的越国贵族墓葬，又为新石器时代遗址，因此邱承墩没有采用通常发掘土墩墓的“四分法”，而是采取在遗址上统一布方，挖去墓葬的封土，待战国墓葬的墓口完全暴露后打去隔梁，先清理战国墓；战国墓清理完毕后再对新石器时代遗址进行发掘，对文化遗迹进行清理。

邱承墩遗址计布10米×10米的探方27个，在直角坐标系的第一象限内，X轴与Y轴各取两位数，限依次编号为T0303、T0304、T0305、T0306、T0403、T0404、T0405、T0406、T0503、T0504、T0505、T0506、T0603、T0604、T0605、T0606、T0703、T0704、T0705、T0706、T0803、T0804、T0805、T0806、T0903、T0904、T0905，由于临土墩边缘探方发掘面积不足10米×10米，而T0303～T0803等探方因近现代墓葬的原因只能进行局部发掘，而遗址的北部在发掘之前已因鸿山开发区的建设被大型机械挖去一部分，因此邱承墩遗址的实际发掘面积为2015平方米（图三，图四）。

图三　邱承墩遗址考古发掘现场

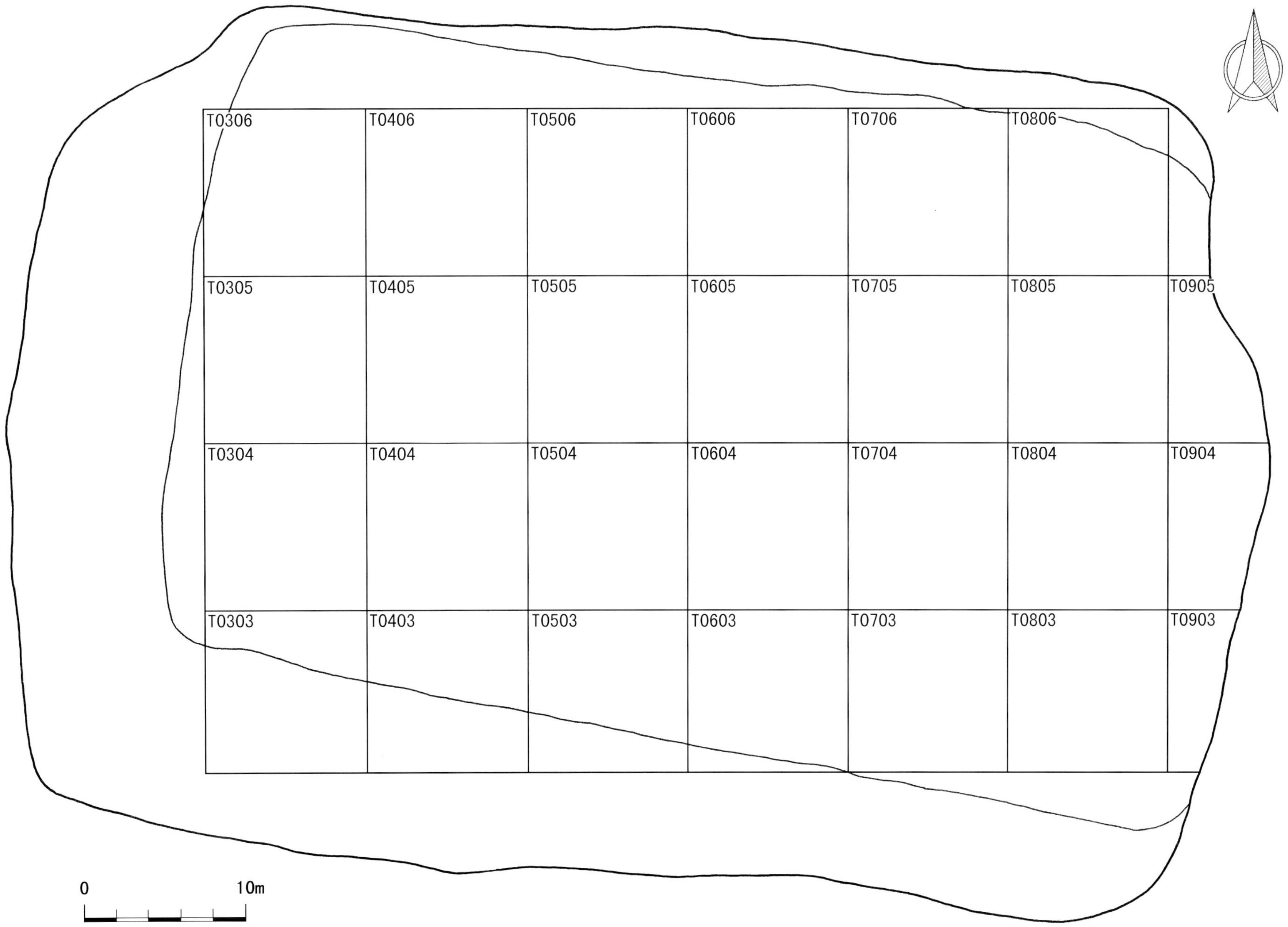

图四　邱承墩遗址考古发掘布方图

2005年4月，由于鸿山越国贵族墓地的考古发掘被评为“2004年度全国十大考古新发现”后，引起了无锡市政府的高度重视，立即停止鸿山开发区的建设，决定保护鸿山开发区内的遗址和墓葬群，并邀请中国建筑设计研究院建筑历史研究所做大遗址保护规划，规划在邱承墩遗址上建设遗址博物馆。为配合大遗址保护，改抢救性考古发掘为保护性考古发掘，并于2005年5月终止考古发掘。

遗址的南部和西北部发掘到生土，而东北部和南部发掘到第3层后，采取了保护措施，第4层和第5层皆未进一步发掘。

邱承墩遗址考古发掘领队为张敏，参加考古发掘的有江苏省考古研究所李则斌、田名利、朱国平、韩建立、唐根顺，无锡市锡山区文物管理委员会邹忆军和北京师范大学硕士研究生范玉珊、郭志委；文物修复韩建立、唐根顺；考古绘图费玲伢；文物摄影吴瞻、喻勤；英文翻译汤惠生；报告执笔张敏。

由于鸿山开发区范围内战国时期越国贵族墓地的考古发掘简报已发表①，鸿山越国贵族墓地的考古发掘报告已出版②，故本报告为邱承墩新石器时代遗址的考古发掘报告。

邱承墩新石器时代遗址已先后在《中国文物报》发表过报道③，在《文物》发表过简报④，若报道或简报的内容与本报告有出入者，当以本报告为正。

邱承墩遗址考古发掘报告遵循的基本原则是尊重科学，尊重事实，客观描述，返朴归真。

（1）根据太湖流域考古学文化的发展阶段，对邱承墩遗址进行粗略地分期；

（2）对各期的文化遗迹进行客观地分类，对文化遗物按遗迹单位进行客观地描述，而未将文化遗物根据器类和器形作类型学的研究；

（3）各期的文化年代，仅提出年代跨度的框架；各期的文化性质，也仅罗列出可资比较的遗址，而未将文化遗物与相关遗址出土的文化遗物进行烦琐的相互比对；

（4）由于良渚文化的研究已进行多年，且深入到良渚文化的各个领域，故本报告对邱承墩遗址出现的特殊文化现象，仅进行简单地分析，而不作进一步的研究。

因此，邱承墩遗址考古发掘报告是一部描述型报告，而不是一部研究型报告。

---

①南京博物院考古研究所、无锡市锡山区文物管理委员会：《无锡鸿山越国贵族墓发掘简报》，《文物》2006年第1期。

②南京博物院、江苏省考古研究所、无锡市锡山区文物管理委员会：《鸿山越墓发掘报告》，文物出版社，2007年。

③张敏、李则斌、朱国平、田名利、邹忆军：《江苏无锡邱承墩遗址首次发现良渚文化高台墓地的双祭台》，《中国文物报》2006年4月19日。

④江苏省考古研究所、无锡市锡山区文管会：《江苏无锡邱承墩新石器时代遗址发掘简报》，《文物》2009年第11期。

第二章　文化遗存

第一节　邱承墩遗址的地层堆积

邱承墩遗址的地层堆积可分为战国墓葬M1的堆土堆积和遗址的地层堆积两部分。

战国墓葬的堆土堆积和封土堆积分为5层：

第1层，耕土，灰褐色，厚0.6～1.25米。

第2层，黑土，厚0.25～0.5米，含宋代和明清瓷片。

第3层，灰黑土，厚0.3～0.45米，土质较硬，含少量春秋时期的印纹陶残片。

第4层，墓葬封土，黄褐土，厚0.2～0.5米，土质坚硬，纯净，偶见春秋时期的印纹陶片。

第5层，墓葬堆土，灰土，厚0.2～0.25米，M1的墓坑开口于第4层和第5层上。

在发掘邱承墩遗址时对地层进行了重新划分，将战国时期越国贵族墓葬M1的封土和堆土合并为一层，墓葬的堆土堆积和封土堆积即第2、第3、第4、第5层合并为第2层。

邱承墩遗址的地层堆积自上而下共分为5层：

第1层，耕土，灰褐色，土质疏松，高0～5.4、厚0～1.25米。

第2层，M1的封土和堆土，土质坚硬，高4.45～5.05、厚0～0.40米，含少明清、宋代和春秋时期的陶瓷残片。

战国时期的越国贵族墓M1开口于第2层下，打破第3和第4层。

第3层，新石器时代的高台堆土，分为a、b、c、d、e五小层，分别为黄绿色、黄灰色、灰白色、灰色、灰黑色黏土，皆为斜向堆积，土质坚硬，高土台的边缘部分为斜坡状堆积，高0～4.80、厚0～2.90米，堆土十分纯净，偶见残破的石器。高台的中部自东而西被M1打破。

新石器时代的墓葬应集中在高台的东部至中部，然大多被M1打破。在高土台的东部清理了墓葬6座，编号为M2、M6、M7、M8、M9、M10；在高土台中部偏南清理了新石器时代的墓葬4座，编号为M3、M4、M5、M11。

新石器时代的墓葬开口于第2层下，打破第3层，皆为南北向竖穴土坑墓。

第3层的高土台叠压并列的祭台2座，编号为JS1、JS2，祭祀遗迹叠压第4层。

第4层，灰褐色土，土质较疏松，高1.00～2.02、厚0～0.80米，包含物较丰富，有陶器、石器和小玉器等。

4层下清理了新石器时代墓葬12座，墓葬集中在遗址的西北部，皆为南北向竖穴土坑墓，编号为M12～M23；在墓地的东部清理了房基2座，编号为F1、F2。

墓葬和房基皆开口于第4层下，打破第5层。

第5层，黑灰色土，土质松软潮湿，高0～0.95、厚0～1.10米，包含物有残陶器和石器。

第5层下为黄褐色生土（图五）。

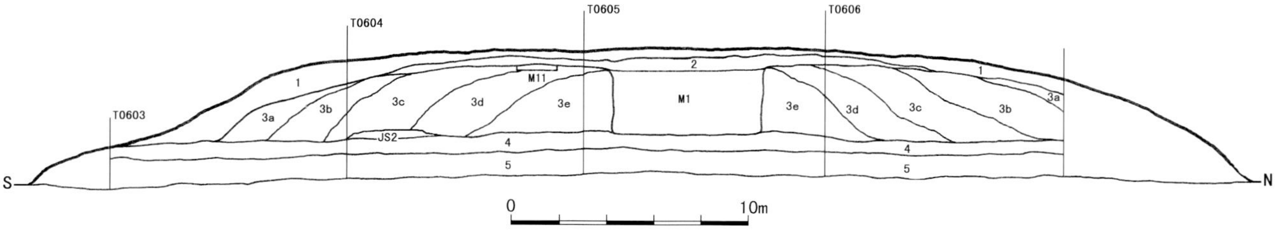

图五　邱承墩遗址T0603—T0606西壁剖面图

根据遗址的堆积情况以及文化遗迹和文化遗物分析，邱承墩遗址新石器时代的文化层堆积延续时间较长，然由于文化遗迹较少，姑且将其粗略地分为三期。

第一期　遗址的第5层和打破第5层的墓葬、房基。

第二期　遗址的第4层和叠压第4层的祭祀遗迹堆积。

第三期　遗址的第3层和打破第3层的墓葬，即高土台和打破高土台的墓葬。

邱承墩遗址新石器时代的文化遗存分为三期，文化遗迹主要有墓葬和祭祀遗迹（祭台）。

第一期清理了房屋基址2座，编号F1、F2；墓葬12座，编号M12～M23。

第二期清理了祭祀遗迹2处，编号JS1、JS2。

第三期清理了墓葬10座，编号M2～M11。

邱承墩遗址的层位关系相对简单，用“——”表示叠压关系，“——→”表示打破关系，层位关系图示如下：

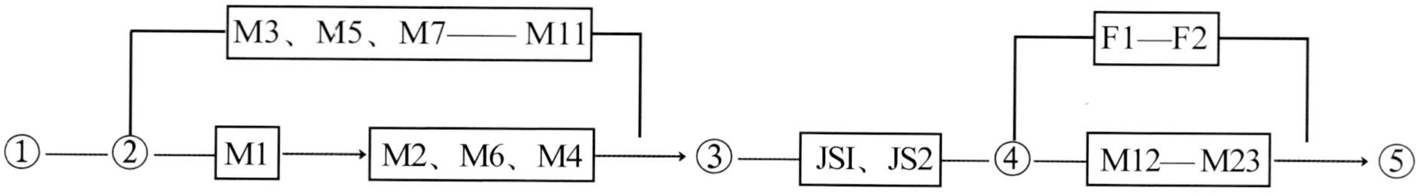

第一期文化遗迹集中位于遗址的西北部，第二期文化遗迹位于遗址的中部偏南，第三期文化遗迹分布于遗址的东部和中部（图六）。

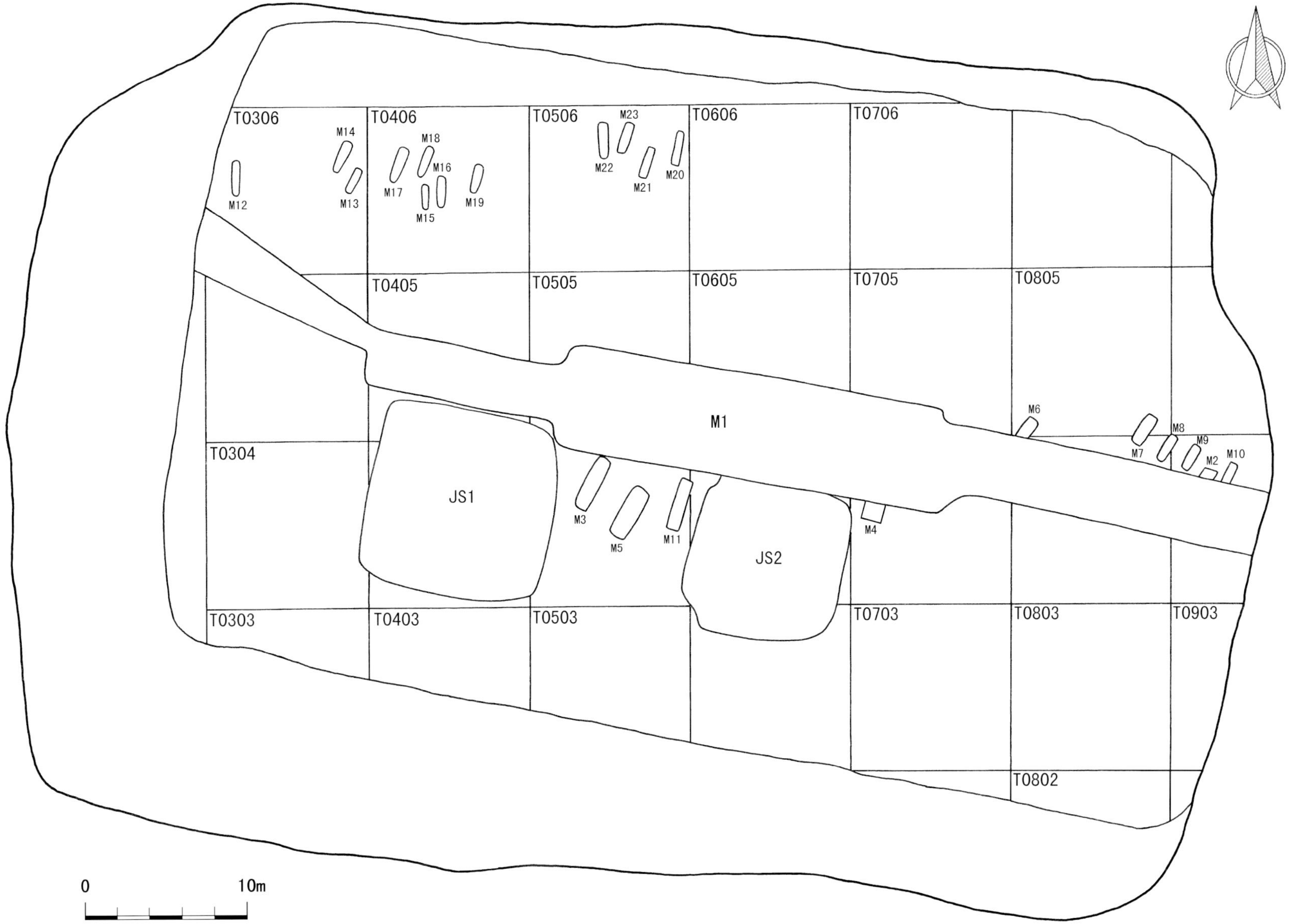

图六　邱承墩遗址墓葬和祭祀遗迹分布示意图

(2层下遗迹：M1、M2、M3、M4、M5、M6、M7、M8、M9、M10、M11；3层下遗迹：JS1、JS2；4层下遗迹：M12、M13、M14、M15、M16、M17、M18、M19、M20、M21、M22、M23)

第二节　第一期文化遗迹与文化遗物

第一期文化遗迹有2座房基和12座墓葬，文化遗物主要为墓葬的随葬器物，地层内出土的文化遗物仅有陶片和残石器，陶器仅复原陶罐和陶豆，石器有石锛、石镞等。

一 房屋基址

第5层下清理了房屋基址2座。

1. F1

分布于T0705内，开口于第5层下，打破生土层。F1的柱洞分布较复杂，可能在原址先后多次建筑。现存较完整的房屋基槽近似正方形，西北向，方向340°，两开间，东西长3.40、南北宽2.50米，中有隔墙基槽，基槽宽0.15～0.25、深0.15～0.20米；其东面还有一道呈西北—东南向的房屋基槽，宽0.20、深0.18～0.25米，中亦有隔墙；F1内及东面和南面分布有柱洞，柱洞呈圆形或椭圆形，径0.25～0.60、深0.22～0.35米。

F1内未见文化遗物（图七，图八）。

2. F2

分布于T0605内，开口于第5层下，打破生土层。F2现存房屋南部基槽，西北向，方向338°，基槽宽0.20～0.30、深0.30米；基槽内有圆形基槽，直径约3.40米，基槽宽0.20、深0.18～0.25米，东面和北面分布有成排的柱洞，柱洞呈圆形或椭圆形，径0.20～1.15、深0.22～0.35米。

F2内亦未见文化遗物（图七，图九）。

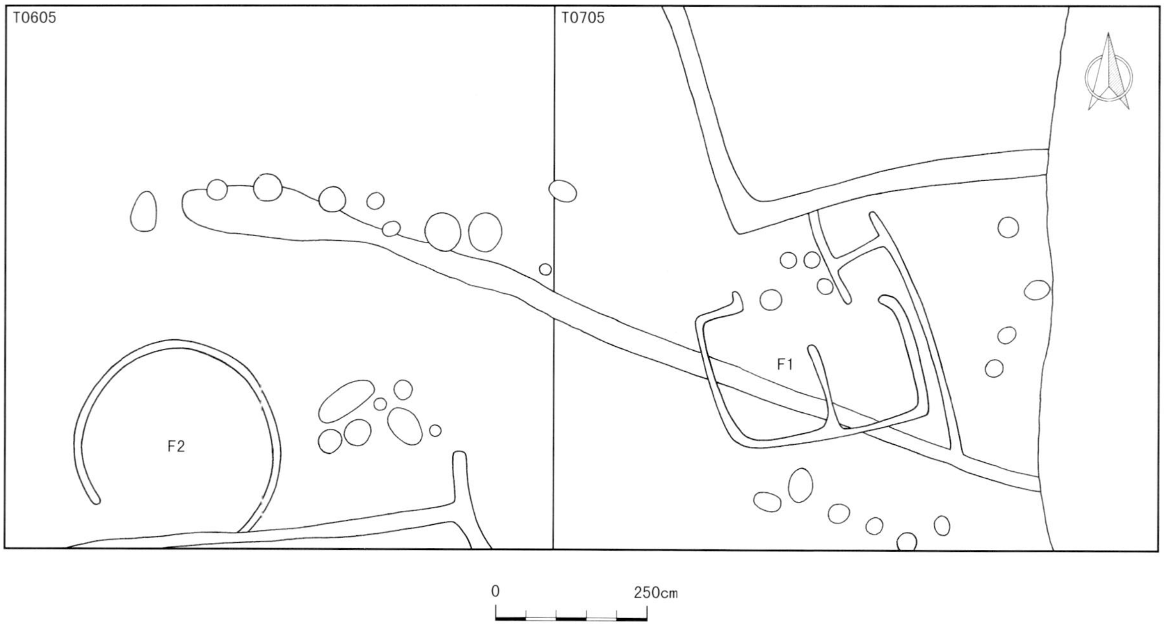

图七　F1、F2平面图

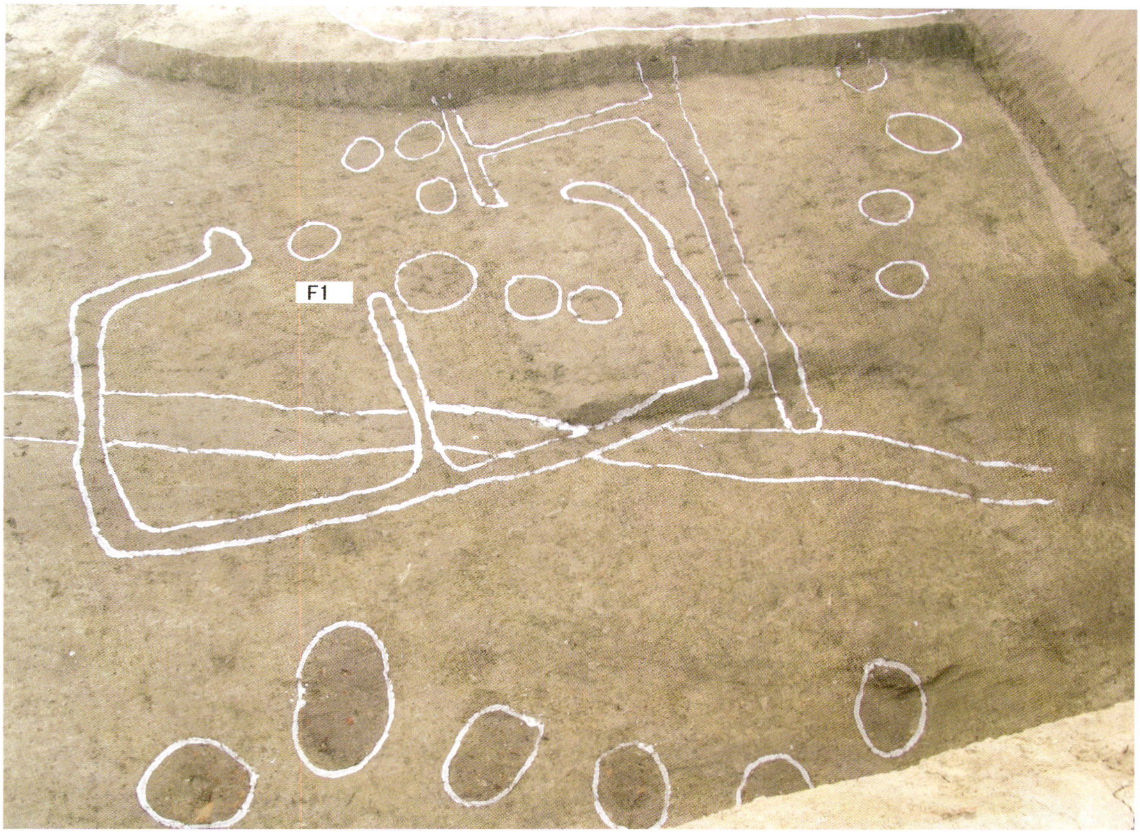

图八　F1清理前

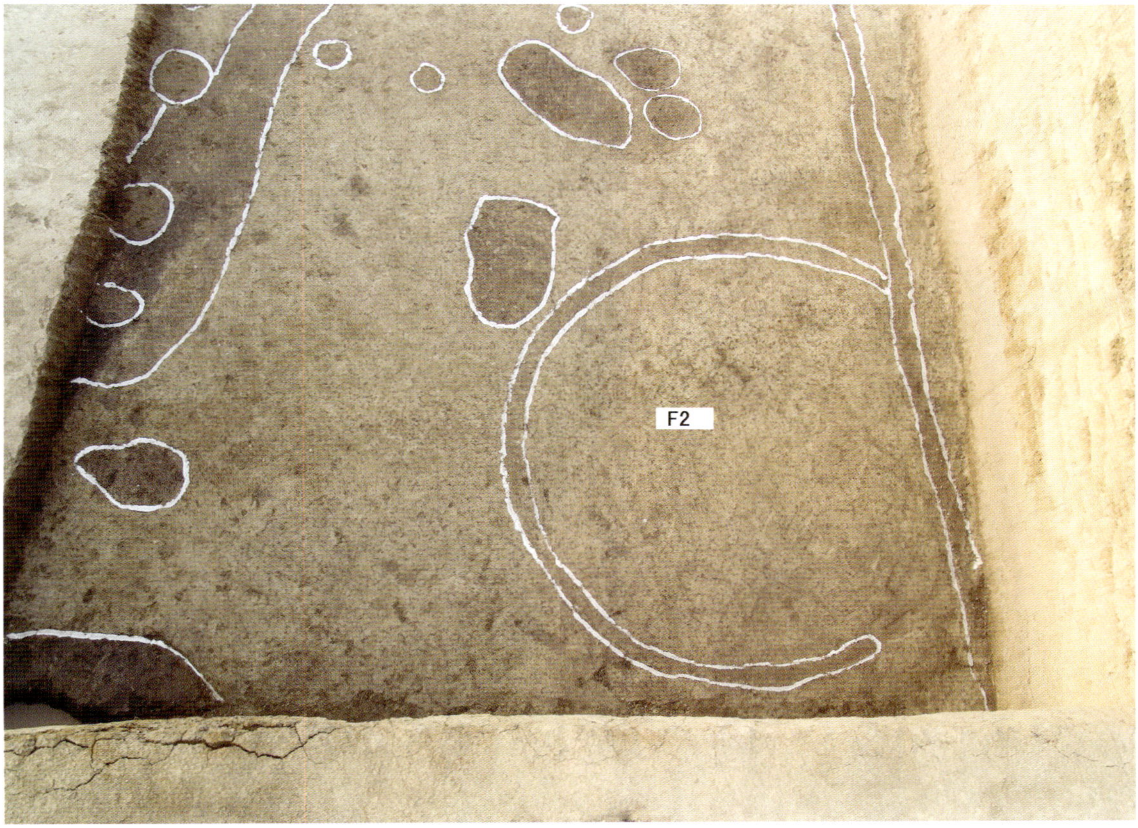

图九　F2清理前

二　墓葬及随葬器物

第4层下计清理了墓葬12座，墓葬集中分布于遗址的西北部，皆长方形竖穴浅坑，南北向，开口于第4层下，打破第5层。

1. M12

位于T0306西北部，与M13、M14相隔5～6米。竖穴浅坑墓，开口于第4层下，打破第5层。墓坑呈长方形，长1.88、宽0.51、深0.23米，南北向，墓向2°。人骨保存较好，仰身直肢，头向北。随葬玉璜2件，置于颈部；玉管1件，置于右手外侧；红陶豆1件，仅存豆柄，置于膝部外侧（图一〇，图一一，图一二）。

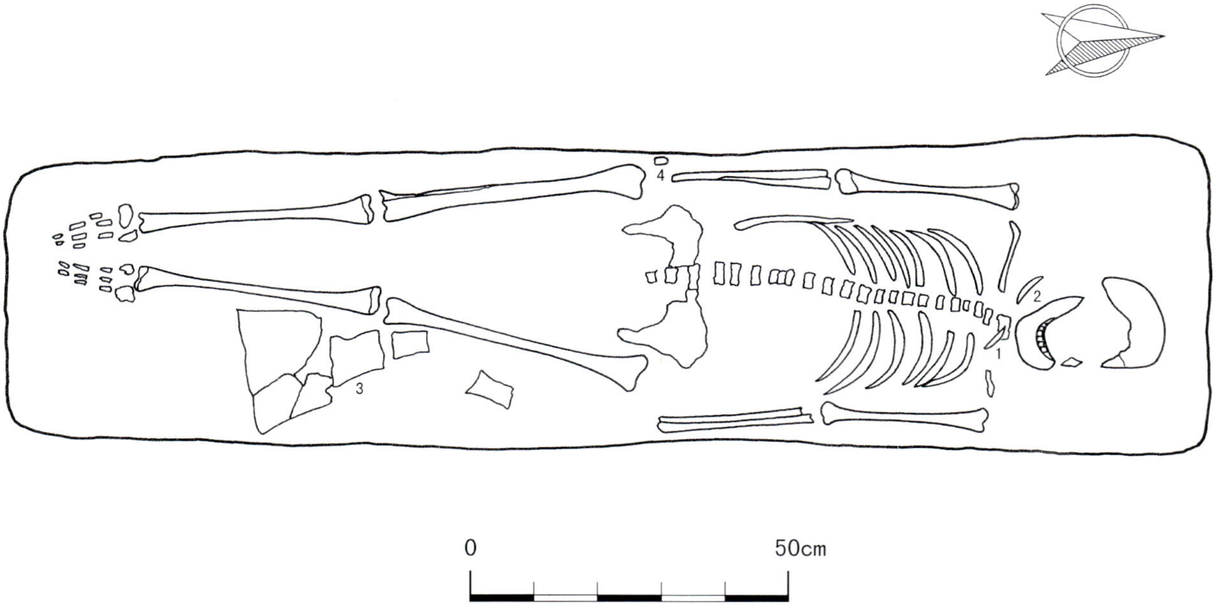

图一〇　M12墓葬平面图

1. 玉璜　2. 玉璜　3. 陶豆　4. 玉管

图一一　M12

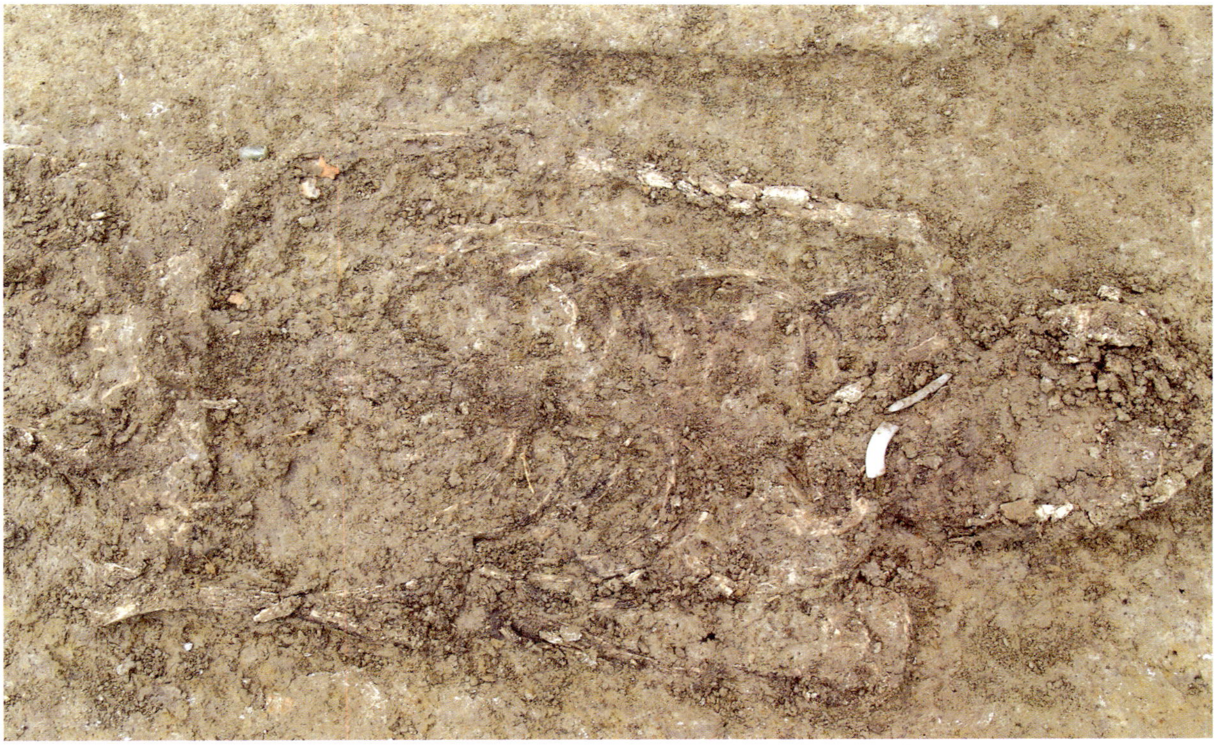

图一二　M12玉璜、玉管出土情况

随葬器物有陶器和玉器。

陶器　1件。

豆　1件。

M12：3　泥质红陶，豆盘残。高足，下部外撇呈大喇叭形。足径16.7、残高23.8厘米（图一三）。

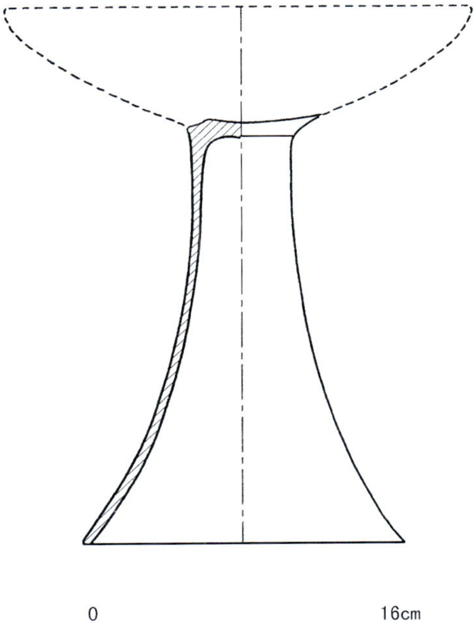

图一三　陶豆（M12：3）

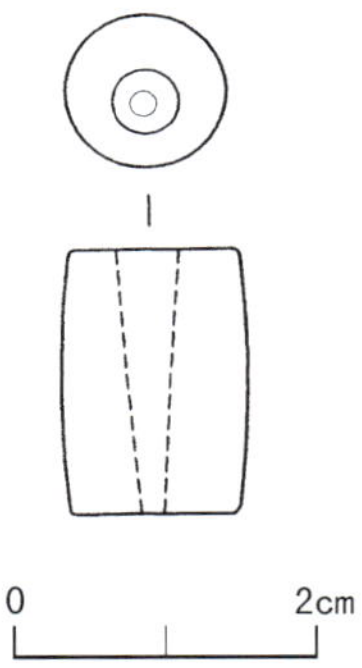

图一四　玉管（M12：4）

图一五　玉管（M12：4）

玉器　3件。

管　1件。

M12：4　深绿色水晶质，半透明。管形，中部微向外弧，一孔上下贯穿，孔为单面钻，表面抛光。直径1.1、孔上径0.4、孔下径0.2、高1.8厘米（图一四，图一五）。

璜　2件。

M12：1　乳白色玛瑙质，半透明。条状弧形，上端厚，下端薄，一端有一小孔，另一端有两小孔，孔为单面钻，通体抛光。长4.2、高1.6、宽1.1、厚0.6厘米（图一六，1；图一七，上）。

M12：2　乳白色玛瑙质，半透明。条状弧形，上端厚，下端薄，两端各有一小孔，孔为单面钻，通体抛光。长5.6、高1.7、宽1.1、厚0.4厘米（图一六，2；图一七，下）。

两件玉璜可拼接（图一六，3）。

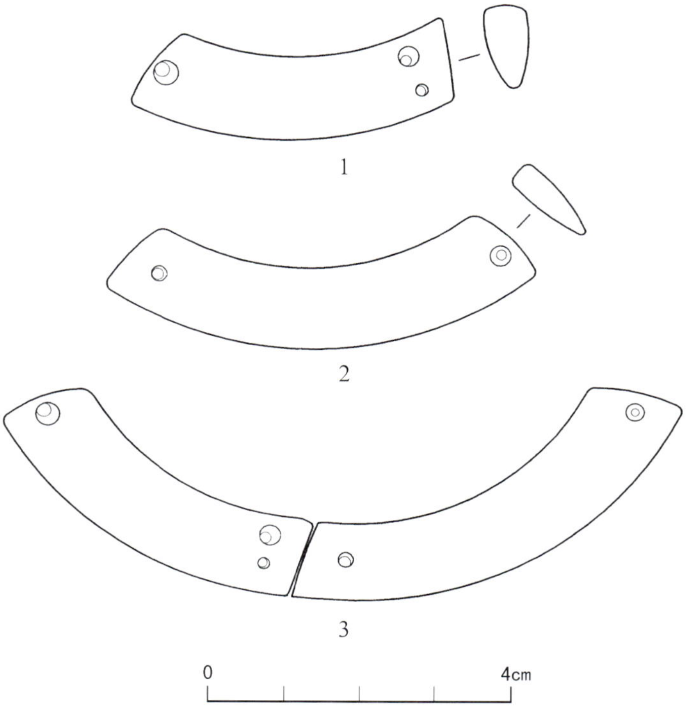

图一六　玉璜

1.M12：1　2.M12：2　3.M12：1、M12：2

图一七　玉璜（M12：1、M12：2）

2. M13

位于T0306东北部，西邻M14。竖穴浅坑墓，开口于第4层下，打破第5层。墓坑呈圆角长方形，长1.14、宽0.40、深0.22米，东北—西南向，墓向20°。人骨腐朽，仅存头骨痕迹，头向北。无随葬器物（图一八，图一九）。

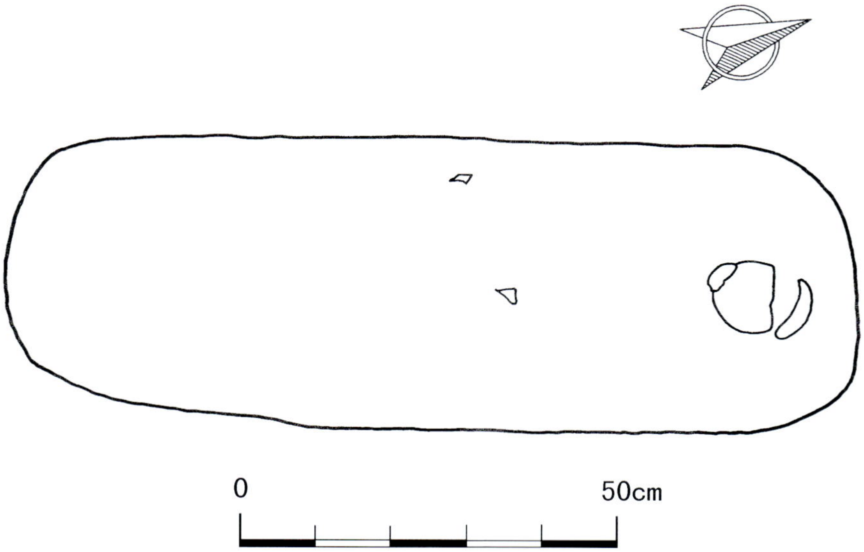

图一八　M13墓葬平面图

图一九　M13

3. M14

位于T0306东北部，东邻M13。竖穴浅坑墓，开口于第4层下，打破第5层。墓坑呈长方形，长1.77、宽0.43、深0.26米，东北—西南向，墓向23°。人骨腐朽无存。无随葬器物（图二〇，图二一）。

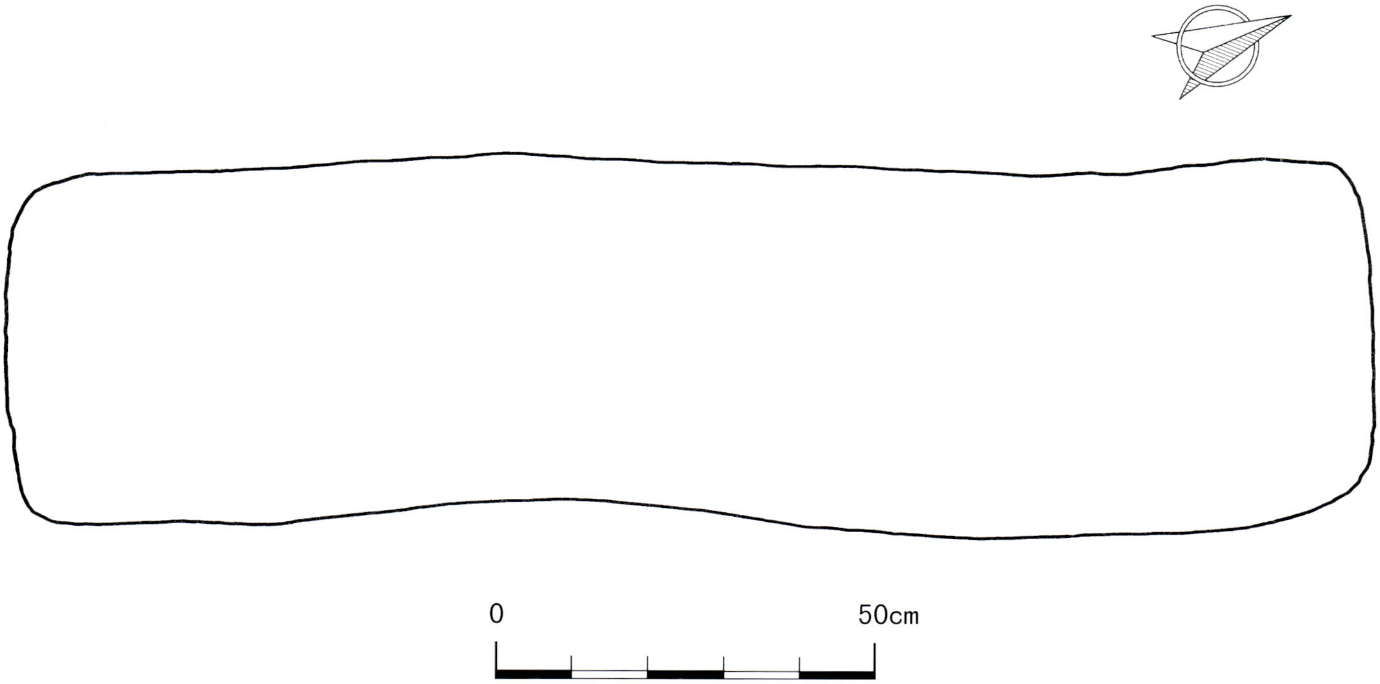

图二〇　M14墓葬平面图

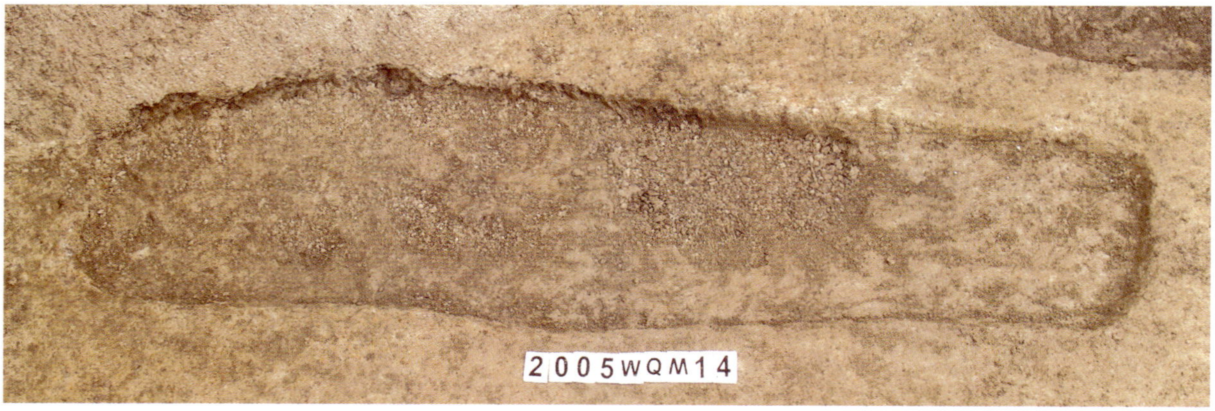

图二一　M14

4. M15

位于T0406中部，东邻M16，北邻M18。竖穴浅坑墓，开口于第4层下，打破第5层。墓坑呈长方形，长1.67、宽0.45～0.53、深0.22米，南北向，墓向2°。人骨腐朽无存。无随葬器物（图二二，图二三）。

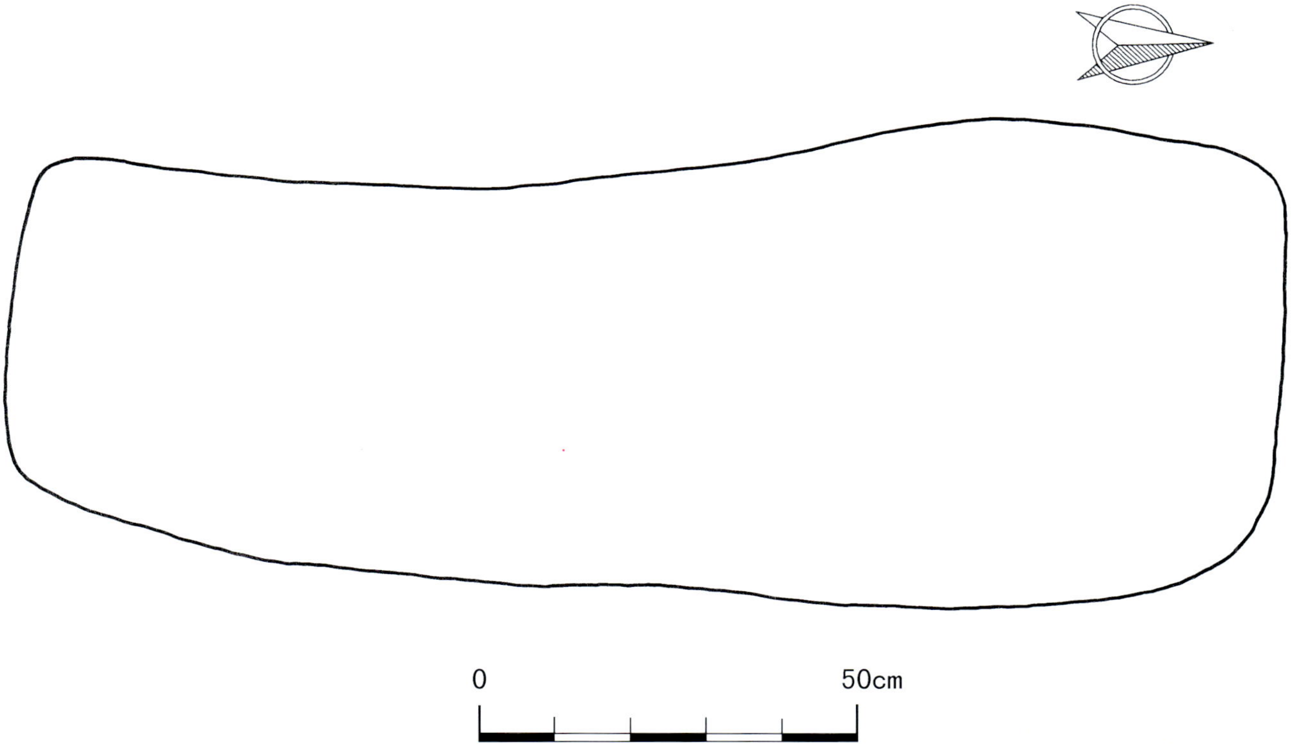

图二二　M15墓葬平面图

图二三　M15

5. M16

位于T0406中部，东邻M19，西邻M15。竖穴浅坑墓，开口于第4层下，打破第5层。墓坑呈长方形，长2.07、宽0.53、深0.28米，南北向，墓向3°。人骨保存较好，仰身直肢，头向北。随葬红陶豆和石纺轮各1件，其中豆盘与豆柄有意识地打碎，置放位置分离，豆盘口朝下，置于下腹部，石纺轮置于豆盘下，豆柄置于人骨小腿部（图二四，图二五）。

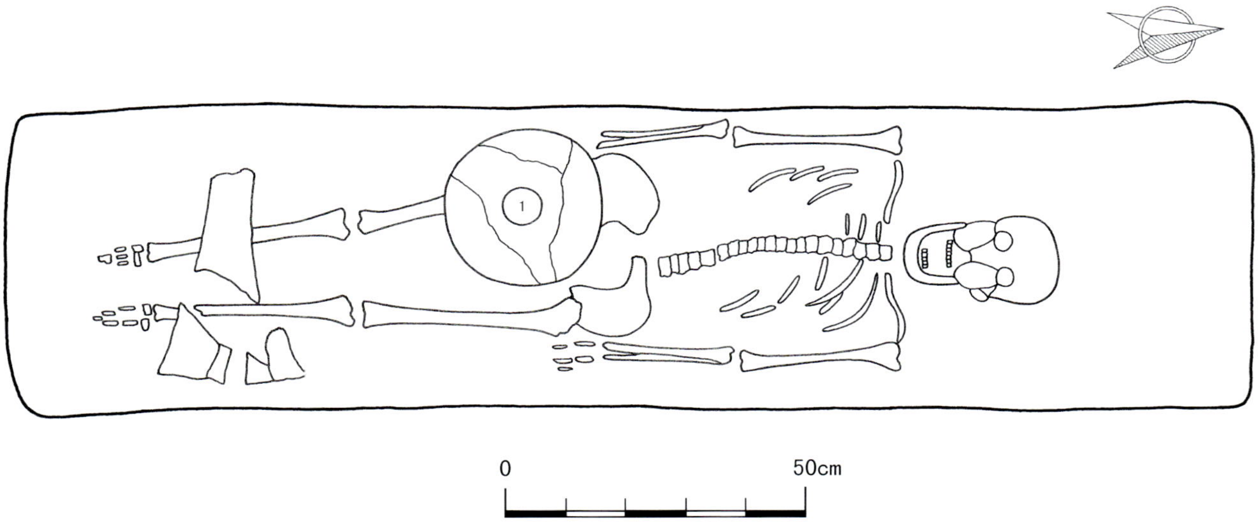

图二四　M16墓葬平面图

1. 陶豆　2.石纺轮

图二五　M16

图二六　陶豆（M16：1）

随葬器物有陶器和石器。

陶器　1件。

豆　1件。

M16：1　泥质红陶。钵形深盘，盘内呈黑色，口向内折，高柄，足向外撇呈大喇叭形，柄上部有三个圆镂孔，下部以一椭圆形和一圆形镂孔为一组的三组镂孔。盘径24.4、足径20.6、高34.4厘米（图二六，图二七）。

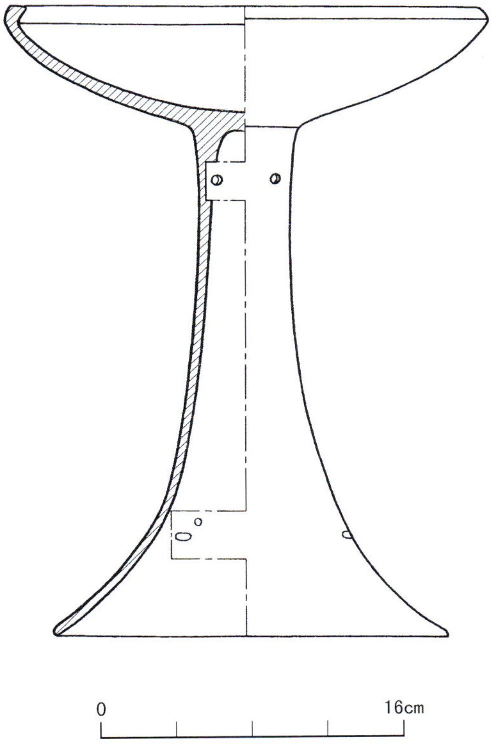

图二七　陶豆（M16：1）

石器　1件。

纺轮　1件。

M16：2　暗红色细砂石。圆台形，上面略小，微鼓，下面平，略大，中有一孔贯穿，孔为单面钻，表面较粗糙。上径6.4、下径6.8、孔上径1.0、孔下径0.7、厚1.2～1.5厘米（图二八，图二九）。

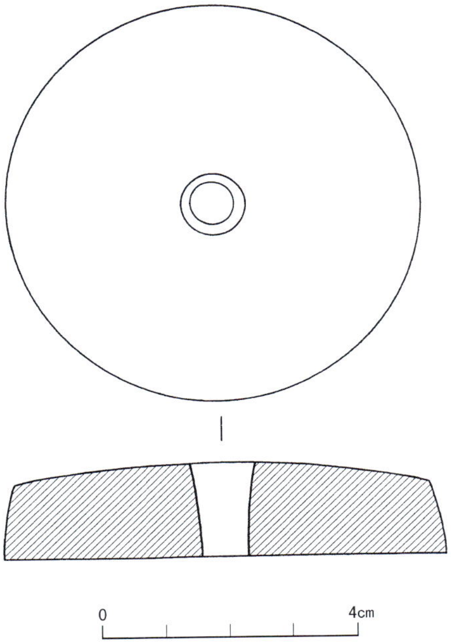

图二八　石纺轮（M16：2）

图二九　石纺轮（M16：2）

6. M17

位于T0406西北部，西邻M18。竖穴浅坑墓，开口于第4层下，打破第5层。墓坑呈长方形，长1.72、宽0.50、深0.25米，南北向，墓向10°。人骨上部保存较好，下部残缺，仰身直肢，头向北。随葬器物2件，头部左侧置陶罐1件，左腹部置石纺轮1件（图三〇，图三一）。

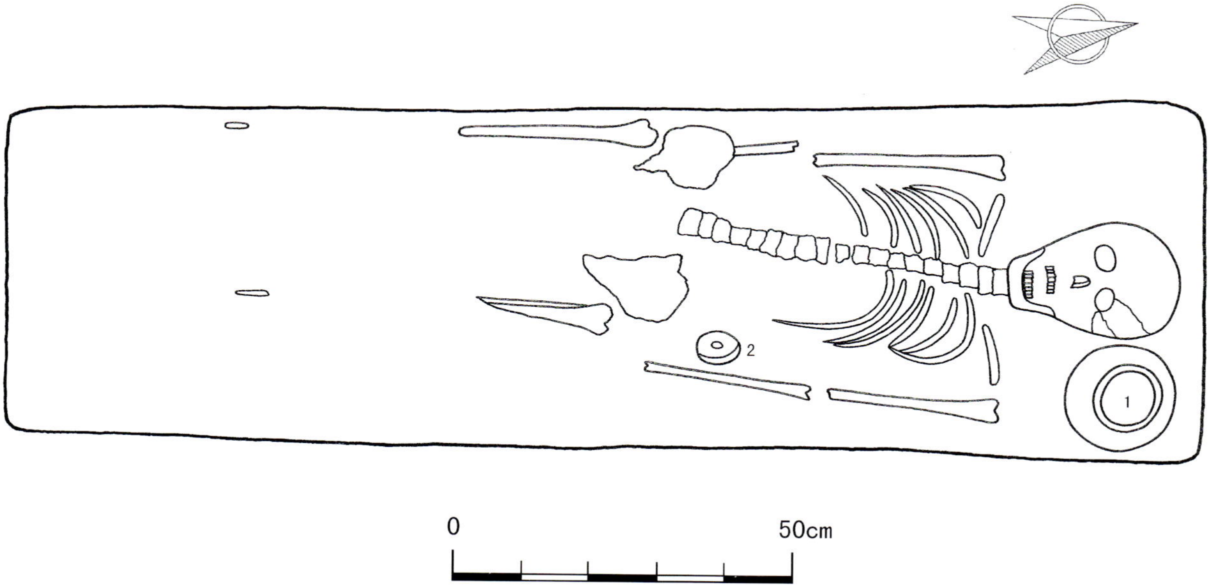

图三〇　M17墓葬平面图

1.陶罐　2.石纺轮

图三一　M17

随葬器物有陶器和石器。

陶器　1件。

罐　1件。

M17：1　泥质灰陶。直口外侈，折颈，斜肩，折腹，下腹微弧，大平底。口径10.8、底径6.0、高8.0厘米（图三二，图三三）。

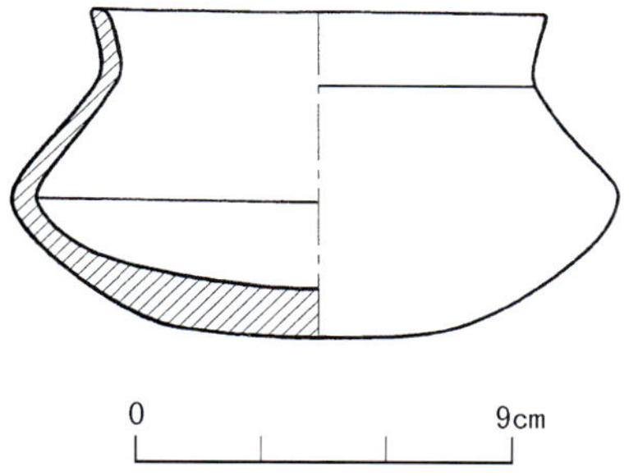

图三二　陶罐（M17：1）

图三三　陶罐（M17：1）

石器　1件。

纺轮　1件。

M17：2　深紫色石料。圆台形，上面略小，下面略大，中有一孔，孔为单面钻，通体抛光。上径4.8、下径5.4、孔径0.9、厚1.1厘米（图三四，图三五）。

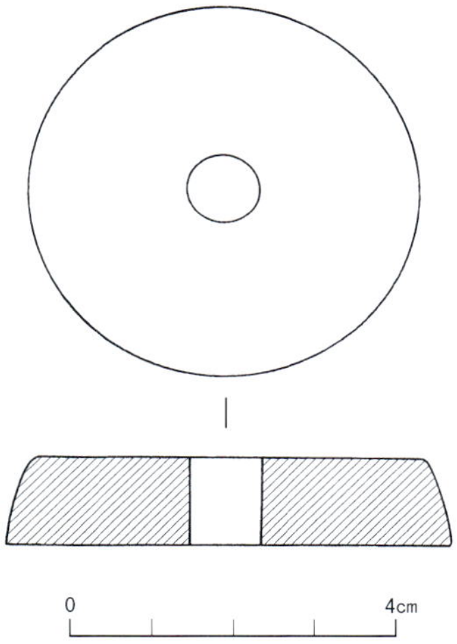

图三四　石纺轮（M17：2）

图三五　石纺轮（M17：2）

7. M18

位于T0406北部略偏西，东邻M16，西邻M17，南邻M15。竖穴浅坑墓，开口于第4层下，打破第5层。墓坑呈长方形，长1.72、宽0.55、深0.25米，南北向，墓向15°。人骨保存较好，仰身直肢，头向北。随葬陶纺轮1件，置于大腿右侧（图三六，图三七）。

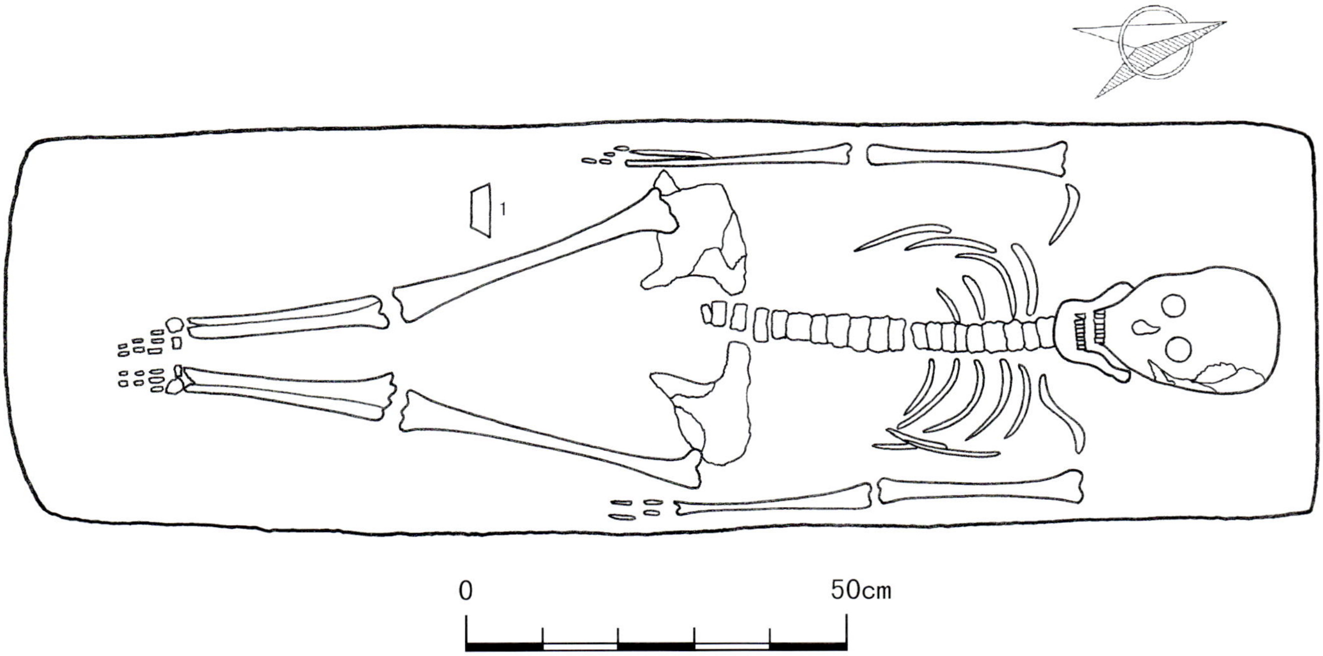

图三六　M18墓葬平面图

1.陶纺轮

图三七　M18

随葬器物有陶器。

陶器　1件。

纺轮　1件。

M18：1　夹砂灰陶，局部泛红。圆台形，上面小，下面大，中有一孔。上径3.4、下径6.0、上孔径0.9、下孔径0.7、厚1.9厘米（图三八，图三九）。

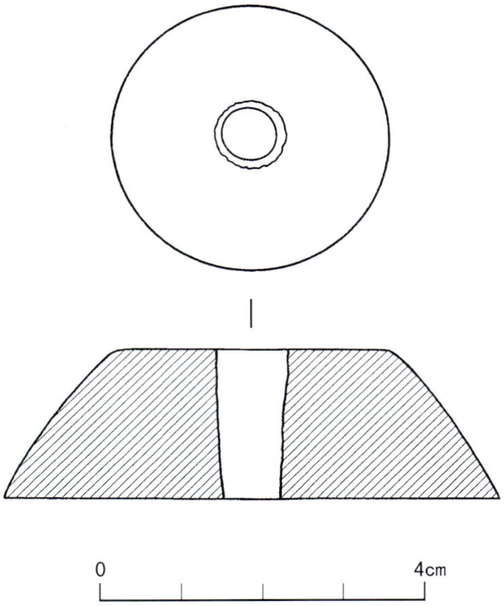

图三八　陶纺轮（M18：1）

图三九　陶纺轮（M18：1）

8. M19

位于T0406东北部，西邻M16。竖穴浅坑墓，开口于第4层下，打破第5层。墓坑呈不规则形，长1.58、宽0.36、深0.30米，南北向，墓向15°。人骨保存较好，仰身直肢，头向北。随葬陶罐1件，置于头部上方（图四〇，图四一）。

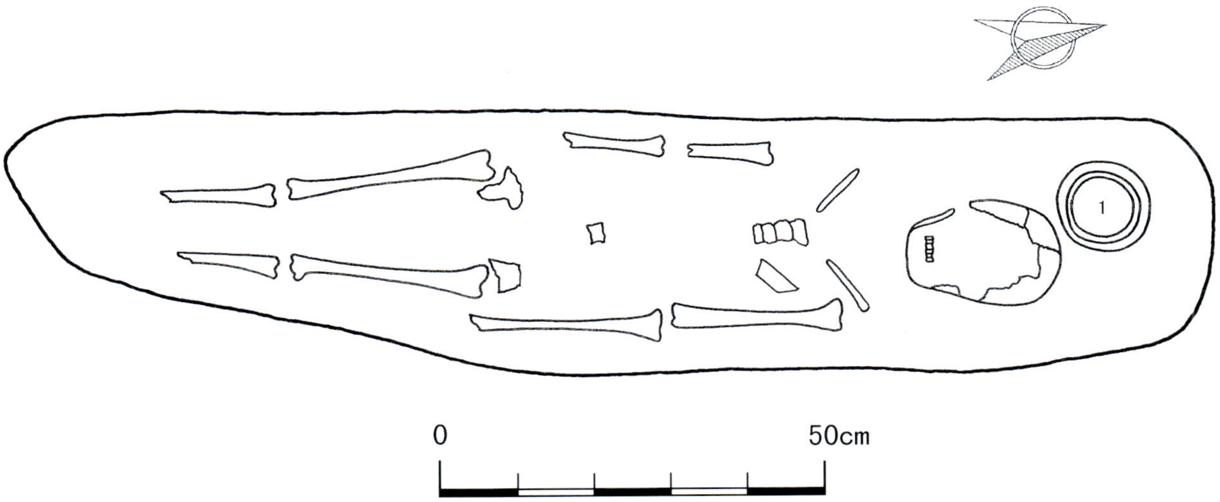

图四〇　M19墓葬平面图

1. 陶罐

图四一　M19

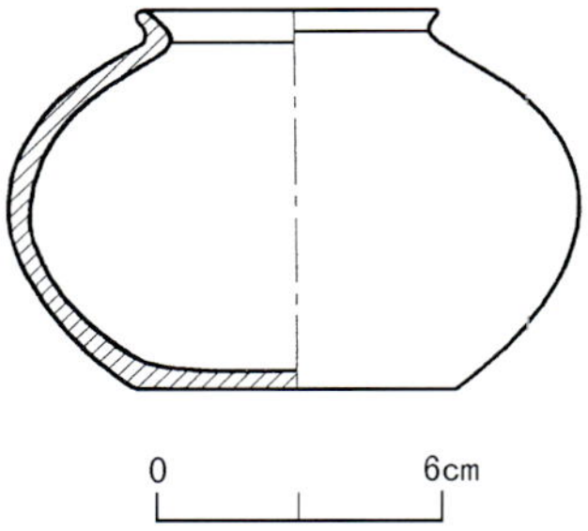

图四二　陶罐（M19：1）

随葬器物有陶器。

陶器　1件。

罐　1件。

M19：1　泥质黄灰陶。口外侈，束颈，弧肩，弧腹，大平底。口径6.3、底径6.6、高8.4厘米（图四二）。

9. M20

位于T0506东北部，西邻M21。竖穴浅坑墓，开口于第4层下，打破第5层。墓坑呈长方形，长1.70、宽0.46、深0.20米，南北向，墓向15°。人骨腐朽无存，亦无随葬器物（图四三，图四四）。

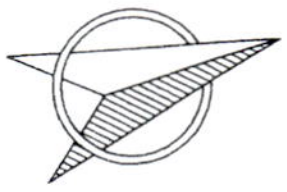

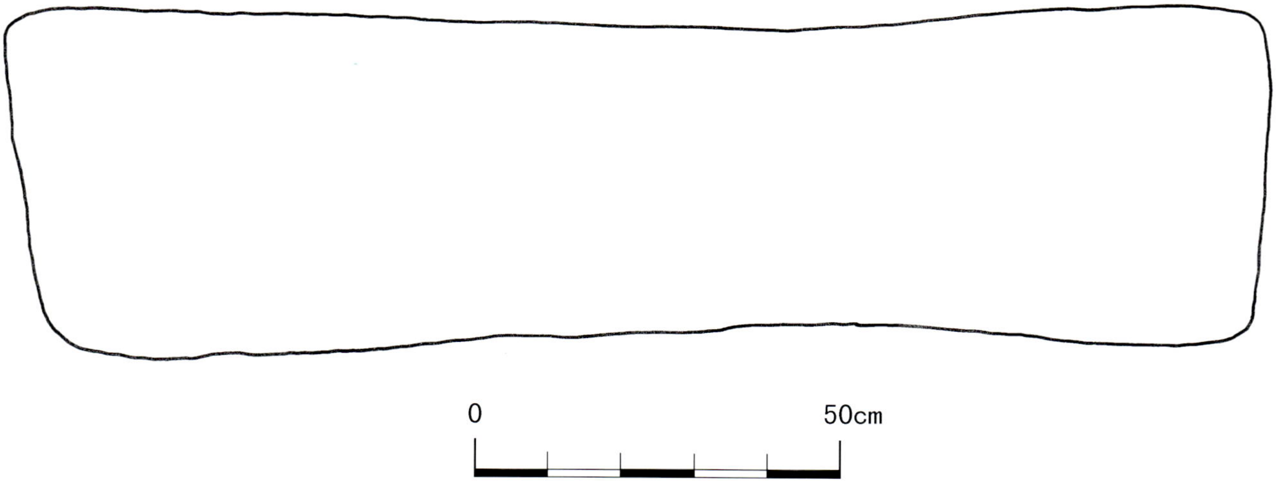

图四三　M20墓葬平面图

图四四　M20

10. M21

位于T0506东北部，东邻M20，西邻M23。竖穴浅坑墓，开口于第4层下，打破第5层。墓坑呈长方形，长1.70、宽0.48、深0.20米，南北向，墓向16°。人骨腐朽无存，随葬器物仅有陶罐残片（图四五，图四六）。

随葬器物仅陶罐残片，无法修复。

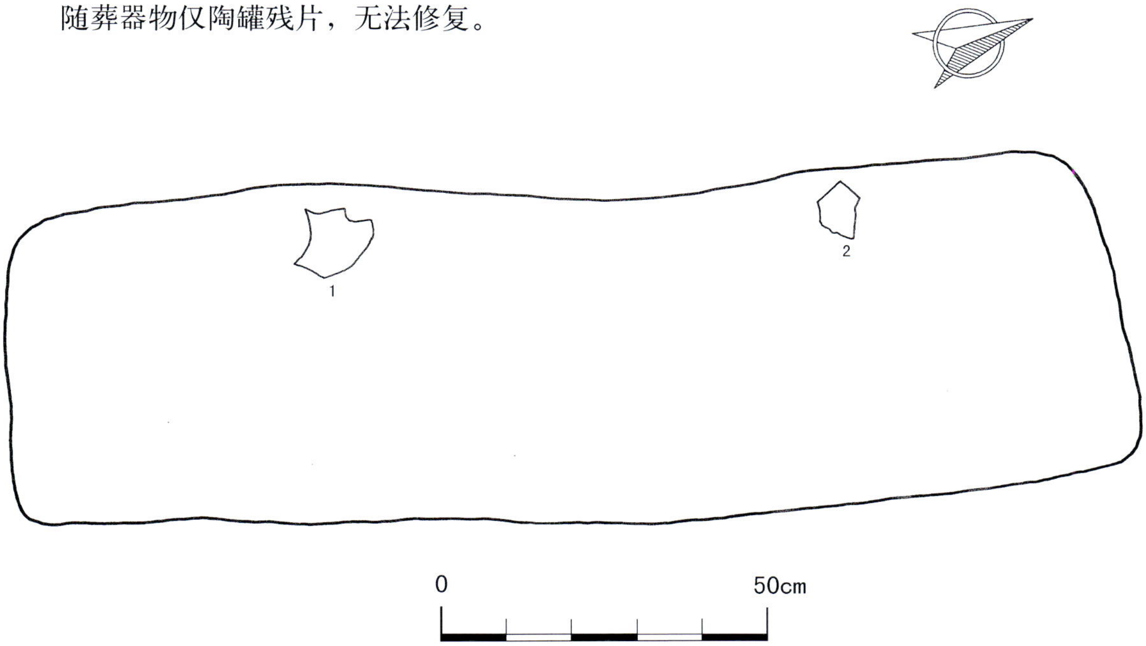

图四五　M21墓葬平面图

1、2. 陶罐残片

图四六　M21

11. M22

位于T0506北部，东邻M23。竖穴浅坑墓，开口于第4层下，打破第5层。墓坑呈长方形，长1.75、宽0.54、深0.25米，南北向，墓向1°。人骨腐朽无存，随葬器物仅残陶片（图四七，图四八）。

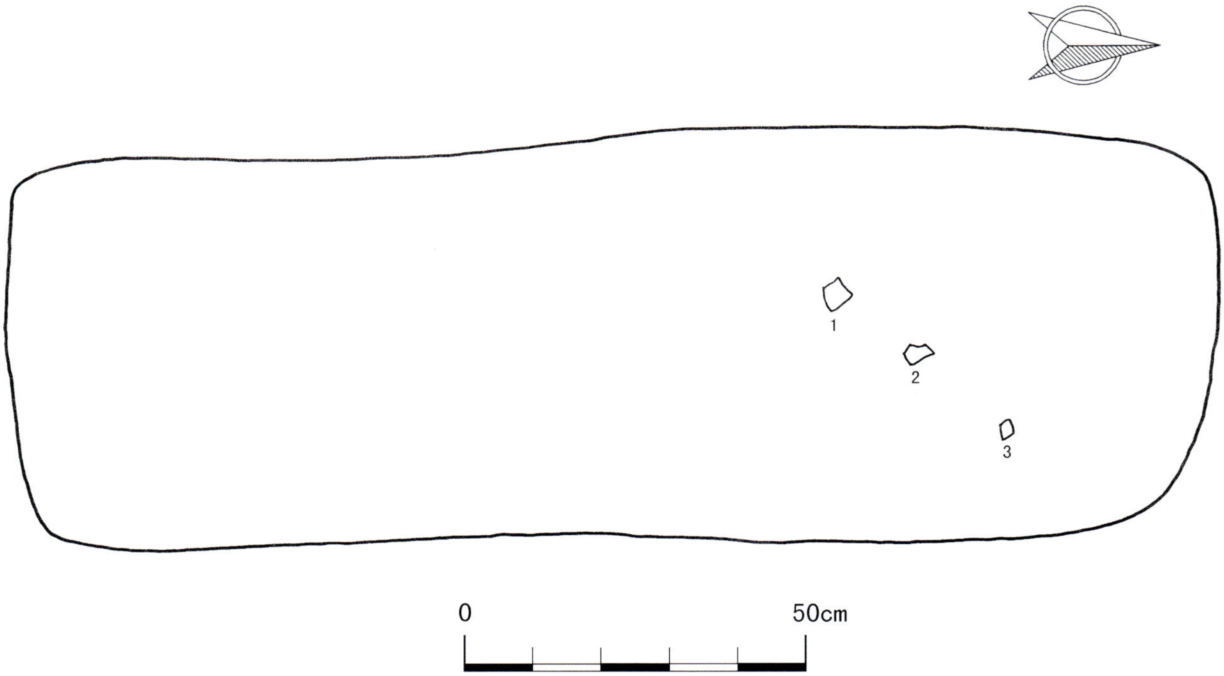

图四七　M22墓葬平面图

1～3.残陶片

图四八　M22

12. M23

位于T0506北部，东邻M21，西邻M22。竖穴浅坑墓，开口于第4层下，打破第5层。墓坑呈长方形，长1.66、宽0.45、深0.22米，东北—西南向，墓向20°。人骨腐朽无存，亦无随葬器物（图四九，图五〇）。

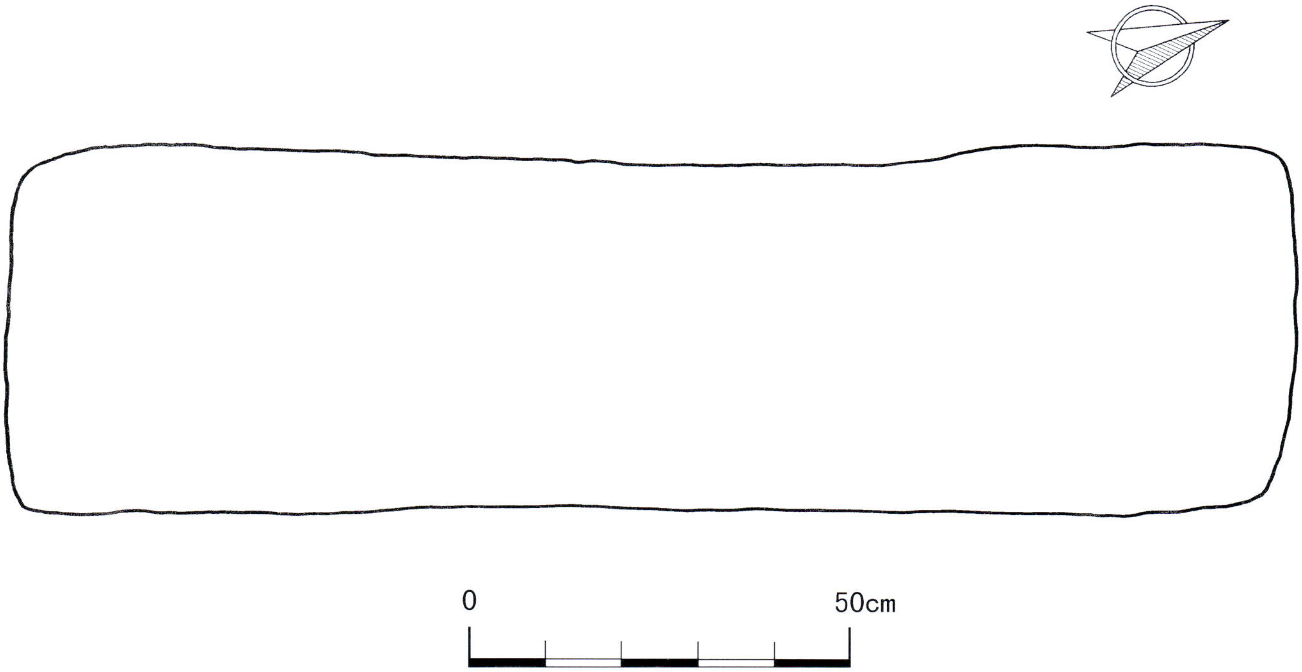

图四九　M23墓葬平面图

图五〇　M23

三　M1底部出土的文化遗物

清理战国墓M1时，在底部出土玉璜2件。玉璜与M12出土的玉璜材质和器形相同，应为4层下墓葬的随葬器物，可能在开挖M1的墓坑时已将4层下墓葬破坏，仅存墓葬底部的2件玉璜。

玉璜　2件。

CJ:4　乳白色玛瑙质，半透明。条形，上下部略弧，两端平，近端处各有一小孔，一端的侧面有一纵向的孔，孔为单面钻，通体抛光。长4.4、高1.3、宽1.0、厚0.4厘米（图五一，图五三）。

CJ:3　乳白色玛瑙质，半透明。条状弧形，上下侧圆弧，两端平，近端处各有一小孔，孔为单面钻，通体抛光。长5.7、高1.9、宽0.9～1.0、厚0.6厘米（图五二，图五三）。

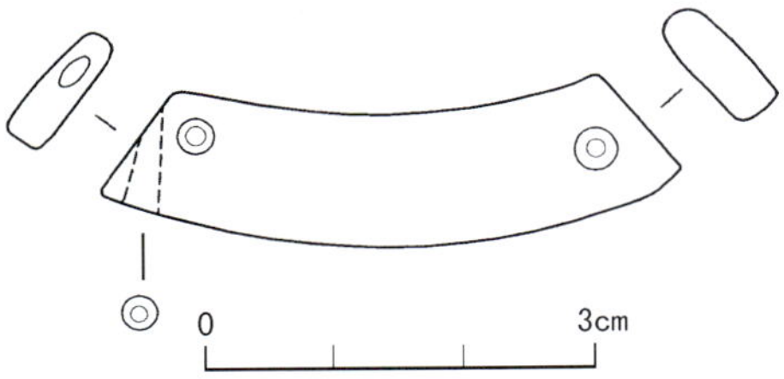

图五一　玉璜（CJ：4）

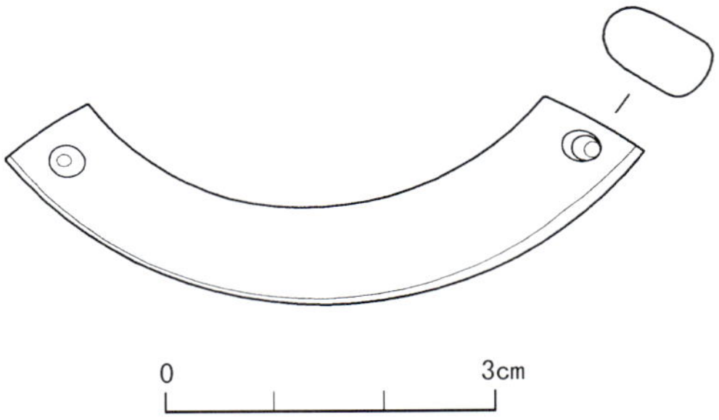

图五二　玉璜（CJ：3）

图五三　玉璜（CJ：4、CJ：3）

四　地层出土的文化遗物

文化遗物出土于遗址的第5层，有陶器和石器。

陶器　4件。

罐　2件。

T0705⑤：1　泥质灰陶。口部残，侈口，弧肩，弧腹，大平底，肩部有4个半圆形竖耳，耳中部有一小圆孔。底径9.0、残高6.9厘米（图五四）。

T0705⑤：2　泥质灰陶。口部残，侈口（？），溜肩，弧腹，大平底，中腹部有一对半圆形横鋬。底径11.5、残高15.0厘米（图五五）。

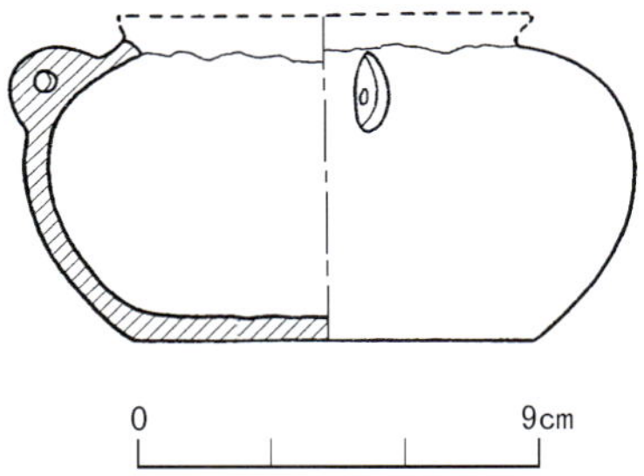

图五四　陶罐（T0705⑤：1）

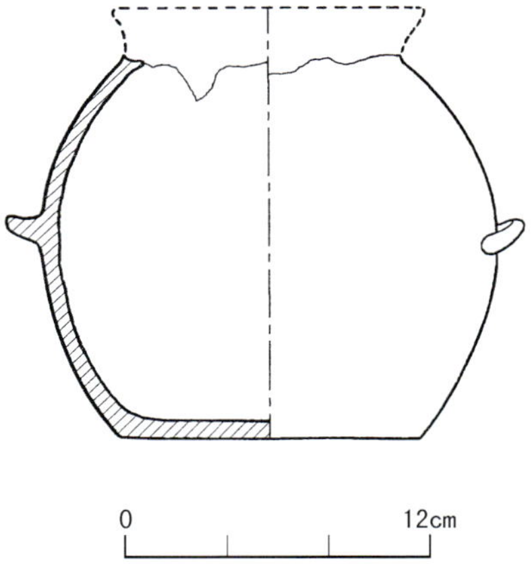

图五五　陶罐（T0705⑤：2）

豆　1件。

T0705⑤：3　泥质黑陶。钵形深盘，敛口，折腹，腹下部微弧，高柄，足下部外撇呈大喇叭形，柄上部有一道凸棱，凸棱下有3个圆镂孔。盘径20.4、足径17.6、高24.6厘米（图五六，图五七）。

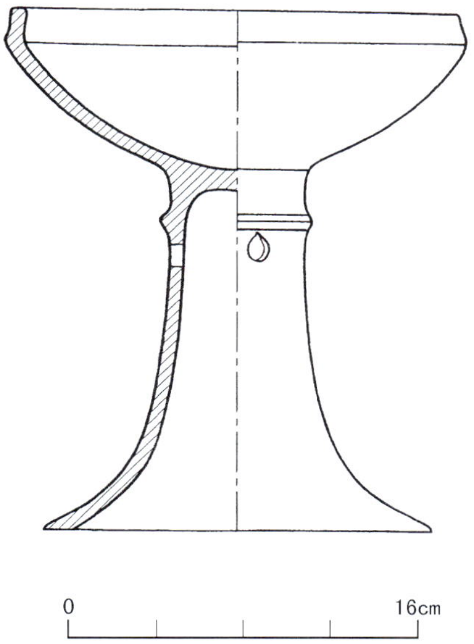

图五六　陶豆（T0705⑤：3）

图五七　陶豆（T0705⑤：3）

纺轮　1件。

T0406⑤：4　泥质灰陶，局部呈黑色。圆饼形，上面小，侧面自上而下弧至下面，下面平，较大，中有一孔，下面有刻划的双弧线纹和圆圈纹。下径5.8、孔径0.6、厚0.9厘米（图五八，图五九，图六〇）。

图五八　陶纺轮（T0406⑤：4）

图五九　陶纺轮（T0406⑤：4）

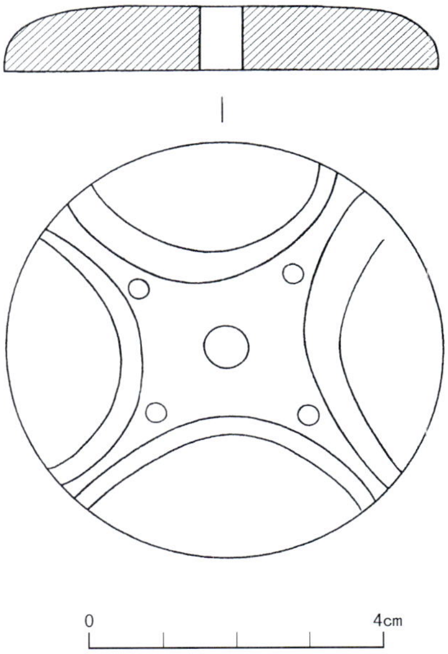

图六〇　陶纺轮（T0406⑤：4）

石器　13件。

纺轮　1件。

T0506⑤：8　暗红色细砂石。圆台形，上面略小，侧面微弧，下面略大，中有一孔，孔为单面钻，表面较粗糙。上径6.3、下径6.8、孔径0.8、厚1.5厘米（图六一）。

镞　1件。

T0604⑤：5　青灰色石料，锋残。柳叶形，形体较长，双面刃，铤呈长三角形，自锋至铤有凸起的脊，截面呈菱形，通体磨光。残长11.6、宽2.4、厚0.7厘米（图六二）。

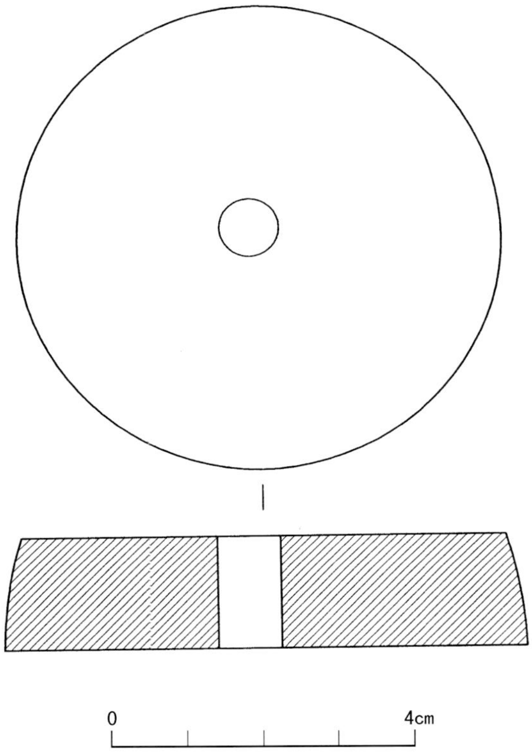

图六一　石纺轮（T0506⑤：8）

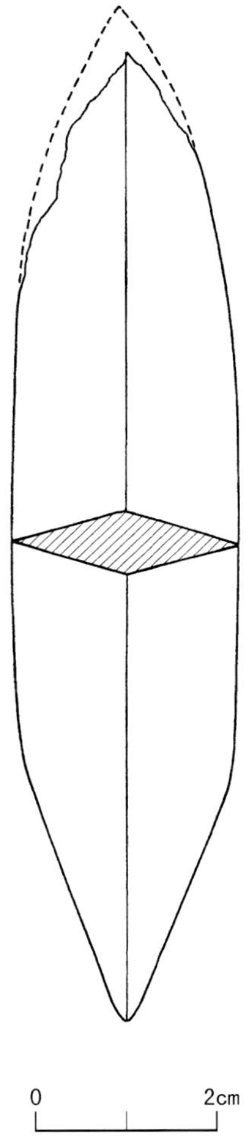

图六二　石镞（T0604⑤：5）

锛　11件。

T0604⑤：4　灰白色石料。长方形，薄体，上有段，顶部较平，正面微弧，背面平，两侧斜平，单面斜刃，通体磨光。长2.9、宽2.3、厚0.7厘米（图六三，图六四）。

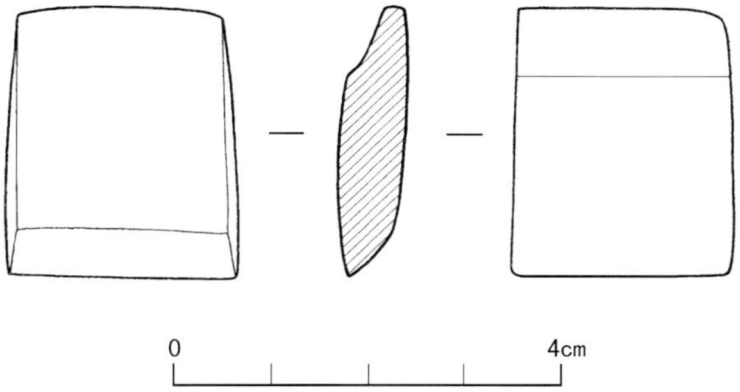

图六三　石锛（T0604⑤：4）

图六四　石锛（T0604⑤：4）

T0605⑤：2　青灰色石料。长方形，薄体，顶部微弧，两面弧，两侧斜平，单面斜刃，通体磨光。长3.3、宽2.3、厚0.9厘米（图六五，图六六）。

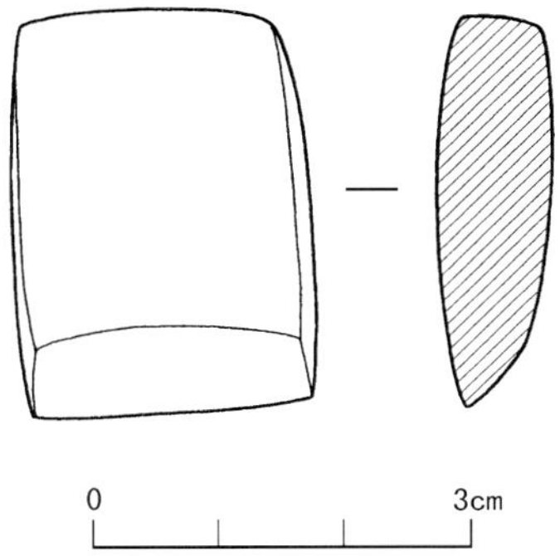

图六五　石锛（T0605⑤：2）

图六六　石锛（T0605⑤：2）

T0605⑤：3　青灰色石料，间有白色条纹，表面腐蚀严重。长条形，厚体，顶部较平，正面微弧，背面平，两侧平，单面斜刃。长10.0、宽3.3、厚3厘米（图六七）。

T0604⑤：6　青灰色石料，上部残。两侧斜平，正面弧，背面平，单面斜刃，通体磨光。残长2.2、宽2.4、厚1.1厘米（图六八）。

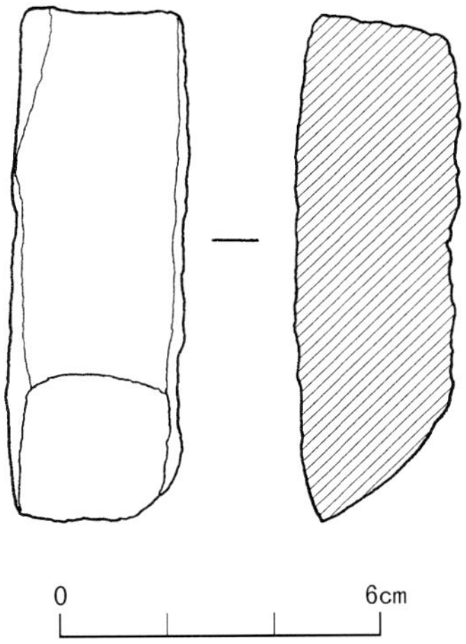

图六七　石锛（T0605⑤：3）

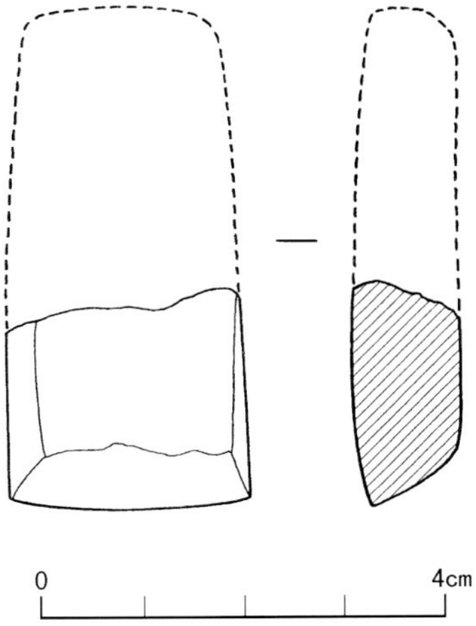

图六八　石锛（T0604⑤：6）

T0604⑤：1　青灰色石料。长方形，薄体，顶部微弧，正面微弧，背面平，两侧平直，单面斜刃，通体磨光。长9.6、宽5.0、厚0.9厘米（图六九，图七〇）。

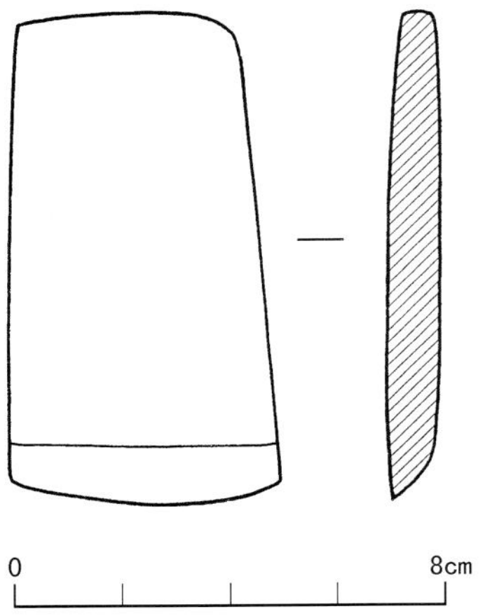

图六九　石锛（T0604⑤：1）

图七〇　石锛（T0604⑤：1）

T0506⑤：7　青灰色石料。长方形，厚体，顶部微弧，正面斜折，背面平，两侧斜平，单面斜刃，通体磨光。长4.2、宽1.9、厚1.0厘米（图七一）。

T0604⑤：2　灰白色石料。长方形，薄体，顶部微弧，正面弧，背面凹凸不平，两侧平直，单面斜刃，通体磨光。长5.6、宽2.4、厚0.8厘米（图七二）。

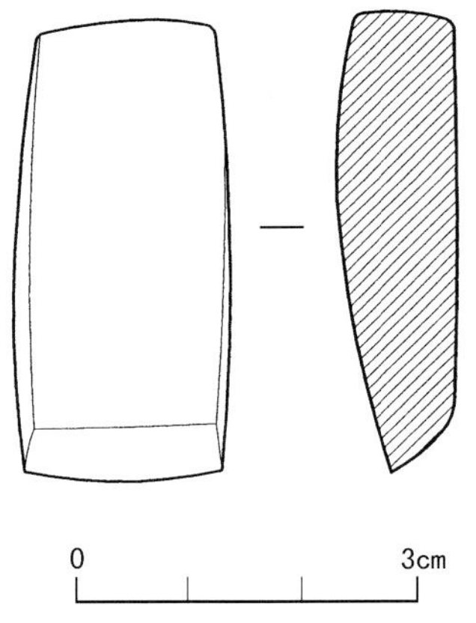

图七一　石锛（T0506⑤：7）

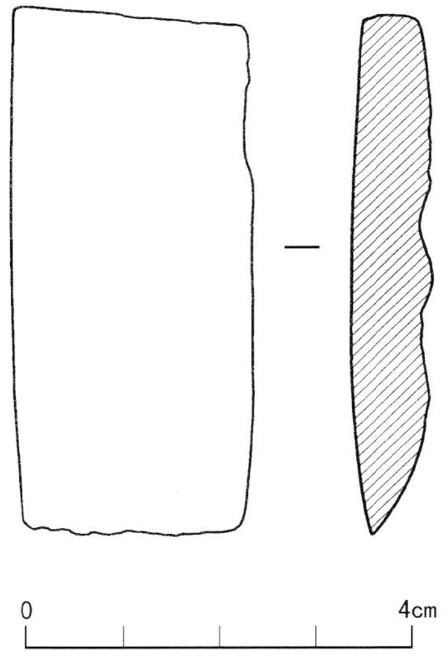

图七二　石锛（T0604⑤：2）

T0605⑤：4　青灰色石料，间灰白色条纹。长条形，厚体，顶部较平，正面弧，背面平，两侧平，单面斜刃，通体磨光。长5.4、宽1.9、厚1.8厘米（图七三，图七四）。

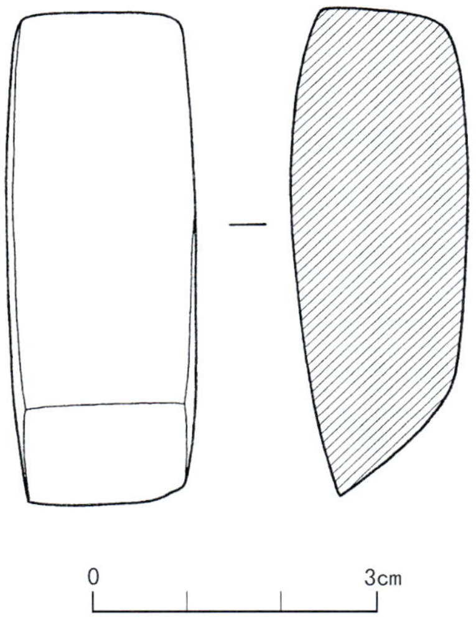

图七三　石锛（T0605⑤：4）

图七四　石锛（T0605⑤：4）

T0604⑤：3　灰白色石料，刃部残。长条形，厚体，顶部较平，正面弧，背面平，两侧平直，通体磨光。残长5.3、宽2.3、厚1.8厘米（图七五）。

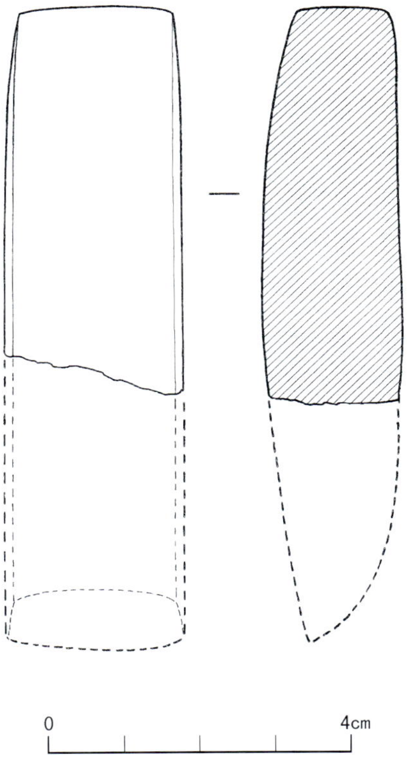

图七五　石锛（T0604⑤：3）

T0506⑤：6　青灰色石料。长方形，厚体，顶部较平，正面斜折，背面平，两侧斜平，单面斜刃，通体磨光。长6.5、宽4.0、厚2.1厘米（图七六，图七七）。

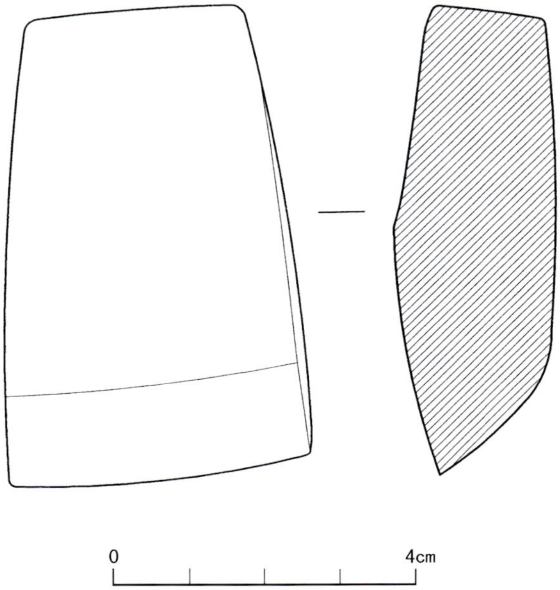

图七六　石锛（T0506⑤：6）

图七七　石锛（T0506⑤：6）

T0605⑤：1　青灰色石料。长方形，厚体，顶部较平，正面弧，背面平，两侧平，单面斜刃，通体磨光。长6.7、宽4.0、厚2.0厘米（图七八，图七九）。

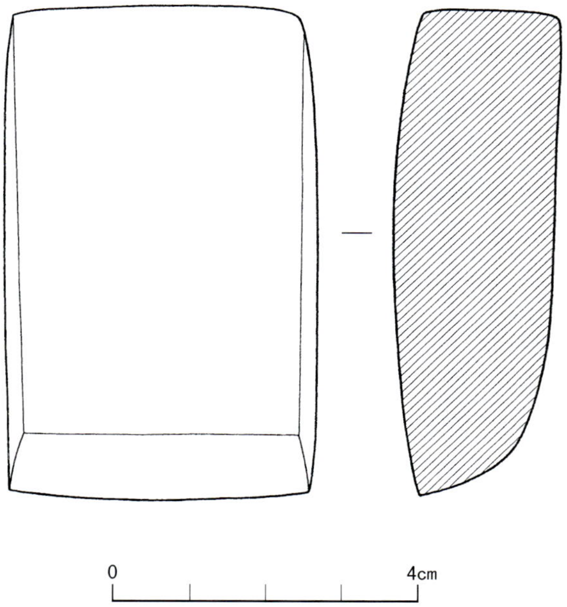

图七八　石锛（T0605⑤：1）

图七九　石锛（T0605⑤：1）

五　第一期文化性质与文化年代的推断

第一期出土的文化遗物较为贫乏，陶器主要有陶豆和陶罐，石器主要有石锛，玉器主要有玉璜。

陶豆的基本特征是钵形盘，高柄，大喇叭形圈足，以红陶为多；陶罐的基本特征是侈口，弧腹，大平底，有的有竖耳或半圆形横鋬；玉璜皆为条状弧形，多为玛瑙质；石锛有长条形或长方形，大多无段；石镞为柳叶形；此外还有陶纺轮和石纺轮等。

第一期文化遗物的文化特征与分布于太湖地区的马家浜文化相同，可资比较的马家浜文化遗址有浙江嘉兴马家浜遗址①、余杭吴家埠遗址②、湖州邱城遗址③，江苏苏州草鞋山遗址④、吴江梅堰遗址⑤、昆山绰墩遗址⑥、无锡彭祖墩遗址⑦、常州圩墩遗址⑧、张家港东山村遗址、宜兴骆驼墩遗址⑨、江阴祁头山遗址⑩，上海崧泽遗址⑪等，其文化面貌基本相同，因此邱承墩遗址第一期文化应属马家浜文化。

邱承墩遗址第一期未采集到可进行年代测定的碳-14标本，根据文化遗物推测，邱承墩遗址第一期的文化性质属马家浜文化。邱承墩遗址的第5层出土的泥质黑陶豆，深钵形盘，高柄，足呈大喇叭形，柄上部有一道凸棱，又似乎带有崧泽文化的风格。

---

①浙江省文物管理委员会：《浙江嘉兴马家浜新石器时代遗址的发掘》，《考古》1961年第7期。

②浙江省文物考古研究所：《余杭吴家埠新石器时代遗址》，《浙江省文物考古所学刊》，科学出版社，1995年。

③梅福根：《浙江吴兴邱城遗址发掘简介》，《考古》1959年第9期；浙江省文物管理委员会：《湖州邱城遗址1957年发掘报告》，《浙江省文物考古研究所学刊（7）》，杭州出版社，2005年；浙江省文物考古研究所：《浙江省湖州市邱城遗址第三、四次发掘报告》，《浙江省文物考古研究所学刊（7）》，杭州出版社，2005年。

④南京博物院：《江苏吴县草鞋山遗址》，《文物资料丛刊（3）》，文物出版社，1980年。

⑤江苏省文物工作队：《江苏吴江梅堰新石器时代遗址发掘简报》，《考古》1963年第6期。

⑥南京博物院、昆山县文化馆：《江苏昆山绰墩遗址的调查与发掘》，《文物》1984年第2期；苏州博物馆、昆山市文物管理所：《江苏昆山市绰墩遗址发掘报告》，《东南文化》2000年第4期；苏州博物馆、昆山市文物管理所：《江苏昆山市绰墩遗址第二次发掘报告》，《东南文化》2000年第11期；苏州博物馆、昆山市文物管理所、昆山市正仪镇政府：《江苏昆山绰墩遗址第一至第五次发掘简报》，《东南文化》2003年增刊（1）。

⑦南京博物院、无锡市博物馆、无锡市锡山区文物管理委员会：《江苏无锡锡山彭祖墩遗址发掘报告》，《考古学报》2006年第4期。

⑧常州市博物馆：《江苏常州圩墩村新石器时代遗址的调查和试掘》，《考古》1974年第2期；吴苏：《圩墩新石器时代遗址发掘简报》，《考古》1978年第4期；常州市博物馆：《常州圩墩新石器时代遗址第三次发掘简报》，《史前研究》1984年第2期；江苏省圩墩遗址考古发掘队：《常州圩墩遗址第五次发掘报告》，《东南文化》1995年第1期；常州市博物馆：《1985年江苏常州圩墩遗址的发掘》，《考古学报》2001年第1期。

⑨南京博物院考古研究所：《江苏宜兴市骆驼墩新石器时代遗址的发掘》，《考古》2003年第7期。

⑩南京博物院、无锡市博物馆、江阴博物馆：《太湖西北部新石器时代考古报告之一——祁头山》，文物出版社，2007年。

⑪黄宣佩、张明华：《青浦县崧泽遗址第二次发掘》，《考古学报》1980年第1期；上海市文物保管委员会：《崧泽——新石器时代遗址发掘报告》，文物出版社，1987年。

马家浜文化的年代、分期与划分类型存在一定的分歧。本报告采用的马家浜文化的年代跨度为公元前4900～公元前3900年，分期采用早中晚三期。

邱承墩遗址第一期的文化年代相当于马家浜文化晚期，大致在公元前4100年前后。

第三节　第二期文化遗迹与文化遗物

第二期文化遗迹有祭台2座。

第3层叠压祭祀遗迹，祭祀遗迹叠压第4层。

文化遗物主要出土于祭祀遗迹内，地层中出土的文化遗物多为残陶片和残石器，可复原或大致复原的陶器有陶缸、陶罐和陶圈足盆，石器主要有石犁、石锛、石镰、石钺、石刀、石斧、石镞等。

一　祭祀遗迹及出土的文化遗物

第二期文化遗迹有祭台2座，编号JS1、JS2。

1. JS1

主要分布于T0404内，T0405的南部、T0304的东部和T0504的西部各有一小部分。祭祀遗迹底部近似正方形，底边东西长12.55、南北宽11.50、高1.10米，方向195°。

JS1的堆积可分为6层（图八〇）：

第1层　黄褐色土，呈弧顶状，祭祀遗迹的封土。高0.20～1.10、厚0.25～1.05米。

第2层　红烧土，高0.20～0.95、厚0～1.00米，围绕中心的祭祀遗迹呈东西长5.20米、南北宽6.20米的方框形，方框的边宽0.80米。

第3层　五花土，夹有黄、红、绿、褐、白色土，近中部向上凸起呈不规则方柱状祭祀遗迹，祭祀遗迹的顶部置2件从腹部切割的夹砂陶罐，陶罐底部平置，口部扣置，呈两排并列置放，四周有经过烧烤后留下的不规则烧土。高0.20～1.10、厚0.10～0.65米（图八一）。

第4层　围绕祭祀遗迹JS1四周的红烧土，高0～0.35、厚0～0.30米；红烧土的平面呈方框形，方框的边宽1.30米（图八二）。

第5层　黑灰土，为建筑遗迹房基的封土。高0.10～0.45、厚0～0.35米；第5层下有一建筑遗迹（图八三，图八四）。

第6层　黄色土，祭祀遗迹的垫土。高0～0.15、厚0～0.20米。

第5层下的建筑遗迹未单独编号。建筑遗迹平面近似正方形，四周有基槽，基槽内有分布不规则的柱洞，中有一小片红烧土。

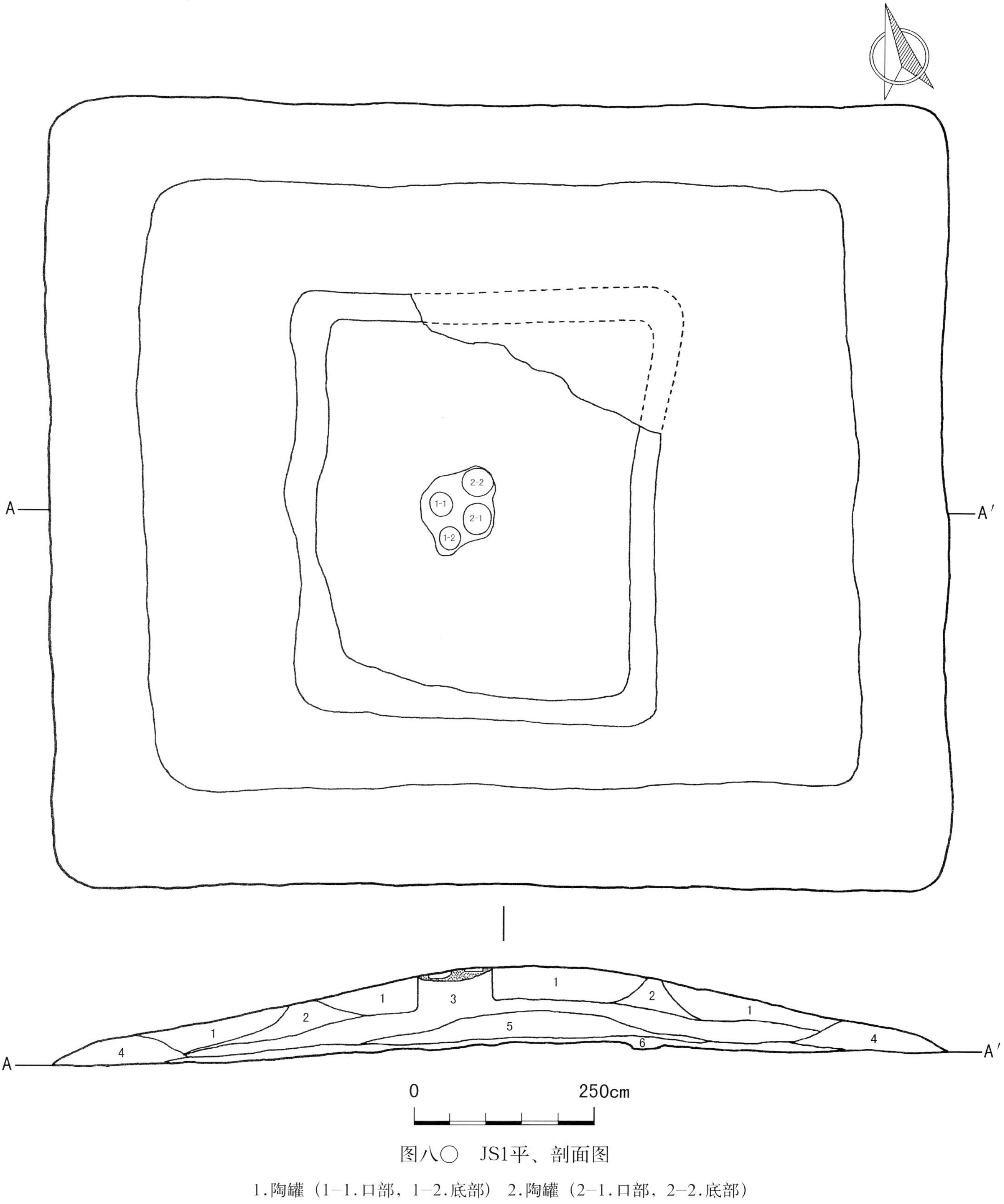

图八〇　JS1平、剖面图

1.陶罐（1-1.口部，1-2.底部）2.陶罐（2-1.口部，2-2.底部）

图八一A　JS1（保留JS1的隔梁）

图八一B　JS1（打去JS1的隔梁）

图八一C　方柱状祭祀遗迹顶部

图八一D　JS1（打去JS1的方柱形祭祀遗迹）

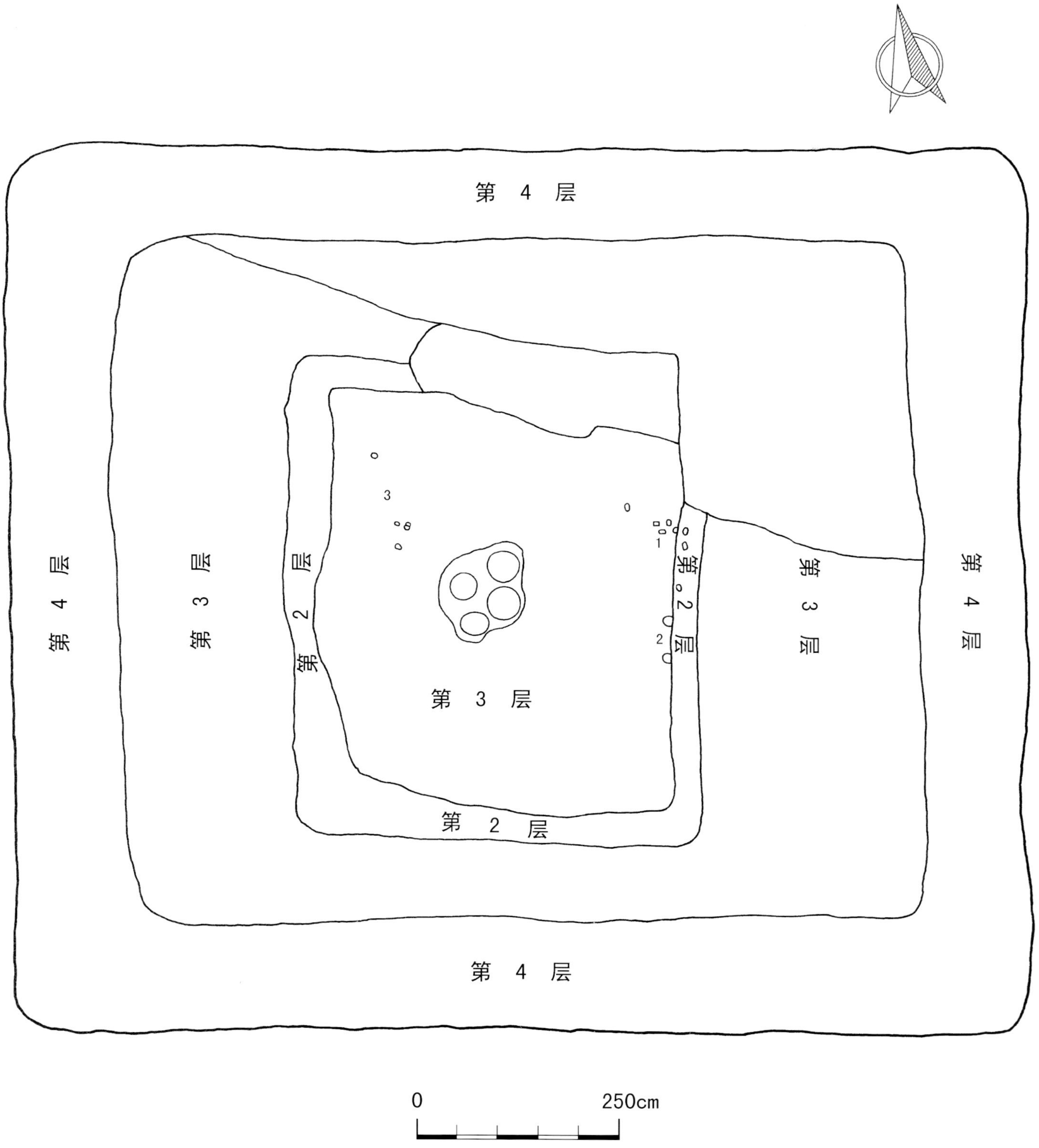

图八一E　JS1第1层下文化遗物分布图

1～3.小玉器

图八二　JS1第4层红烧土堆积

图八三　JS1第5层下建筑遗迹平面图

1、2.小陶器

图八四A　JS1第5层下遗迹

图八四B　JS1第5层全景（南—北）

文化遗物主要出土于祭祀遗迹的第1层下和第5层房基的沟槽内，小玉器、小石器散放于方柱形祭祀遗迹的周围，玉器主要有玉珠、玉坠和小玉镯、小玉环；陶器堆放于第5层下建筑遗迹的基槽内，主要有小陶壶和小陶杯；第3层、第6层内也偶有陶器和石器出土。除在祭祀遗迹内瘗埋小型玉器外，还瘗埋仅打制成形的石器。

陶器　8件。

壶　2件。

JS1⑤：32　泥质灰陶。侈口，溜肩，鼓腹，平底，大圈足剜成花瓣形。口径4.2、足径3.1、高5.6厘米（图八五，图八六）。

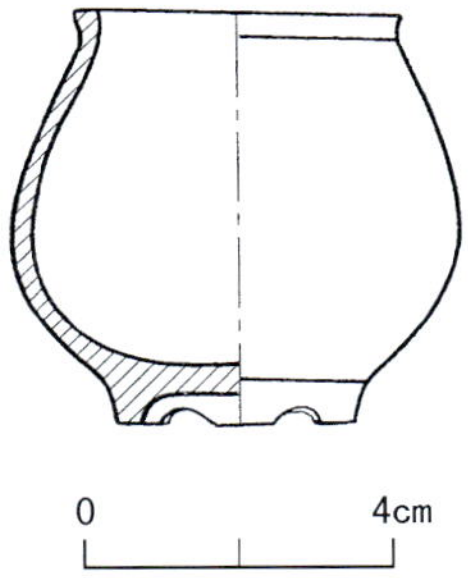

图八五　小陶壶（JS1⑤：32）

图八六　小陶壶（JS1⑤：32）

JS1⑤：34　泥质灰陶。残件，形体较小，直口，鼓腹，平底微凹，大圈足外撇，口下有一对贯耳。口径3.2、足径4.6厘米（图八七）。

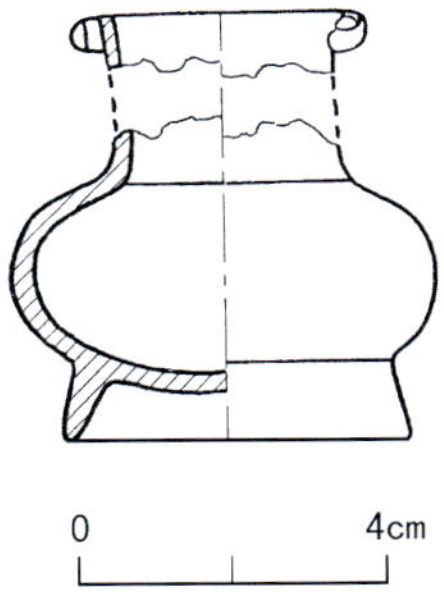

图八七　小陶贯耳壶（JS1⑤：34）

杯　6件。

JS1①：5　泥质灰陶。形体较小，口微敛，腹微向外弧，大平底。口径7.0、底径4.8、高5.5厘米（图八八，图八九）。

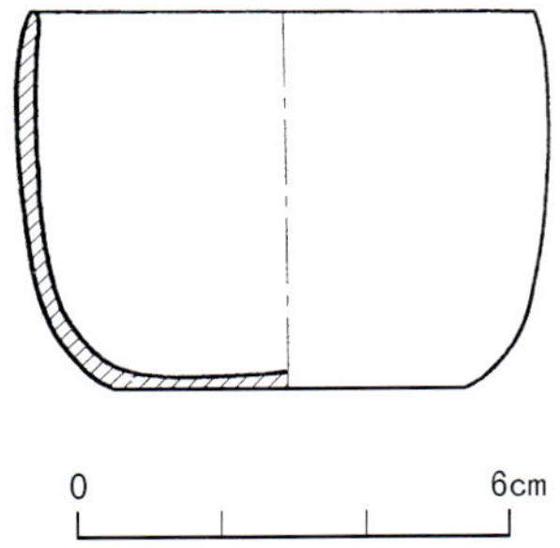

图八八 小陶杯（JS1①：5）

图八九 小陶杯（JS1①：5）

JS1③：12　泥质灰陶。形体较小，侈口，束颈，鼓腹，大平底，大圈足剜成花瓣形。上、下腹部各有二道凹弦纹，凹弦纹之间有一道凸弦纹。口径3.8、足径3.9、高6.4厘米（图九〇，图九一）。

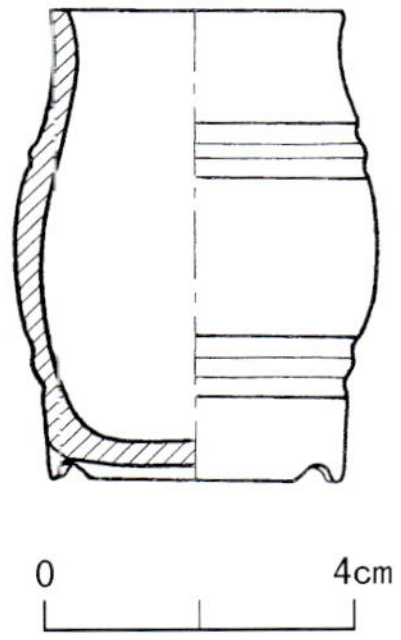

图九〇　小陶杯（JS1③：12）

图九一　小陶杯（JS1③：12）

JS1③：10　泥质灰陶。形体较小，侈口，束颈，鼓腹，大平底，大圈足剜成花瓣形。上腹部有二道凹弦纹，凹弦纹之间有一道凸弦纹，下腹部有一道凸弦纹。口径4.7、足径3.8、高6.8厘米（图九二，图九三）。

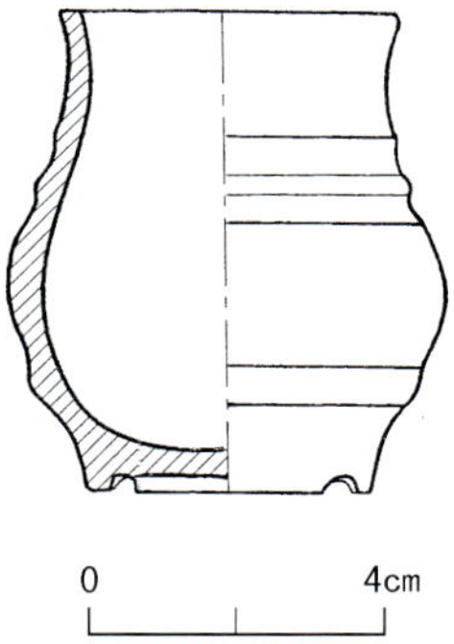

图九二　小陶杯（JS1③：10）

图九三　小陶杯（JS1③：10）

JS1⑤：6　泥质灰陶。直口，壁斜直，下腹至圈足斜直内收，近底部外折，平底，大圈足，下腹部有二道凹弦纹，凹弦纹之间有一道凸弦纹。口径5.0、底径5.2、高10.9厘米（图九四，图九五）。

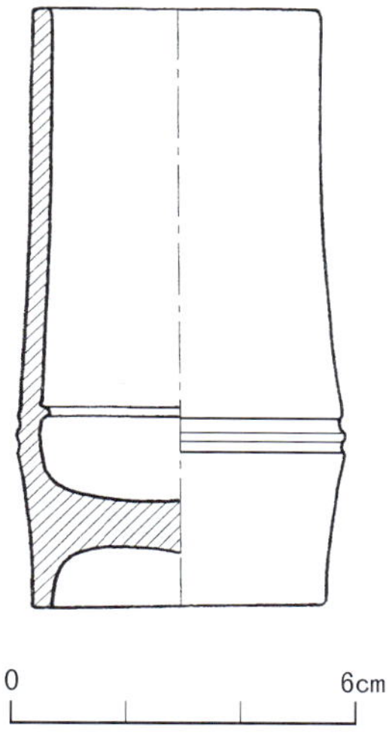

图九四　陶杯（JS1⑤：6）

图九五　陶杯（JS1⑤：6）

JS1⑤：13　泥质灰陶。敛口，鼓腹，大圈足剜成花瓣形。上、下腹部各有二道凹弦纹，凹弦纹之间有一道凸弦纹。口径6.0、足径5.6、高10.3厘米（图九六，图九七）。

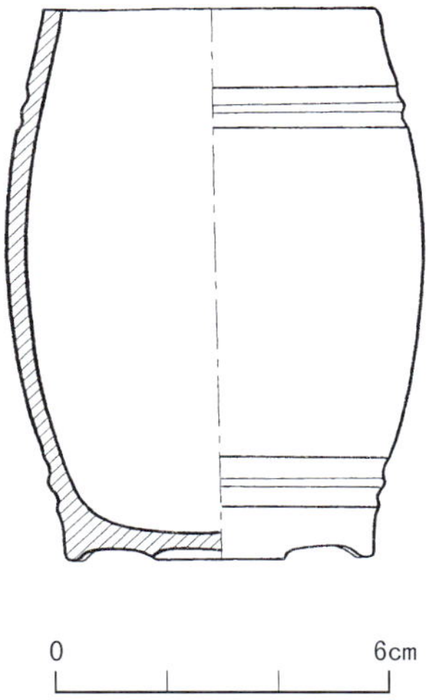

图九六　陶杯（JS1⑤：13）

图九七　陶杯（JS1⑤：13）

JS1⑤：33　泥质灰陶。侈口，束颈，弧腹，平底，大圈足外撇，剜成花瓣形。腹部有三组由二道凹弦纹间一道凸弦纹构成的纹饰，器身用红彩绘成条带和菱形等图案。口径5.2、足径5.0、高11.9厘米（图九八，图九九）。

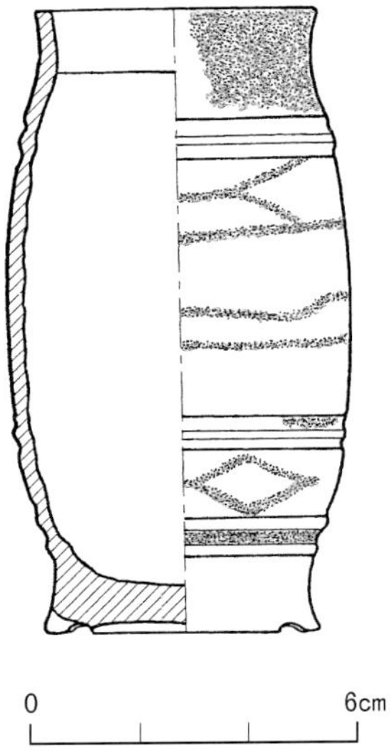
图九八　彩绘陶杯（JS1⑤：33）

图九九　彩绘陶杯（JS1⑤：33）

玉器　8件（组）。

管形与鼓形项饰　1组。

JS1①：3　管形4件、鼓形1件。青玉，大多玉质疏松，玉色受沁泛白，侵蚀严重呈石灰状，极易破碎，少量玉质坚硬，玉色泛黄，大多不透明，玉质较好者微透明。管形为直管形，鼓形中部微鼓，一孔上下贯穿，孔为单面钻，原通体抛光，受沁后表面粗疏。径0.7～1.0、高0.8～1.3厘米（图一〇〇，图一〇三）。

珠形项饰　1组。

JS1①：2　2件。青玉，大多玉质疏松，玉色受沁泛白，侵蚀严重呈石灰状，极易破碎，少量玉质坚硬，玉色泛黄，大多不透明，玉质较好者微透明。圆珠形，一孔上下贯穿，孔为单面钻，原通体抛光，受沁后表面粗疏。径1.1、高1.0厘米（图一〇一，图一〇三）。

坠　1件。

JS1①：1　青玉，受沁呈鸡骨白，玉质较细腻，玉色泛黄，不透明。上端残，有一穿，单面钻孔，坠近似圆柱形，中部圆弧，截面呈圆形，下端内收成尖锥形，通体抛光。残长2.0、最大径0.6厘米（图一〇二，图一〇三）。

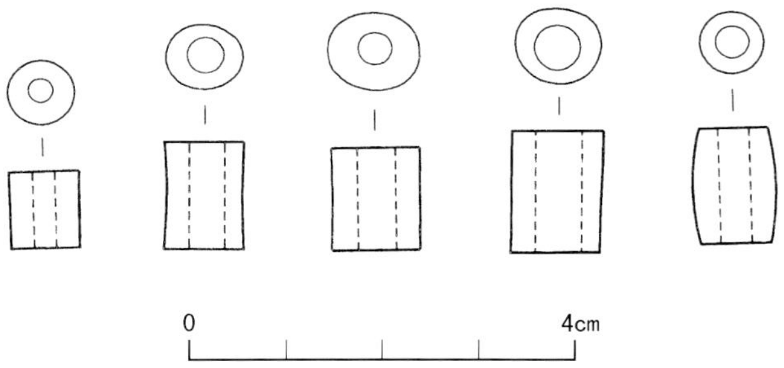
图一〇〇　管形与鼓形玉项饰（JS1①：3）

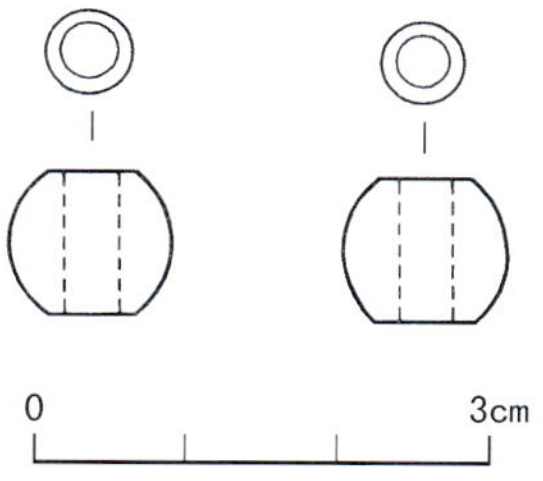

图一〇一　圆珠形玉项饰（JS1①：2）

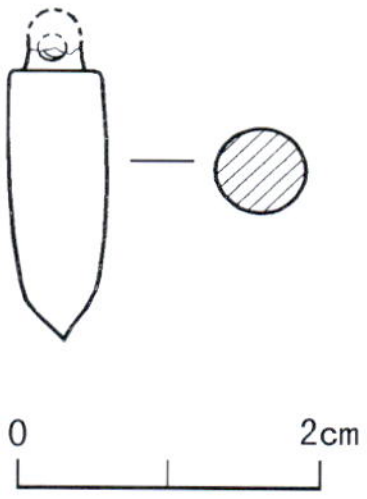

图一〇二　玉坠（JS1①：1）

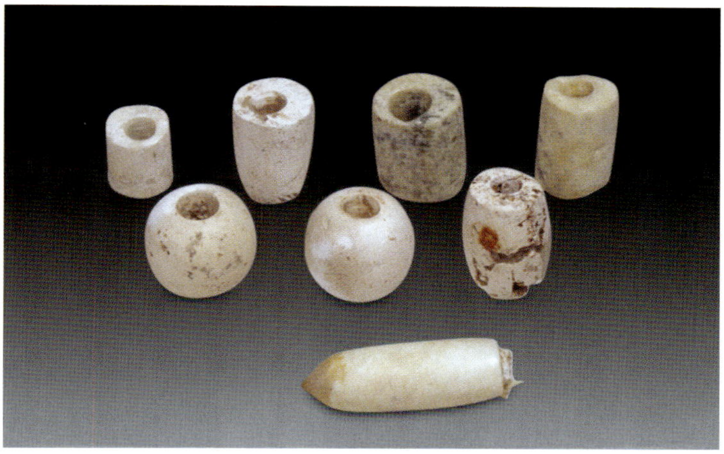

图一〇三　玉项饰与玉坠

镯　4件。

JS1①：7　青玉，间有绿色花斑，玉质细腻，受沁呈鸡骨白，玉色微泛黄，不透明。圆箍状，残，形体较小，上下径略小，中部向外弧，通体抛光，表面光滑。外径4.2、内径3.8、高1.0、厚0.2厘米（图一〇四，图一〇五）。

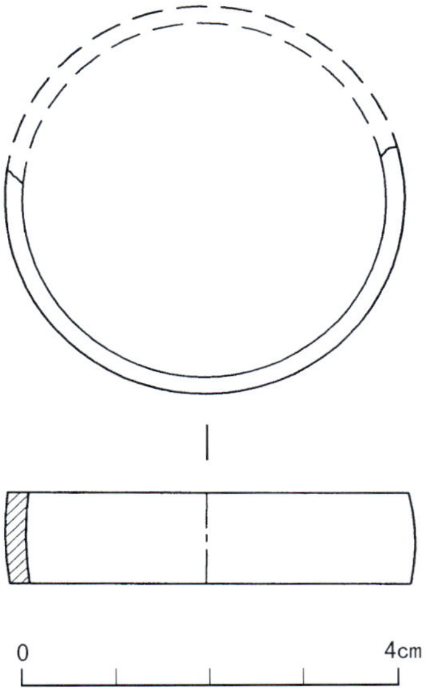

图一〇四　小玉镯（JS1①：7）

图一〇五　小玉镯（JS1①：7）

JS1①：18　青玉，间有绿色花斑，玉质细腻，玉色泛青，微透明。圆箍状，形体较小，一端大，一端小，中部外弧，通体抛光。外上径4.4、外下径4.3、内上径4.0、内下径3.7、高1.3、厚0.2～0.3厘米（图一〇六，图一〇七）。

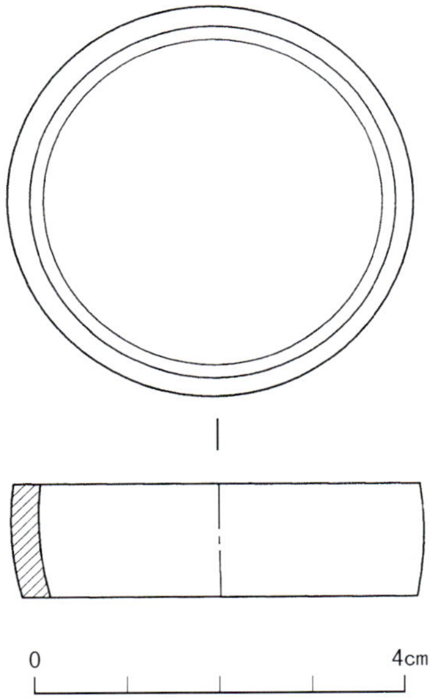

图一〇六　小玉镯（JS1①：18）

图一〇七　小玉镯（JS1①：18）

JS1①：17　青玉，间有绿色花斑，玉质较细腻，玉色泛青，微透明。圆箍状，形体较小，一端大，一端小，中部外弧，通体抛光，表面光滑。外上径5.1、外下径4.8、内上径4.1、内下径4.3、高1.3、厚0.3～0.5厘米（图一〇八，图一〇九）。

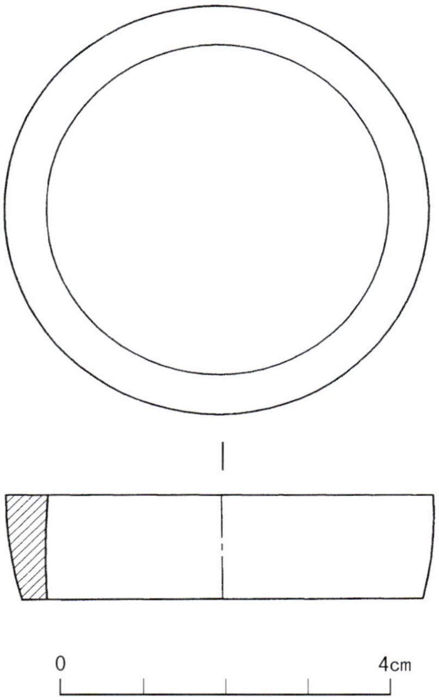

图一〇八　小玉镯（JS1①：17）

图一〇九　小玉镯（JS1①：17）

JS1①：8　青玉，间有深绿色花斑，玉质细腻，玉色泛青，不透明。圆箍状，形体较小，中部向外弧，通体抛光，表面光滑。上径5.0、下径4.9、内径4.4、高1.6、厚0.3～0.4厘米（图一一〇，图一一一）。

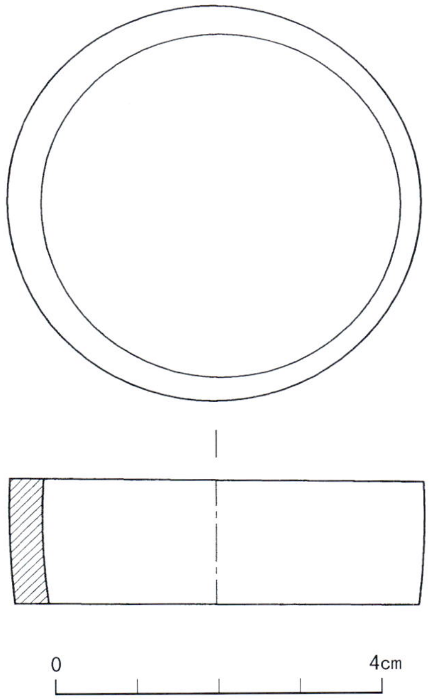

图一一〇　小玉镯（JS1①：8）

图一一一　小玉镯（JS1①：8）

环　1件。

JS1①：9　青玉，玉质细腻，受沁呈鸡骨白，玉色微泛黄，不透明。圆圈状，形体较小，内外侧较平，通体抛光，表面光滑，一面留有弧形切割痕。外径5.0、内径3.6、厚0.3厘米（图一一二，图一一三）。

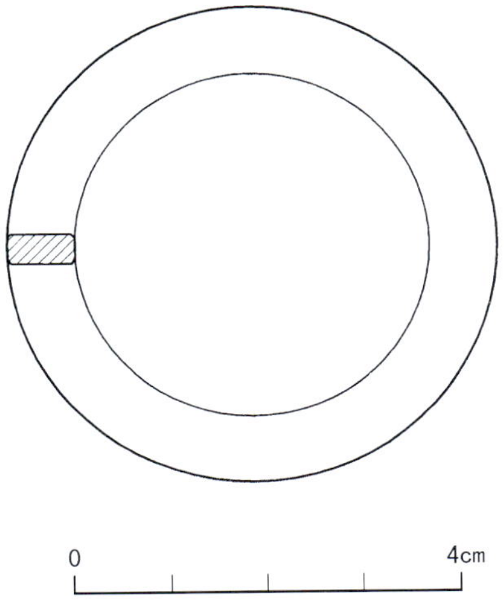

图一一二　小玉环（JS1①：9）

图一一三　小玉环（JS1①：9）

石器　18件，既有磨光石器或刃部磨光石器，亦有仅打制成形的石器。

磨光石器　13件。

镰　3件。

JS1③：14　青灰色石料。前端残，弧背，平刃，两面微弧，后端圆弧，通体磨光。残长8.0、宽3.6、厚0.8厘米（图一一四）。

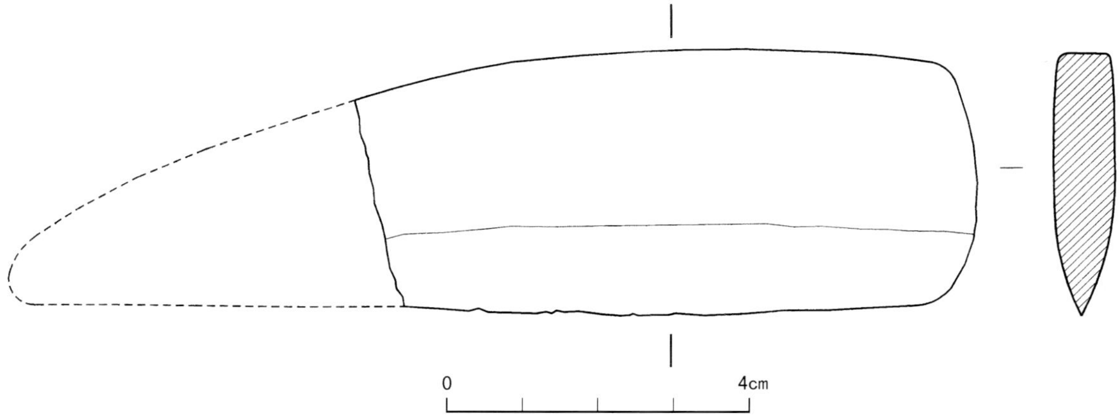

图一一四　石镰（JS1③：14）

JS1③：15　黑色石料。残，弧背，刃内凹，正面微弧，背面平，通体磨光。残长4.7、宽3.3、厚0.5厘米（图一一五）。

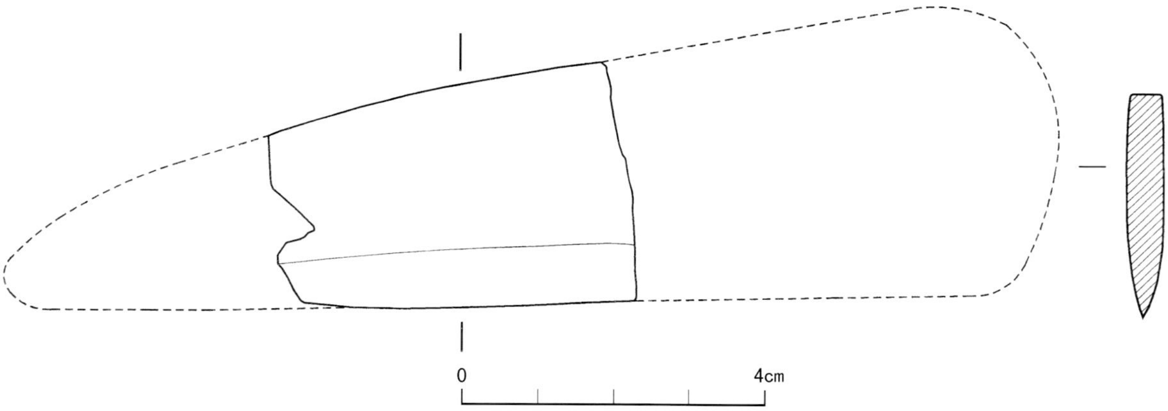

图一一五　石镰（JS1③：15）

JS1③：16　黑色石料。后部残，弧背，双面斜刃，刃向内凹，两面平，通体磨光。残长7.5、宽2.9、厚0.4厘米（图一一六）。

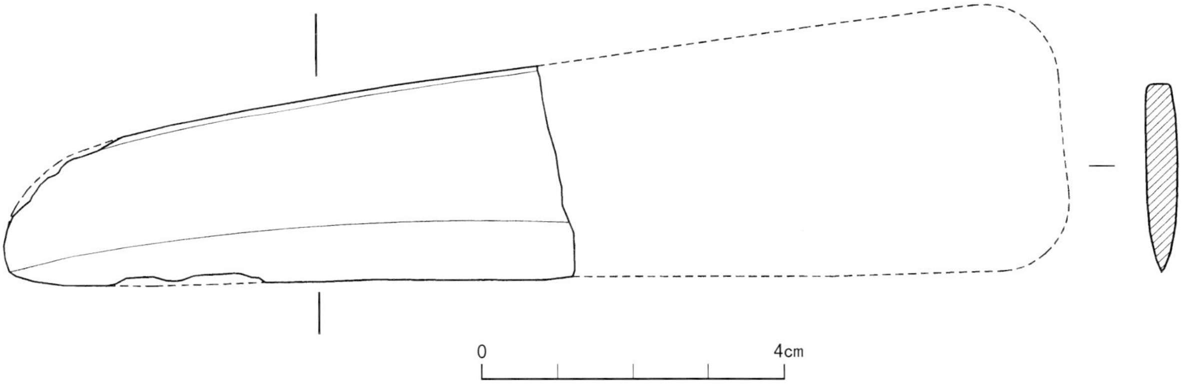

图一一六　石镰（JS1③：16）

锛　10件。

JS1③：31　黑色石料。残件，厚体，正面和两侧面磨光。残长11.8、残宽5.6、厚1.6厘米（图一一七）。

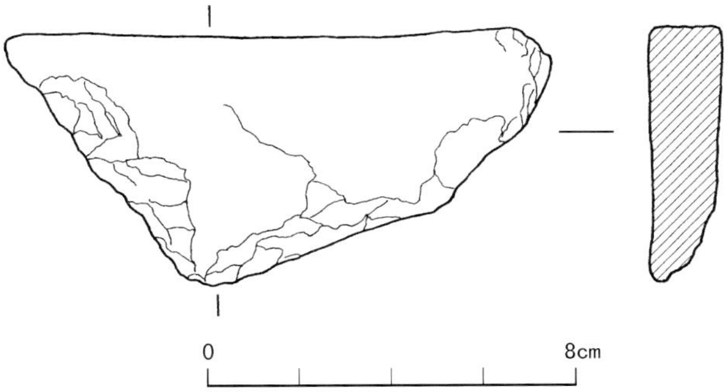

图一一七　残石锛（JS1③：31）

JS1⑥：26　深灰色石料。刃部略残，长条形，厚体，顶部较平，两面弧，两侧外弧，单面斜刃，仅刃部磨光。长13.8、宽4.1、厚4.2厘米（图一一八，图一一九）。

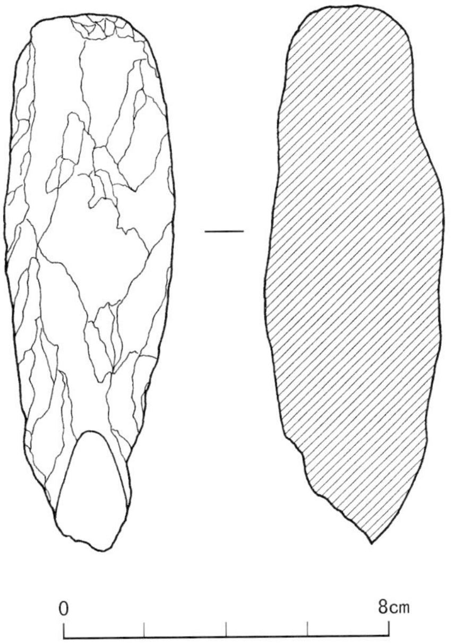

图一一八　石锛（JS1⑥：26）

图一一九　石锛（JS1⑥：26）

JS1⑤：19　灰白色石料。长方形，薄体，顶部、正面微弧，背面平，两侧斜平，单面斜刃，通体磨光。长4.5、宽3.3、厚0.8厘米（图一二〇，图一二一）。

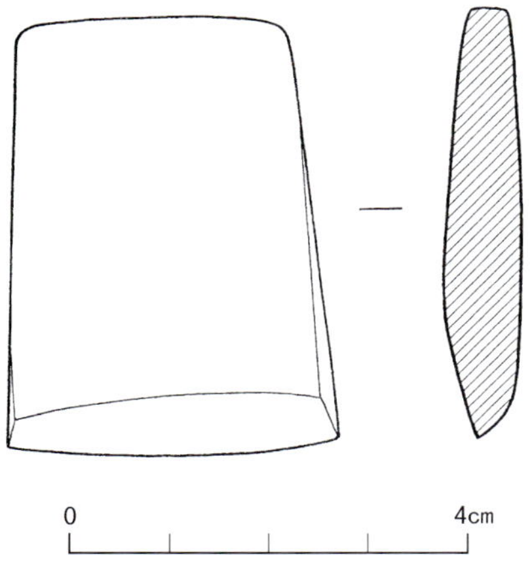

图一二〇　石锛（JS1⑤：19）

图一二一　石锛（JS1⑤：19）

JS1⑤：4　灰白色石料。方形，薄体，顶部平，正面微弧，背面平，两侧平直，单面斜刃，通体磨光。长4.9、宽3.9、厚1.2厘米（图一二二，图一二三）。

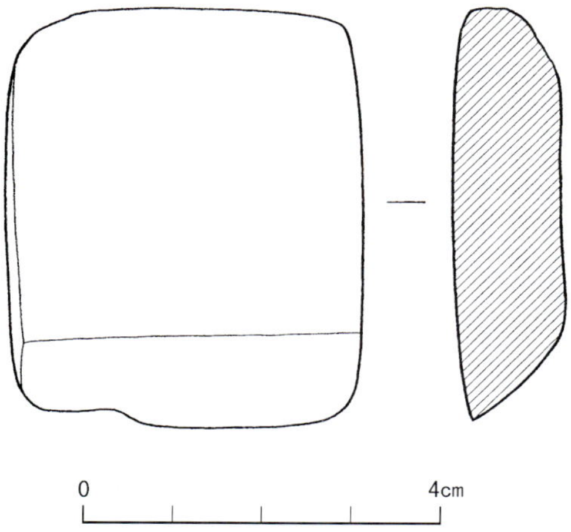

图一二二　石锛（JS1⑤：4）

图一二三　石锛（JS1⑤：4）

JS1①：11　深灰色石料。长条形，厚体，顶部较平，正面弧，背面平，两侧平直，单面斜刃，刃部磨光。长9.6、宽3.4、厚3.6厘米（图一二四，图一二五）。

JS1⑤：22　深灰色石料。刃部略残，长条形，厚体，顶部较平，正面弧，背面平，两侧外弧，单面斜刃，通体磨光。长11.2、宽3.8、厚3.7厘米（图一二六，图一二七）。

JS1⑤：23　黑色石料。自上而下断裂，长条形，厚体，顶部较平，背面平，两侧平直，单面斜刃，通体磨光。残长11.5、宽3.0、残厚4.6厘米（图一二八）。

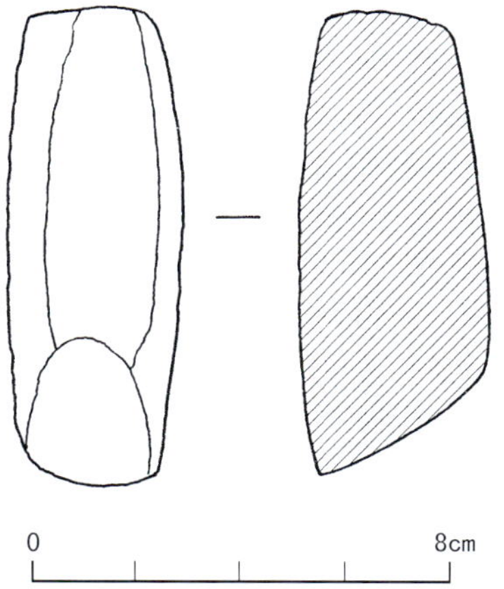

图一二四　石锛（JS1①：11）

图一二五　石锛（JS1①：11）

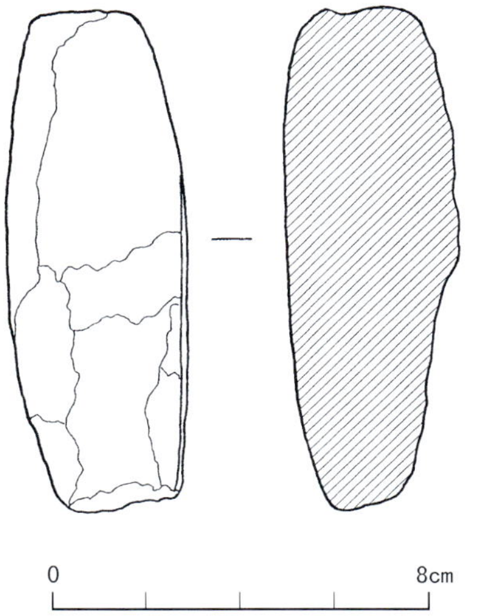

图一二六　石锛（JS1⑤：22）

图一二七　石锛（JS1⑤：22）

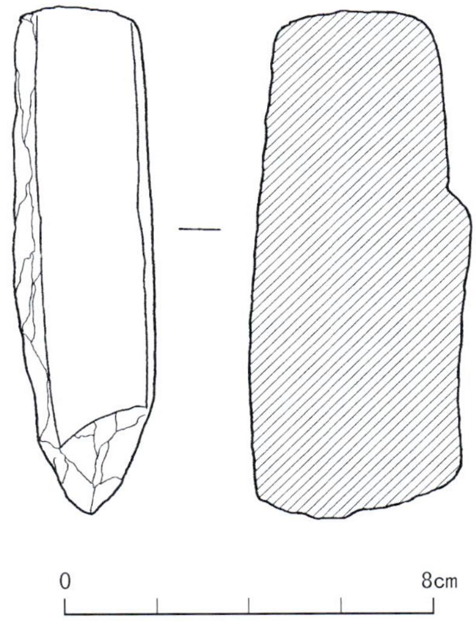

图一二八　石锛（JS1⑤：23）

JS1⑤：24　黑色石料。刃部残，长条形，厚体，顶部微弧，正面弧，背面平，两侧平直，单面斜刃，刃部磨光。长11.2、宽3.6、厚3.5厘米（图一二九，图一三〇）。

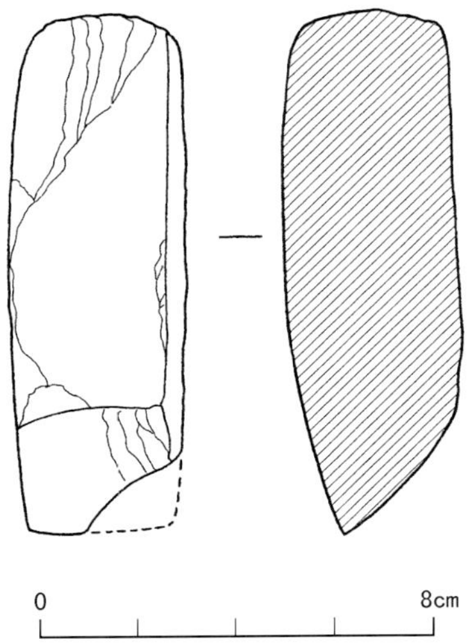

图一二九　石锛（JS1⑤：24）

图一三〇　石锛（JS1⑤：24）

JS1⑤：25　黑色石料。刃部略残，长条形，厚体，顶部较平，正面弧，背面平，两侧平直，单面斜刃，刃部磨光。长11.5、宽3.5、厚3.5厘米（图一三一，图一三二）。

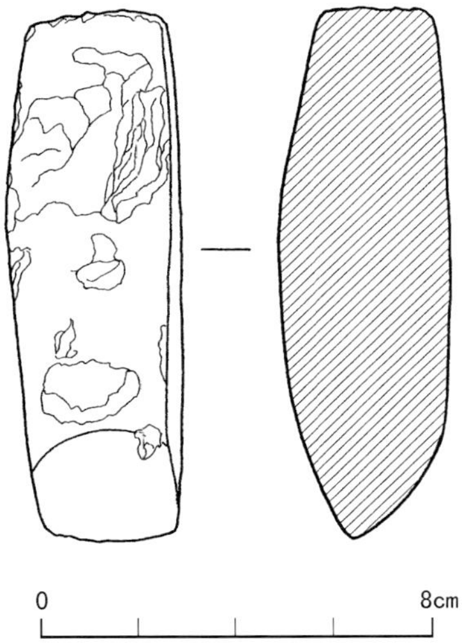

图一三一　石锛（JS1⑤：25）

图一三二　石锛（JS1⑤：25）

JS1⑥：30　黑色石料，残，仅存刃部。长条形，厚体，正面弧，背面平，两侧平直，单面斜刃，通体磨光。残长7.6、残宽2.8、厚4.2厘米（图一三三）。

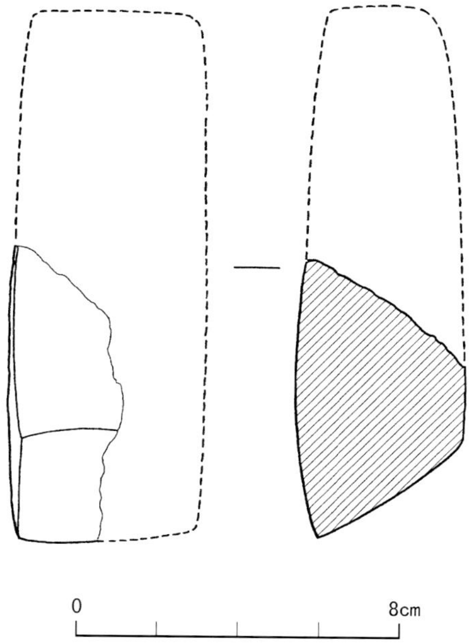

图一三三　残石锛（JS1⑥：30）

仅打制成形的石器　5件。

镰　1件。

JS1⑤：21　青灰色石料。残，仅打制成形，未经打磨。残长7.9、宽4.3、厚1.0厘米（图一三四）。

刀　1件。

JS1⑤：20　青灰色石料。残，仅打制成形，未经打磨。残长8.2、宽4.4、厚0.9厘米（图一三五）。

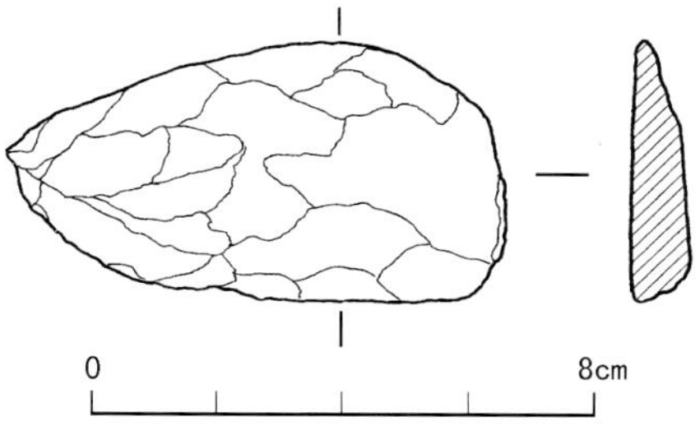

图一三四　残石镰（JS1⑤：21）

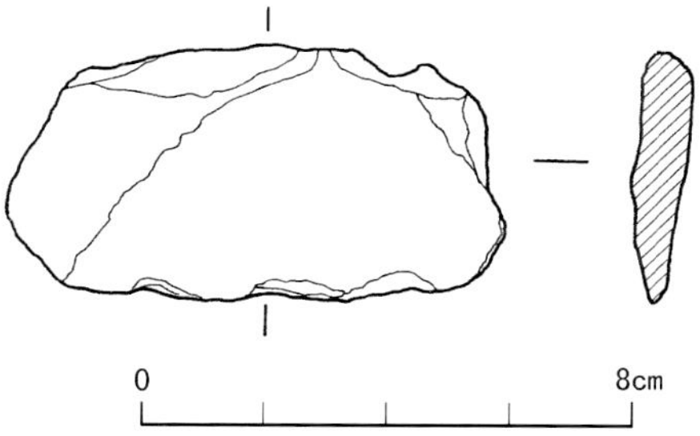

图一三五　残石刀（JS1⑤：20）

斧　3件。

JS1⑤：27　灰白色石料。仅打制成形，上窄下宽，弧刃。长13.5、宽6.2、厚2.6厘米（图一三六，图一三七）。

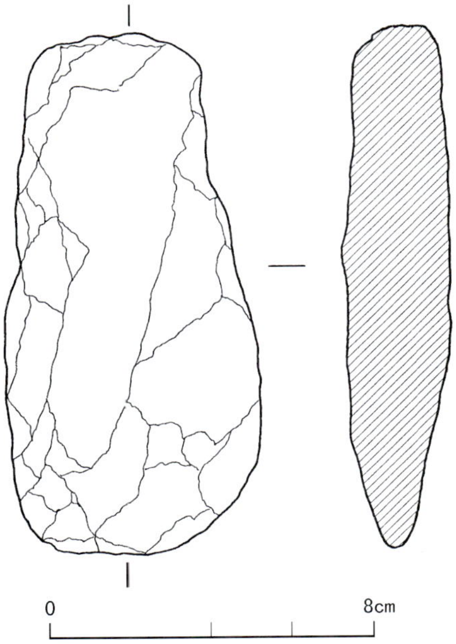

图一三六　石斧（JS1⑤：27）

图一三七　石斧（JS1⑤：27）

JS1⑤：29　黑色石料。仅打制成形，上厚下薄，双肩，弧刃。长16.6、宽10.3、厚1.8厘米（图一三八，图一三九）。

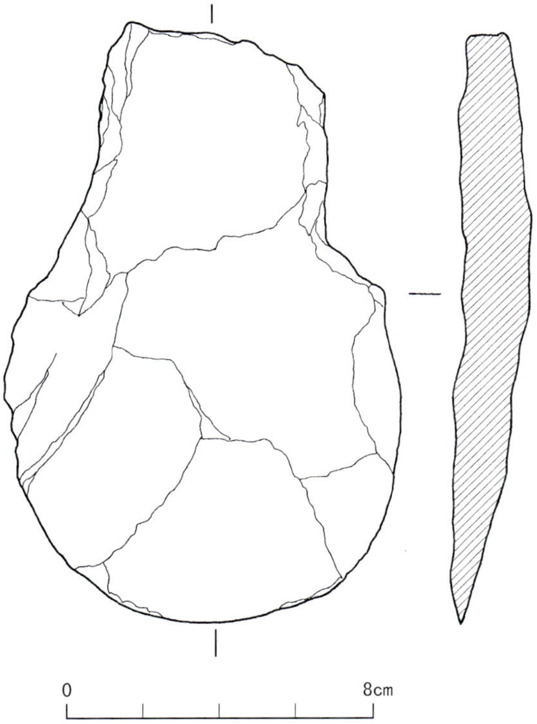

图一三八　石斧（JS1⑤：29）

图一三九　石斧（JS1⑤：29）

JS1⑤：28　黑色石料。仅打制成形，上厚下薄，双肩，弧刃。长17.3、宽16.4、厚2.1厘米（图一四〇，图一四一）。

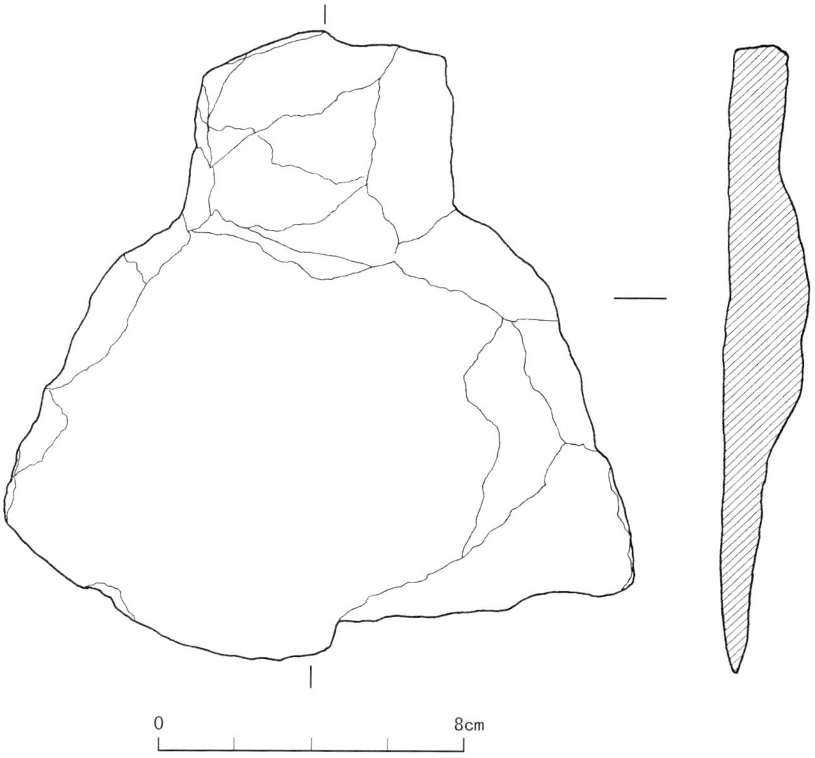

图一四〇　石斧（JS1⑤：28）

图一四一　石斧（JS1⑤：28）

2. JS2

主要分布于T0604内，中心距JS1东缘13米，底部近似正方形，不甚规整，东西长10.90、南北宽11.50、高1.50米，方向193°（图一四二）。

图一四二　JSI与JS2的相互位置

JS2的堆积较JS1简单，分为4层（图一四三）：

第1层　黄褐色土，呈弧顶状，祭祀遗迹的封土。高0.97～1.50、厚0.55～0.65米；顶部有祭祀遗迹，祭祀遗迹与JS1相同，置2件从腹部切割的夹砂陶罐，陶罐底部平置，口部扣置，呈十字形交叉置放。置放方式与JS1不同，其中一件陶器内并置石块，四周有经过烧烤后留下的不规则烧土（图一四四）。

第2层　红烧土，围绕中心的祭祀遗迹。平面呈方框形，高0～1.00、厚0～0.90米，方框的边宽0.80米。

第3层　五花土，夹有黄、红、绿、褐、白色土。高0.10～1.00、厚0～0.80米。

第4层　黄色土，为祭祀遗迹的垫土。高0～0.30、厚0～0.30米。

文化遗物多出土于第1层和第2层，小玉器、小石器、小陶器出土于第1层，散放于祭祀遗迹周围，玉器主要有玉珠、玉坠和小玉镯，另有一完整的小石刀和小陶杯；陶器和石器多出土于第2层，主要有陶甗、陶豆、陶罐和石锛等。

JS2出土的文化遗物有陶器、玉器和石器。

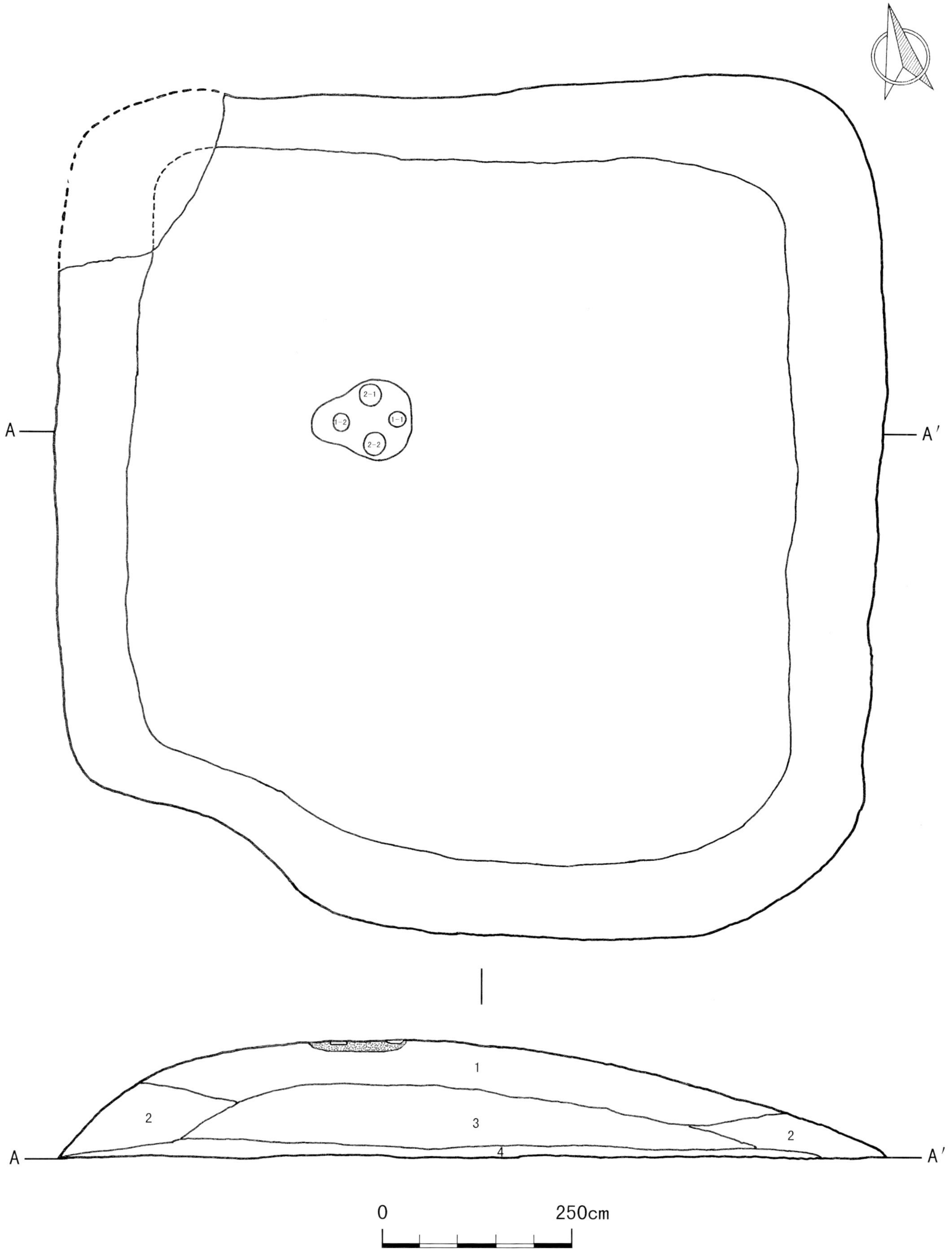

图一四三　JS2平、剖面图

1.陶罐（1-1.口部，1-2.底部） 2.陶罐（2-1.口部，2-2.底部）

图一四四A　JS2顶部

图一四四B　JS2顶部清理前

图一四四C　JS2顶部遗迹

陶器　5件。

甗　1件。

JS2②：3　夹砂红陶。侈口，斜弧腹，圜底，三扁足，上有竖刻划纹，足截面呈“T”字形，腹内有一周箅隔，箅隔下有一注水的小孔。口径14.5、通高17.0厘米（图一四五，图一四六）。

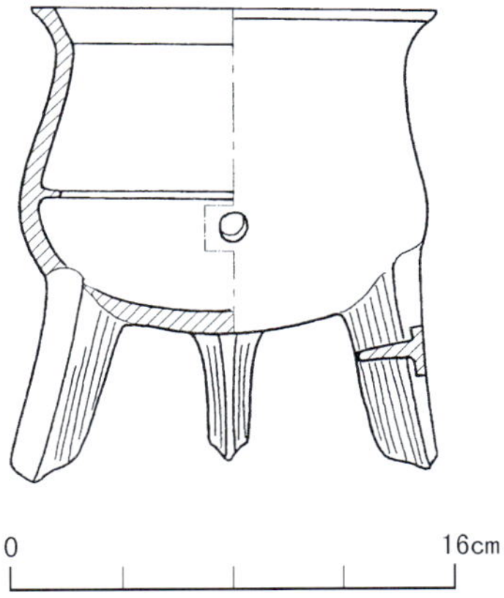

图一四五　陶甗（JS2②：3）

图一四六　陶甗（JS2②：3）

豆　2件。

JS2②：6　泥质灰陶。侈口，平沿，斜弧腹，圜底，大圈足外撇，腹部和圈足饰数道凸弦纹。口径20.4、足径16.1、高6.9厘米（图一四七，图一四八）。

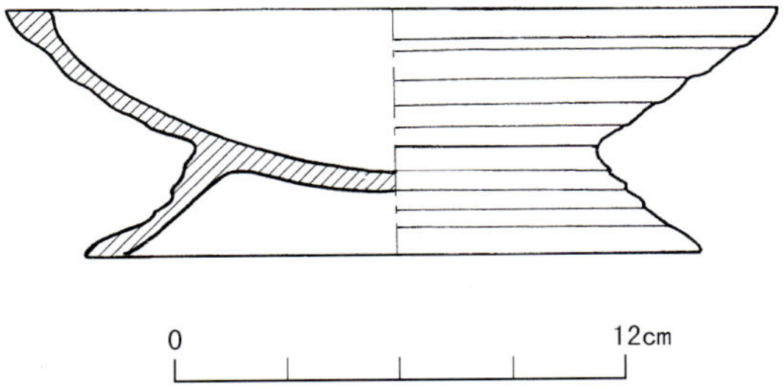

图一四七　陶豆（JS2②：6）

图一四八　陶豆（JS2②：6）

JS2②：5　泥质灰陶。侈口，平沿，深腹，圜底近平，大圈足外撇，上饰三道凸弦纹，凸弦纹与凸弦纹之间饰刻划的椭圆形纹和斜戳点纹。口径20.2、足径16.4、高11.4厘米（图一四九，图一五〇）。

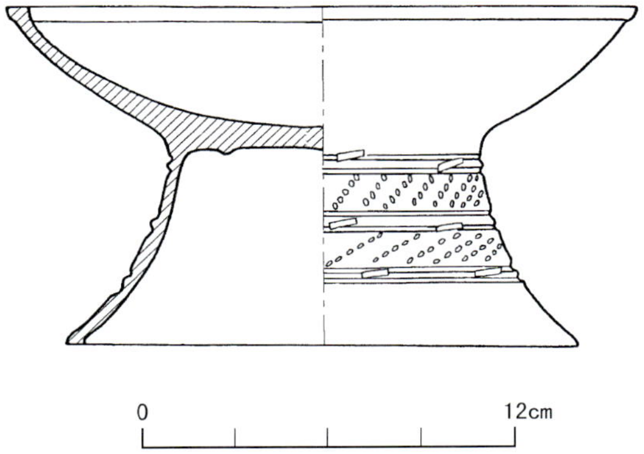

图一四九　陶豆（JS2②：5）

图一五〇　陶豆（JS2②：5）

杯　1件。

JS2①：2　泥质灰陶。形体较小，直口外侈，平底，大圈足外撇。口径5.6、足径4.0、高5.8厘米（图一五一，图一五二）。

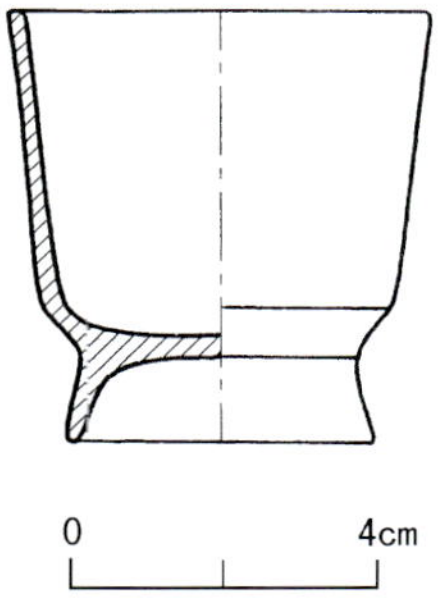

图一五一　小陶杯（JS2①：2）

图一五二　小陶杯（JS2①：2）

罐　1件。

JS2②：7　泥质灰陶。侈口，圆肩，鼓腹，大平底。口径13.3、底径9.2、高12.6厘米（图一五三，图一五四）。

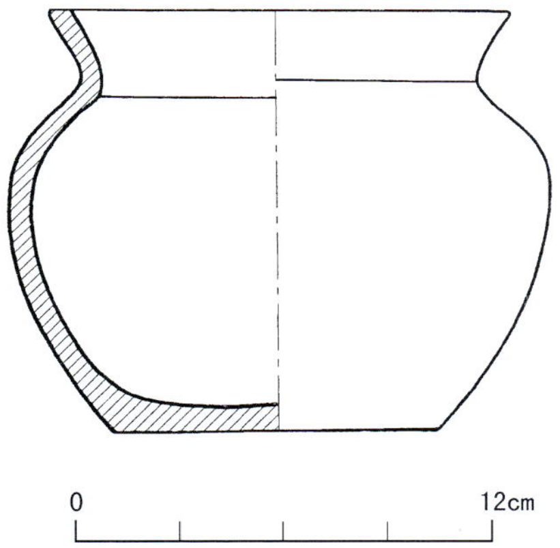

图一五三　陶罐（JS2②：7）

图一五四　陶罐（JS2②：7）

玉器　6件（组）。

管形项饰　1组。

JS2①：12　4件。其中一件残。青玉，受沁呈白色，不透明。直管形，2件截面近似圆形，1件截面呈三角形，一孔上下贯穿，孔为两面对钻，通体抛光。径0.8、高0.7～2.0厘米（图一五五，图一五六）。

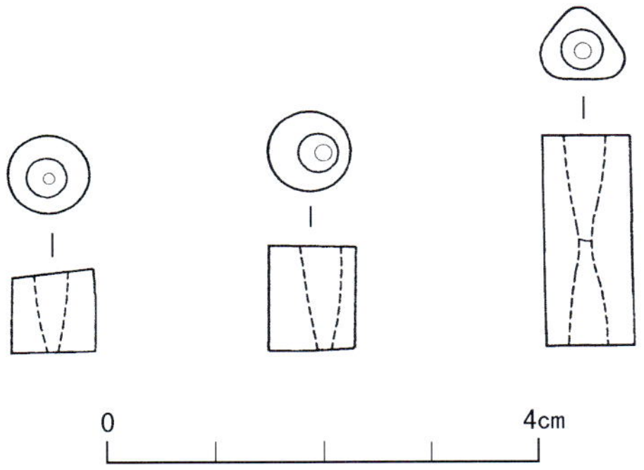

图一五五　玉管（JS2①：12）

图一五六　玉管（JS2①：12）

坠　2件。

JS2①：13、JS2①：14　皆残件。青玉，玉质较粗疏，一件仅存中部，残长1.4、最大径0.6厘米；一件仅存尖锥形下部，残长3.1、最大径0.7厘米。

镯　3件。

JS2①：4　青玉，间有绿色斑纹，玉质细腻，玉色泛绿，微透明。圆箍状，形体较小，中部外弧，通体抛光。外上径4.9、外下径5.0、内上径4.4、内下径4.1、高1.1～1.5、厚0.2～0.5厘米（图一五七，图一五八）。

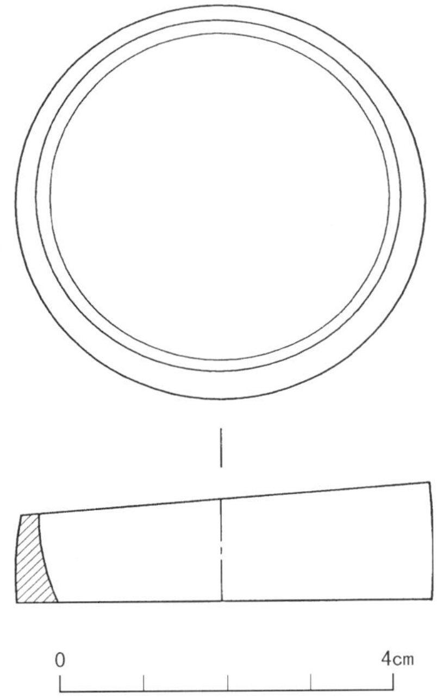

图一五七　小玉镯（JS2①：4）

图一五八　小玉镯（JS2①：4）

JS2①：9　青玉，间有墨绿色花斑，玉质细腻，沁色呈鸡骨白，玉色泛青黄，不透明。圆箍状，形体较小，中部外弧，通体抛光，外有未打磨尽的直线切割痕，内有管钻痕。外上径4.9、外下径5.0、内上径4.3、内下径4.5、高1.6～1.9、厚0.3～0.4厘米（图一五九，图一六〇）。

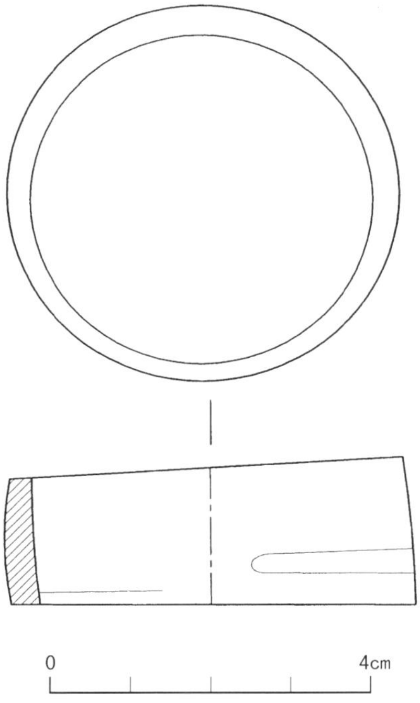

图一五九　小玉镯（JS2①：9）

图一六〇　小玉镯（JS2①：9）

JS2①：10　青玉，间有墨绿色花斑，玉质细腻，沁色呈鸡骨白，玉色泛青，不透明。圆箍状，形体较小，中部外弧，通体抛光，表面光滑。上径5.0、下径4.9、内径4.3、高2.4、厚0.35厘米（图一六一，图一六二）。

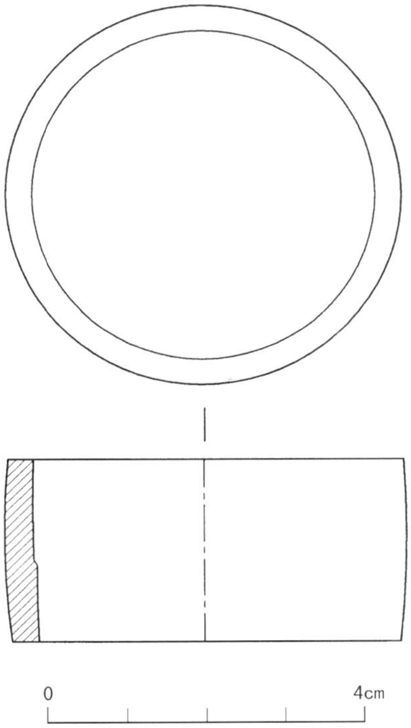

图一六一　小玉镯（JS2①：10）

图一六二　小玉镯（JS2①：10）

石器　3件，皆磨光石器。

刀　2件。

JS2②：8　青灰色石料。残，顶部微凹，正面微弧，背面平，两侧斜直，单面弧刃，上部有孔，可能为双孔，孔为单面管钻，通体磨光。残长4.6、宽4.1、孔外径1.0、孔内径0.8、厚0.6厘米（图一六三）。

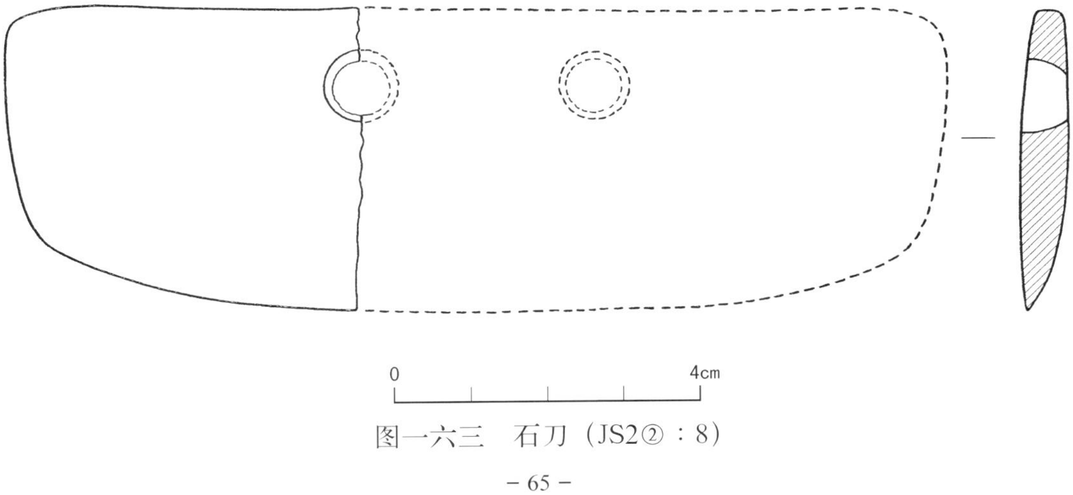

图一六三　石刀（JS2②：8）

JS2①：1　深灰色石料。宽斜柄，两面平，双面弧刃，通体磨光。刃长6.0、刃宽1.8～3.2、刃厚0.2、柄长3.8、柄宽2.4、柄厚0.3、通长9.8厘米（图一六四，图一六五）。

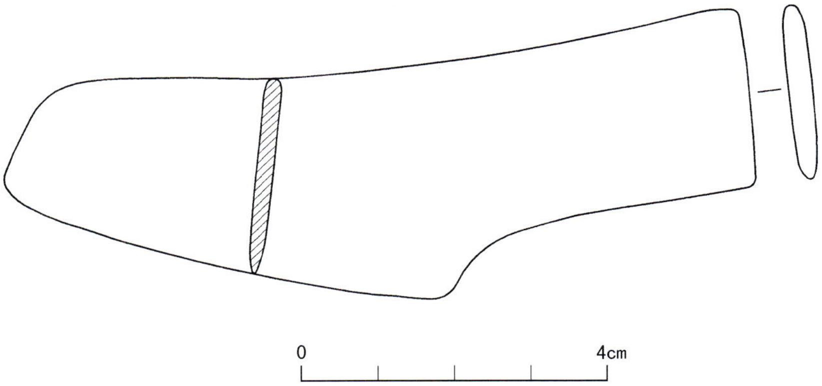

图一六四　小石刀（JS2①：1）

图一六五　小石刀（JS2①：1）

锛　1件。

JS2②：11　青灰色石料。长方形，薄体，顶部平，正面微弧，背面平，两侧斜直，单面斜刃，通体磨光。长10.4、宽4.7、厚1.4厘米（图一六六，图一六七）。

图一六六　石锛（JS2②：11）

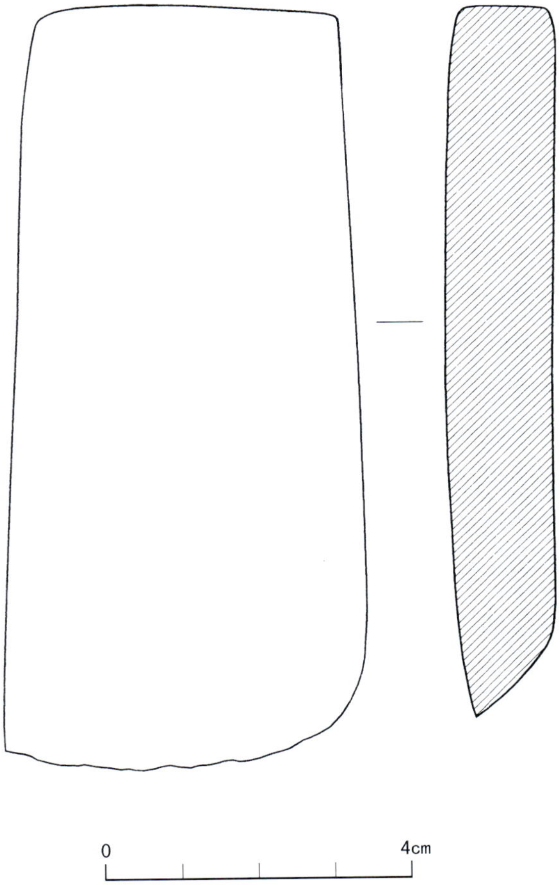

图一六七　石锛（JS2②：11）

二　地层出土的文化遗物

文化遗物出土于遗址的第4层，有陶器、玉器和石器。

陶器　3件。

盘　1件。

T0504④：9　泥质灰陶。侈口，斜腹，底微凹，矮圈足微向外撇，下腹部有四道凸弦纹。口径21.8、足径11.6、高7.6厘米（图一六八，图一六九）。

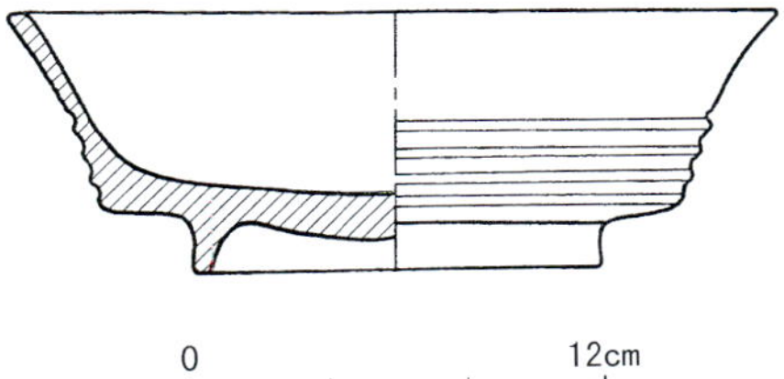

图一六八　陶圈足盘（T0504④：9）

图一六九　陶圈足盘（T0504④：9）

罐　2件。

T0805④：4　泥质灰陶。形体较小，侈口，束颈，溜肩，弧腹，平底，大圈足剜成花瓣形，肩部有三道凸弦纹。口径5.2、足径4.7、高8.0厘米（图一七〇，图一七一）。

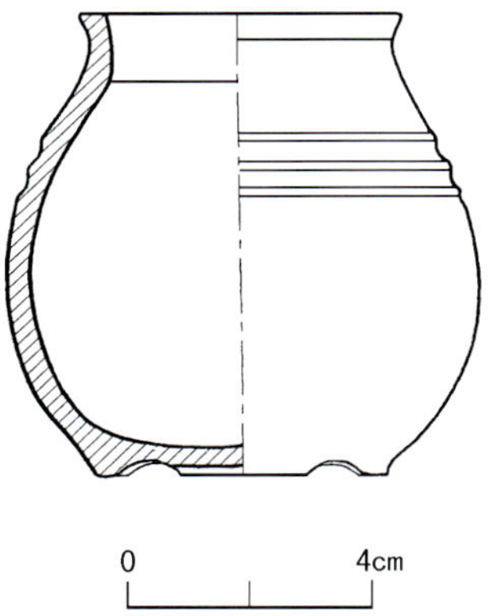

图一七〇　小陶罐（T0805④：4）

图一七一　小陶罐（T0805④：4）

T0504④：8　泥质黑陶。残，直口微侈，平肩，直腹微向外弧，身饰两道为一组的凸弦纹，肩部有一对半环耳。口径24.0、残高16.4厘米（图一七二）。

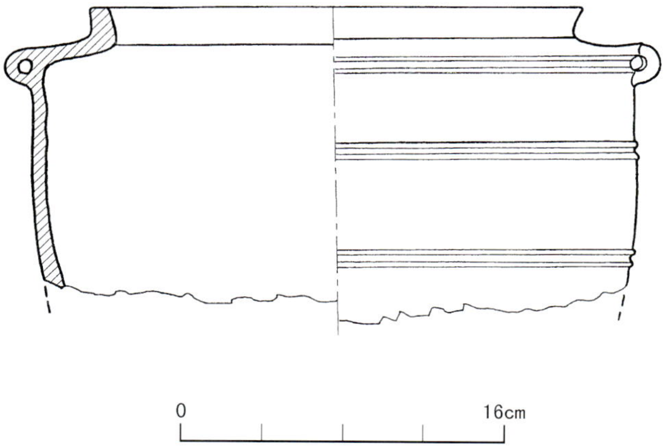

图一七二　陶罐（T0504④：8）

玉器　3件。

坠饰　1件。

T0504④：5　青白玉，玉色泛黄，微透明。圆柱形，顶部平，上端小，下端大，底面圆弧，截面呈椭圆形，近端部有一穿，穿为两面对钻，通体抛光。长1.5、最大径0.5厘米（图一七三）。

鼓形项饰　2件。

T0504④：6、T0504④：7　其中1件残。青玉，受沁较严重，表面粗糙，呈白色，不透明。两端平，中部微鼓，一孔上下贯穿。完好者最大径1.0、高1.3厘米（图一七四）。

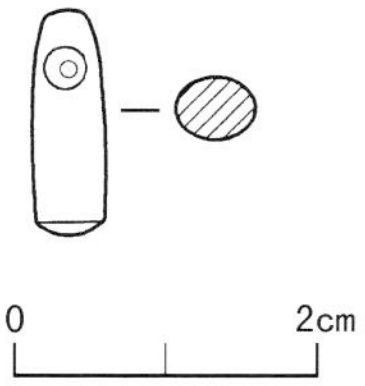

图一七三　玉坠饰（T0504④：5）

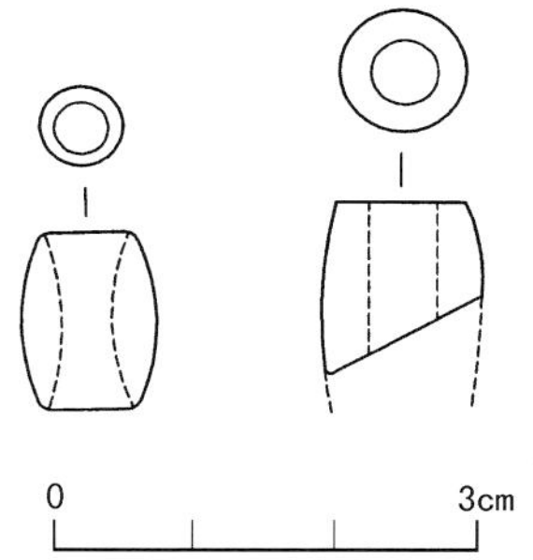

图一七四　玉管（T0504④：6、T0504④：7）

石器　21件。

镞　2件。

T0806④：1　深灰色石料。铤残。形体扁平，尖锋，双面弧刃，铤与关处有明显的分界，通体磨光。残长6.1、宽2.1、厚0.3厘米（图一七五）。

T0806④：2　深灰色石料。锋残，柳叶形（？），形体较长，双面刃，截面呈菱形，铤呈长三角形，与刃有明显的分界，自锋至铤有凸起的脊，通体磨光。残长6.7、宽3.1、厚0.6厘米（图一七六）。

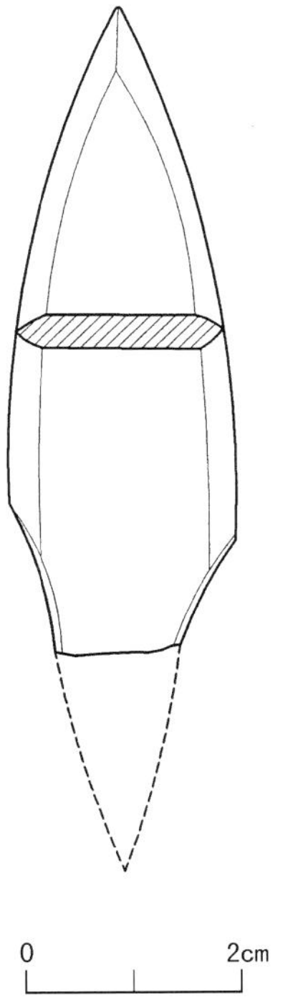

图一七五　石镞（T0806④：1）

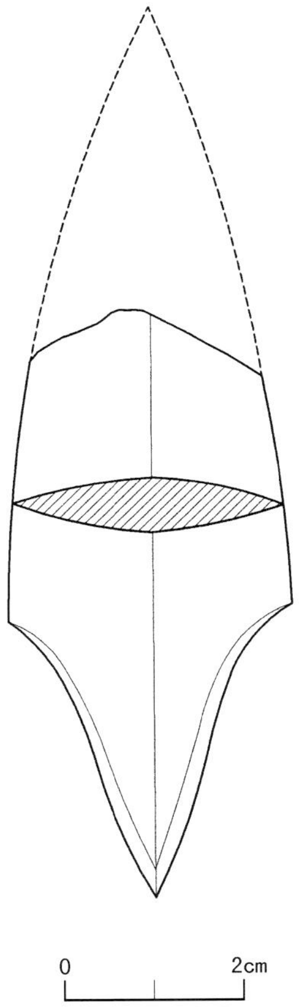

图一七六　石镞（T0806④：2）

刀　4件。

T0506④：1　灰白色石料。残，弧背，弧刃，通体磨光。残长7.5、宽4.9、厚0.8厘米（图一七七）。

图一七七　石刀（T0506④：1）

T0505④：1　深灰色石料。形体较长，呈靴形，长柄，柄顶部微弧，一侧平直，一侧向外斜折，双面弧刃，通体留有打制痕迹，仅刃部磨光。长12.3、柄顶宽2.6、刃宽8.0、厚0.7厘米（图一七八，图一七九）。

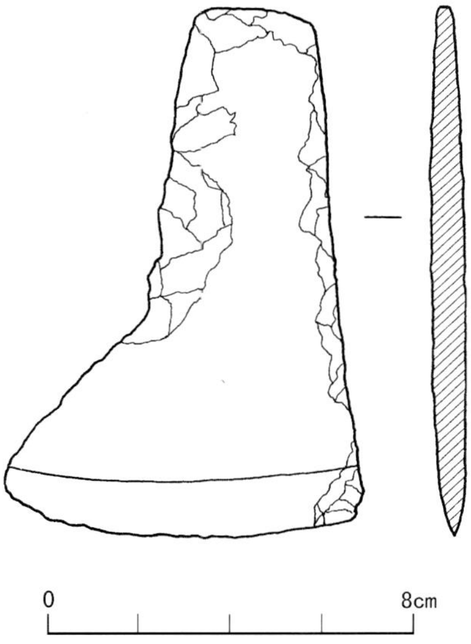

图一七八　长柄石刀（T0505④：1）

图一七九　长柄石刀（T0505④：1）

T0506④：2　深灰色石料。残，弧背，平刃，通体留有打制痕迹，仅刃部磨光。残长8.6、宽3.8、厚0.9厘米（图一八〇）。

T0406④：2　深灰色石料。薄片状，上下弧刃，一侧斜刃，一侧较平，通体磨光。长7.1、宽2.6、厚0.3厘米（图一八一）。

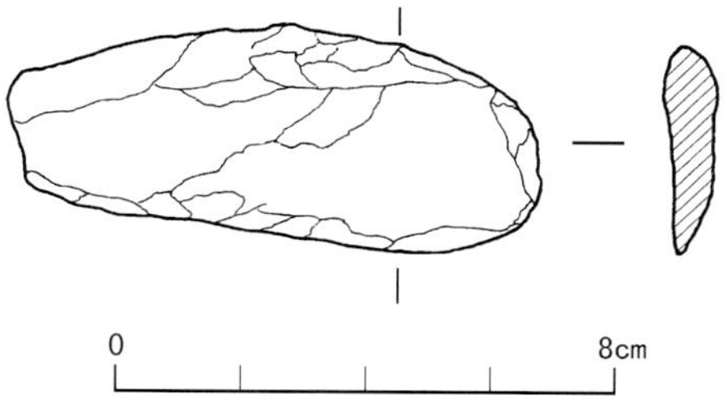

图一八〇　石刀（T0506④：2）

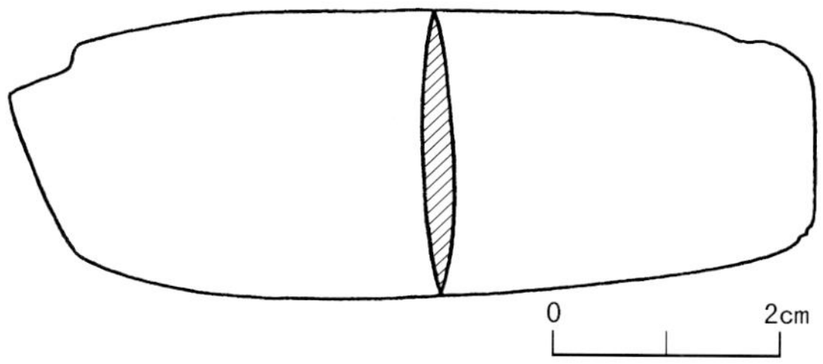

图一八一　石刀（T0406④：2）

镰　1件。

T0504④：4　灰白色石料。残，弧背，刃内凹，正面微弧，背面平，通体留有打制痕迹，仅刃部磨光。残长6.5、残宽3.2、厚1.0厘米（图一八二）。

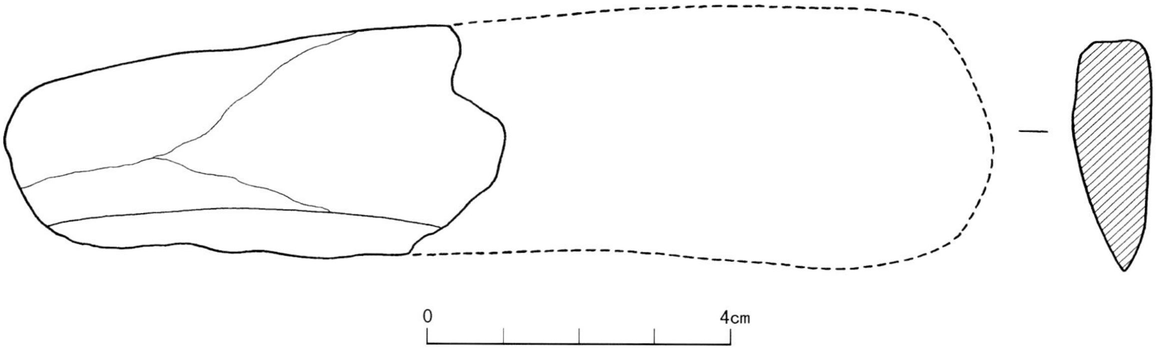

图一八二　石镰（T0504④：4）

锛　5件。

T0506④：3　黑色石料。上部残，长条形（？），厚体，背面平，两侧平直，单面斜刃，通体磨光。残长4.5、宽3.5、厚2.5厘米（图一八三）。

T0504④：3　灰白色石料。长方形，厚体，平顶，正面微弧，背面平，两侧平直，单面斜刃，通体磨光。长4.5、宽2.6、厚1.0厘米（图一八四）。

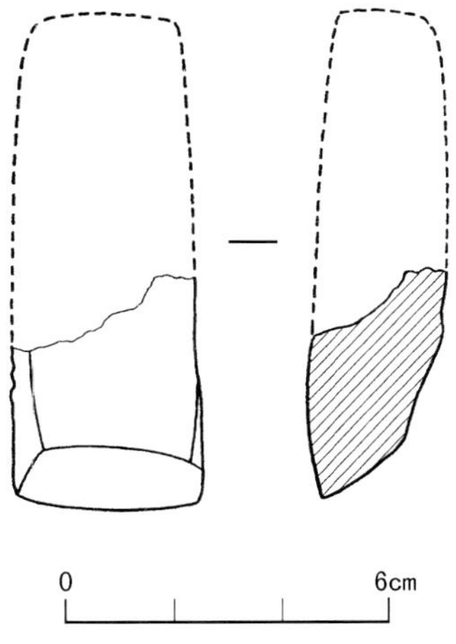

图一八三　石锛（T0506④：3）

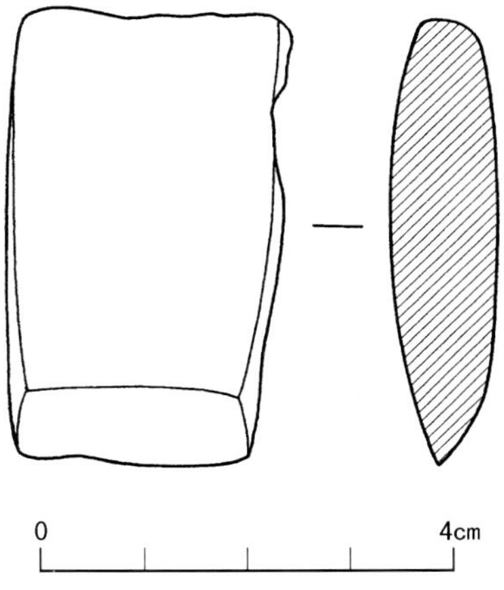

图一八四　石锛（T0504④：3）

T0406④：3　深灰色石料。刃部残，长条形，厚体，弧顶，正面微弧，背面平，两侧平直，单面斜刃，刃部磨光。残长10.4、宽3.6、厚4.0厘米（图一八五）。

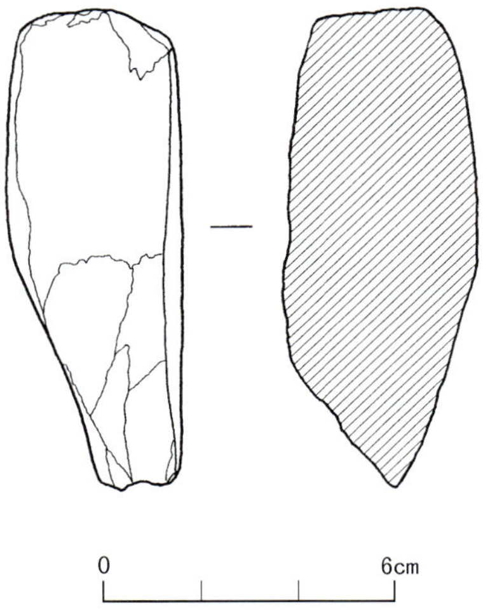

图一八五　石锛（T0406④：3）

T0505④：2　黑色石料，局部泛黄。上部略残，长条形，厚体，弧顶，两面微弧，两侧外弧，单面斜刃，通体磨光。长11.6、宽4.0、厚4.7厘米（图一八六，图一八七）。

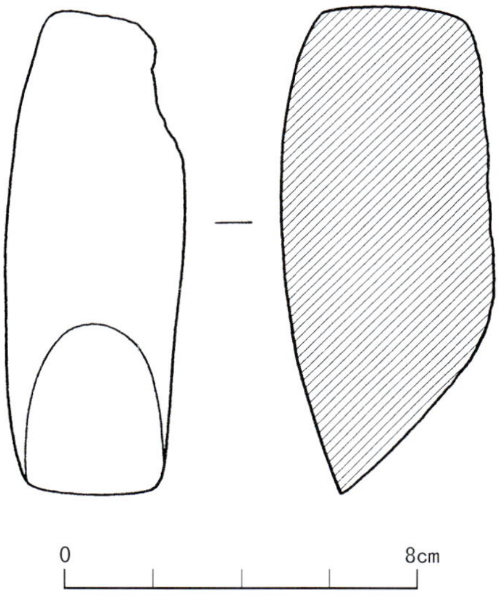

图一八六　石锛（T0505④：2）

图一八七　石锛（T0505④：2）

T0504④：1　黑色石料。长条形，厚体，弧顶，两面平，一侧外弧，一侧内凹，单面斜刃，局部磨光。长8.2、宽2.0、厚1.4厘米（图一八八，图一八九）。

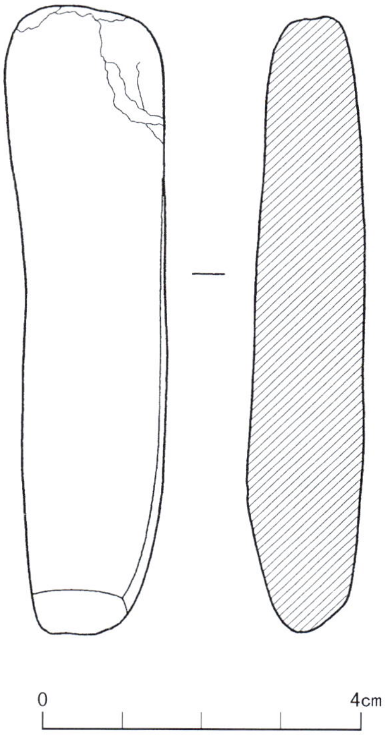

图一八八　石锛（T0504④：1）

图一八九　石锛（T0504④：1）

斧　3件。

T0805④：2　深灰色石料，局部泛红。斜弧顶，正面微弧，背面平，两侧斜平，单面弧刃，通体磨光。长9.2、宽6.2、厚1.4厘米（图一九〇，图一九一）。

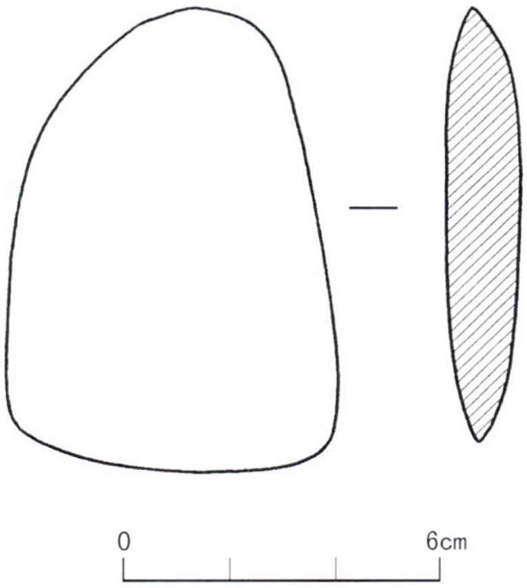

图一九〇　石斧（T0805④：2）

图一九一　石斧（T0805④：2）

T0805④：1　深灰色石料，间有黑色、银色花斑。上部残，两侧平直，双面弧刃，通体磨光。残长7.2、宽6.6、厚2.3厘米（图一九二）。

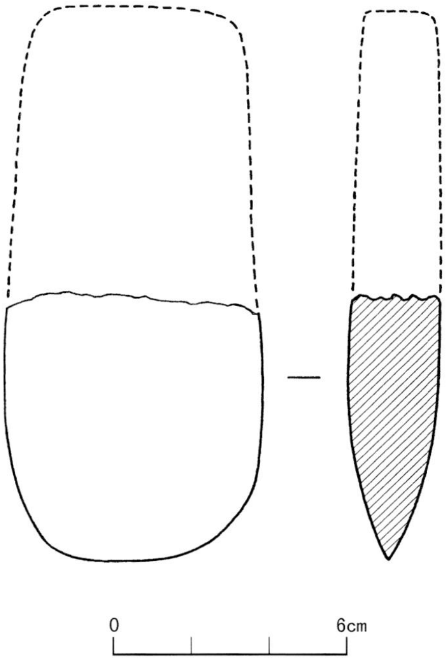

图一九二　石斧（T0805④：1）

T0905④：3　深灰色石料，间有黄色花斑。上窄下宽呈“风”字形，弧顶，两面微弧，两侧斜直，双面弧刃，中部偏上处有一孔，孔为双面管钻，通体磨光。顶宽8.0、刃宽10.0、高11.9、孔外径2.2、孔内径1.7、厚1.0厘米（图一九三，图一九四）。

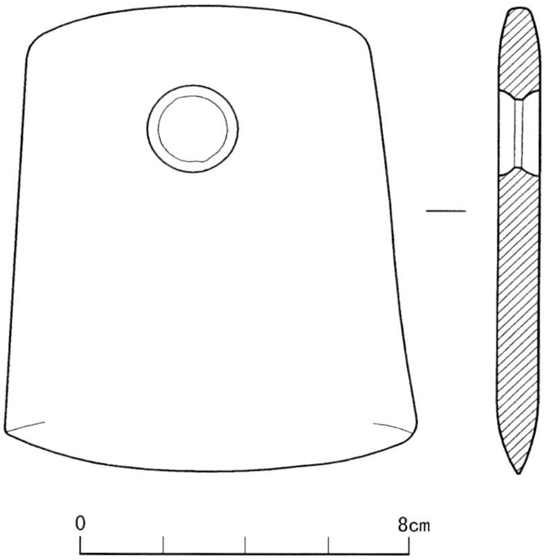

图一九三　石斧（T0905④：3）

图一九四　石斧（T0905④：3）

钺　3件。

T0804④：1　深灰色石料，表面泛黄，间有白色花斑。长方形，平顶，两面微弧，两侧平直，双面弧刃，两侧与刃部有明显的转折，中部偏上处有一孔，孔为两面管钻，通体抛光。顶

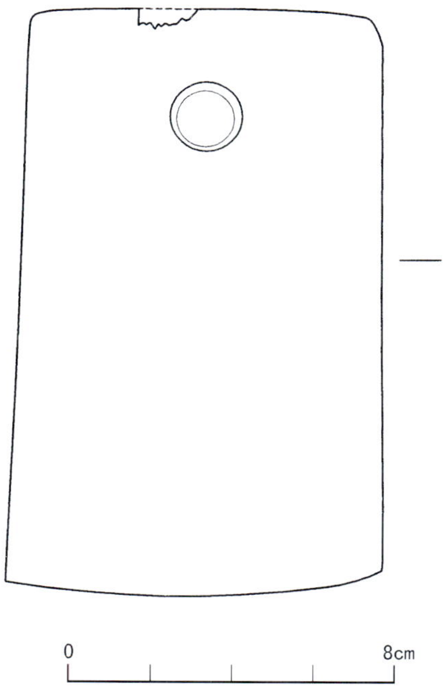

图一九五　石钺（T0804④：1）

图一九六　石钺（T0804④：1）

宽8.4、刃宽9.2、高15.1、孔外径1.8、孔内径1.4、厚0.8厘米（图一九五，图一九六）。

T0505④：3　黑色石料。刃部残，长方形，平顶，两面微弧，两侧平直，通体磨光。顶宽8.0、下部宽8.2、残高13.5、孔外径2.4、孔内径2.2、厚1.2厘米（图一九七）。

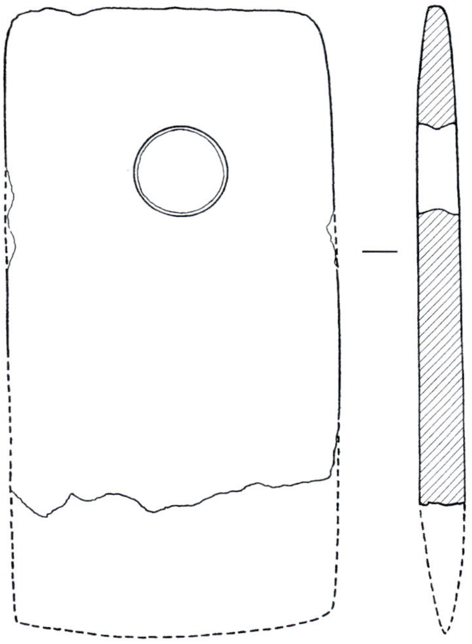

图一九七　石钺（T0505④：3）

T0805④：3　黑色石料，间有深黄色花斑。上窄下宽呈“风”字形，弧顶，未经打磨，两面平，两侧斜直，双面弧刃，两侧与刃部有明显的转折，中部偏上处有一孔，孔为双面管钻，通体磨光。顶宽10.9、刃宽14.5、高17.3、孔外径3.0、孔内径2.8、厚0.6厘米（图一九八，图一九九）。

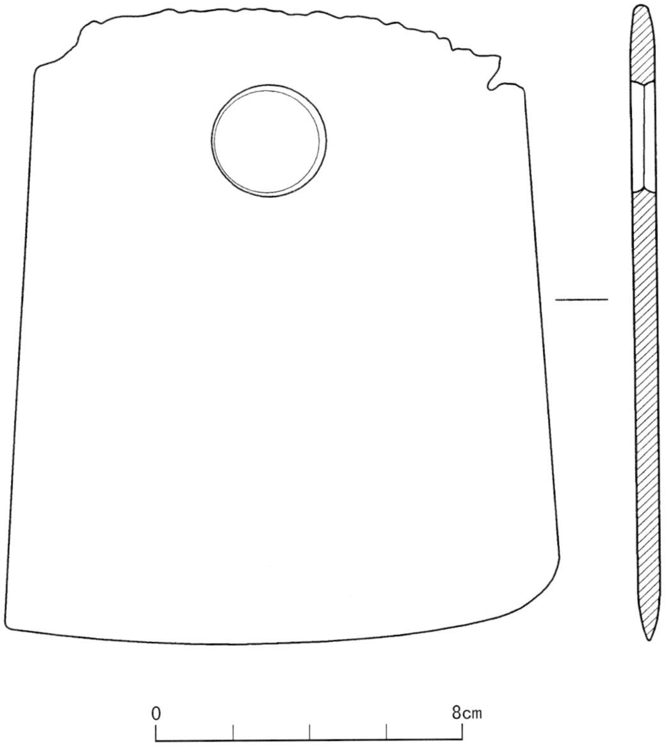

图一九八　石钺（T0805④：3）

图一九九　石钺（T0805④：3）

杵　2件。

T0506④：4　深灰色石料。顶部微弧，截面近似方形，一侧平，另外三侧弧，下部已磨成弧形，上有明显的磨痕。长10.2、宽4.2、厚4.2厘米（图二〇〇，图二〇一）。

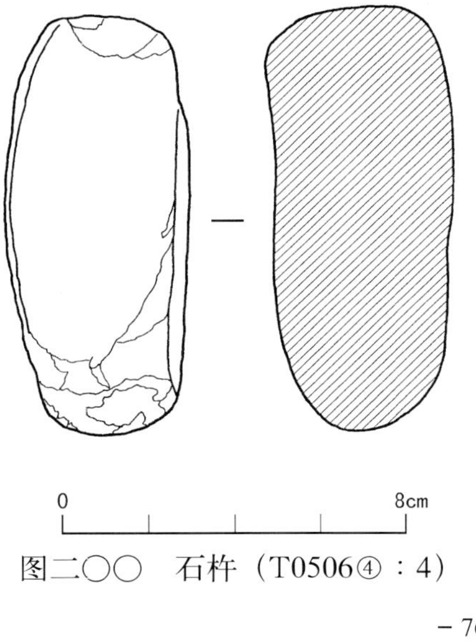

图二〇〇　石杵（T0506④：4）

图二〇一　石杵（T0506④：4）

T0506④：5　深灰色石料，含粗砂。形体较厚重，弧顶，截面近似方形，三侧弧，另外一侧平，下部已磨成弧形，上有明显的磨痕。长15.8、宽7.6、厚6.4厘米（图二〇二，图二〇三）。

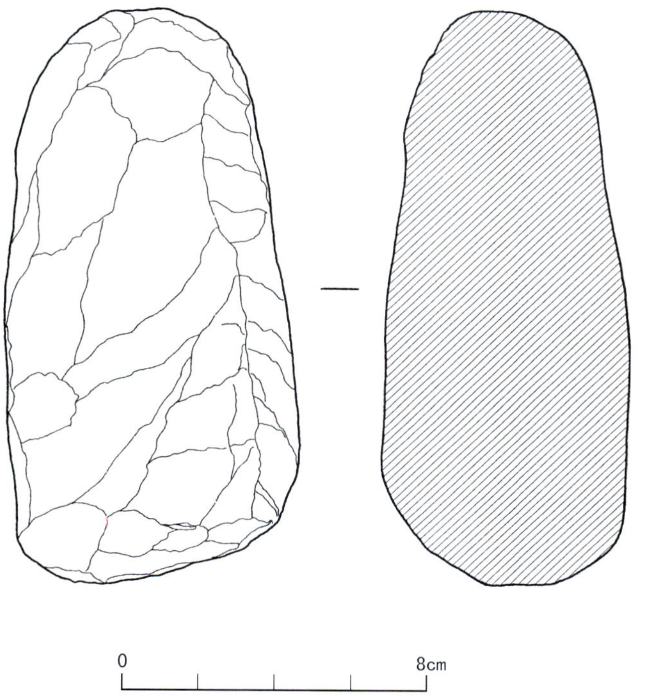

图二〇二　石杵（T0506④：5）

图二〇三　石杵（T0506④：5）

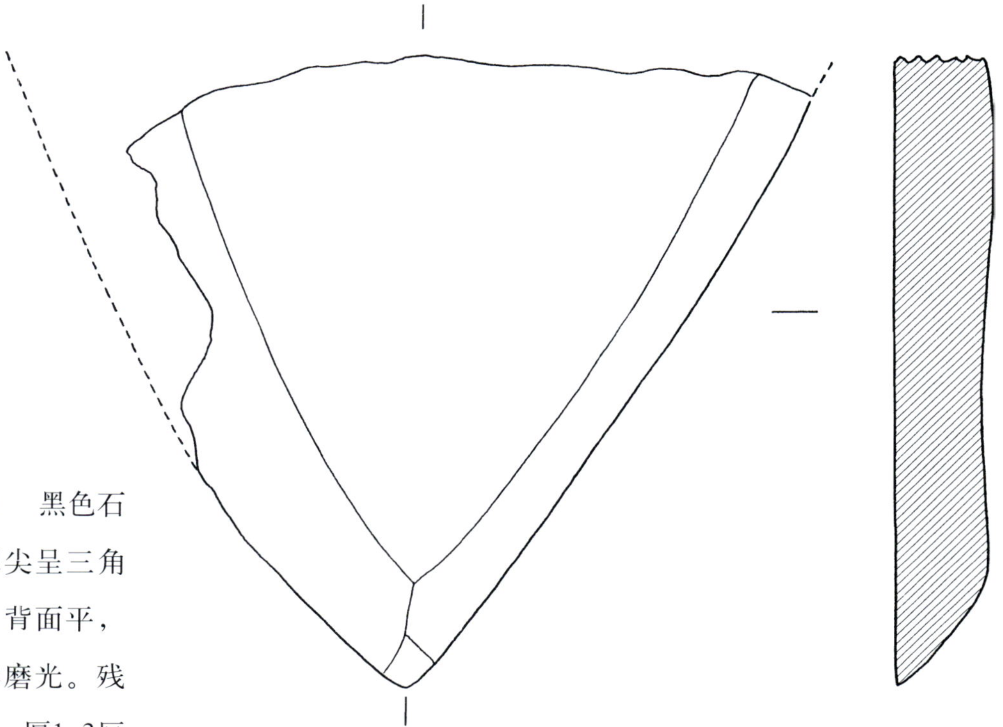

图二〇四　石犁（T0504④：2）

犁　1件。

T0504④：2　黑色石料。上部残，犁尖呈三角形，正面微弧，背面平，单面斜刃，通体磨光。残宽9.0、残高8.6、厚1.3厘米（图二〇四）。

三　第二期文化性质与文化年代的推断

第二期的文化遗存有祭台2座，祭台内文化遗物较为丰富。

祭祀遗迹内出土的文化遗物有陶器、玉器和石器。陶器有陶壶、陶杯、陶甗、陶豆、陶罐，玉器有玉珠、玉坠、小玉镯和小玉环，石器有石镰、石锛、石刀和石斧。

遗址的第4层出土的文化遗物有陶器、玉器和石器。陶器有陶盘和陶罐，玉器有玉坠和玉管，石器有石镞、石刀、石镰、石锛、石斧、石钺、石杵和石犁。

第二期文化遗物中的特殊文化现象，即地层中出土的文化遗物形体较大，而祭祀遗迹中出土的文化遗物则形体较小。

第二期文化遗物的文化特征与分布于太湖地区的崧泽文化相同，陶器中的扁足鼎、折腹壶、大圈足豆、弧腹鼓形杯、花瓣足杯等，皆为崧泽文化的典型器物，陶器上装饰的粗凸弦纹也是崧泽文化常见纹饰；小玉镯、小玉环以及有段石锛、弧刃石斧、三角形铤的石镞等，都是崧泽文化的常见器物。

第二期文化遗物的文化面貌具有崧泽文化特征，属太湖地区的崧泽文化。可资比较的崧泽文化遗址有上海青浦崧泽遗址①、福泉山遗址②，江苏苏州草鞋山遗址③、越城遗址④、张陵山遗址⑤、郭新河遗址⑥、澄湖遗址⑦、吴江龙南遗址⑧、同里遗址⑨、昆山绰墩遗址⑩、张

---

①上海市文物保管委员会：《上海青浦县崧泽遗址的试掘》，《考古学报》1962年第2期；黄宣佩、张明华：《青浦县崧泽遗址第二次发掘》，《考古学报》1980年第1期；上海市文物保管委员会：《崧泽——新石器时代遗址发掘报告》，文物出版社，1987年；上海市文物保管委员会：《1987年上海青浦县崧泽遗址的发掘》，《考古》1992年第3期；上海市文物保管委员会：《1994—1995年上海青浦崧泽遗址的发掘》，《上海博物馆集刊》第8辑，上海古籍出版社，2000年。

②上海市文物保管委员会：《青浦福泉山崧泽文化遗存》，《考古学报》1990年第3期；黄宣佩、张明华：《上海青浦福泉山遗址》，《东南文化》1987年第一辑；上海市文物保管委员会：《福泉山——新石器时代遗址发掘报告》，文物出版社，2000年。

③南京博物院：《江苏吴县草鞋山遗址》，《文物资料丛刊（3）》，文物出版社，1980年；南京博物院：《苏州草鞋山良渚文化墓葬》，《东方文明之光——良渚文化发现60周年纪念文集》，海南国际新闻中心。

④南京博物院：《江苏越城遗址的发掘》，《考古》1982年第5期。

⑤南京博物院：《江苏吴县张陵山遗址发掘简报》，《文物资料丛刊（6）》，文物出版社，1982年；《江苏吴县张陵山东山遗址》，《考古》1986年第10期。

⑥苏州博物馆：《吴县郭新河遗址发掘简报》，《东南文化》2002年第7期。

⑦丁金龙：《苏州澄湖遗址发掘报告》，《苏州文物考古新发现——苏州考古发掘报告专辑（2001—2006）》，古吴轩出版社，2007年。

⑧苏州博物馆：《江苏吴江龙南新石器时代村落遗址第一、二次发掘简报》，《文物》1990年第7期；苏州博物馆：《吴江梅堰龙南新石器时代村落遗址第三、四次发掘简报》，《东南文化》1999年第3期。

⑨苏州博物馆、吴江博物馆、同里文保所：《江苏吴江同里遗址发掘报告》，《苏州文物考古新发现——苏州考古报告专集（2001—2006）》，古吴轩出版社，2007年。

⑩南京博物院、昆山县文化馆：《江苏昆山绰墩遗址的调查与发掘》，《文物》1984年第2期；苏州博物馆、昆山市文物管理所：《江苏昆山市绰墩遗址发掘报告》，《东南文化》2000年第4期；苏州博物馆、昆山市文物管理所：《江苏昆山市绰墩遗址第二次发掘报告》，《东南文化》2000年第11期。

家港许庄遗址[①]、东山村遗址[②]、徐家湾遗址[③]、常熟钱底巷遗址[④]、江阴南楼遗址[⑤]、常州圩墩遗址[⑥]、武进乌墩遗址[⑦]、潘家塘遗址[⑧]，浙江嘉兴的大坟遗址[⑨]、南河浜遗址[⑩]、桐乡的普安桥遗址[⑪]等。

邱承墩遗址第二期未采集到可进行年代测定的碳−14标本，根据文化遗物的比较，大多呈崧泽文化晚期的特征，据此推测邱承墩遗址第二期的年代大致相当于崧泽文化晚期。

然邱承墩遗址第二期有少量的文化遗物具有良渚文化的特征，如截面呈“T”字形的侧扁足陶鼎、陶甗、陶贯耳壶、玉坠、长方形石钺、长柄石刀、三角形石犁等，因此邱承墩遗址第二期的年代应处于崧泽文化晚期向良渚文化的过渡阶段。

崧泽文化的年代与分期存在一定的分歧，本报告采用的崧泽文化年代跨度为公元前3800～公元前3300年，分期采用早、中、晚三期。

邱承墩遗址第二期的年代为崧泽文化与良渚文化之交，大致为公元前3300年前后。

第四节　第三期文化遗迹与文化遗物

第三期文化遗迹主要为高台遗迹和打破高台的墓葬。

一　高台遗迹及文化遗物

遗址的第3层即高台遗迹的堆土。高土台位于遗址的中部，由于在发掘之前遗址的北部已被大型机械挖去一部分，南部又有近代和现代墓葬，加之工期紧迫，故未能将高土台全部剥离，根据遗址的横剖面和M1的纵剖面进行推测，高土台东西长约45米，南北宽约24米，方向20°。

①苏州博物馆、张家港市文管会：《江苏张家港许庄新石器时代遗址调查与试掘》，《考古》1990年第5期。

②苏州博物馆、张家港市文物管理委员会：《张家港市东山村遗址发掘简报》，《文物》2000年第10期。

③苏州博物馆、张家港市文物管理委员会：《江苏张家港徐家湾新石器时代遗址》，《考古学报》1995年第3期。

④南京大学历史系考古专业、常熟博物馆：《江苏常熟钱底巷遗址发掘报告》，《考古学报》1996年第4期。

⑤江苏江阴南楼遗址联合考古队：《江苏江阴南楼新石器时代遗址发掘简报》，《文物》2007年第7期。

⑥常州市博物馆：《江苏常州圩墩村新石器时代遗址的调查和试掘》，《考古》1974年第2期；吴苏：《圩墩新石器时代遗址发掘简报》，《考古》1978年第4期；常州市博物馆：《常州圩墩新石器时代遗址第三次发掘简报》，《史前研究》1984年第2期；江苏省圩墩遗址考古发掘队：《常州圩墩遗址第五次发掘报告》，《东南文化》1995年第4期；常州市博物馆：《1985年江苏常州圩墩遗址的发掘》，《考古学报》2001年第1期。

⑦乌墩考古队：《武进乌墩遗址发掘报告》，南京博物院：《通古达今之路——宁沪高速公路（江苏段）考古发掘报告文集》，《东南文化》1994年增刊。

⑧武进县文化馆、常州市博物馆：《江苏武进潘家塘新石器时代遗址调查与试掘》，《考古》1979年第5期。

⑨陆耀华：《浙江嘉兴大坟遗址的清理》，《文物》1991年第7期。

⑩浙江省文物考古研究所：《南河浜——崧泽文化遗址发掘报告》，文物出版社，2005年。

⑪北京大学考古学系、浙江省文物考古研究所、日本上智大学：《浙江桐乡普安桥遗址发掘简报》，《文物》1998年第4期。

图二〇五　高土台的地层堆积（1～3层）

高土台的堆积分为a、b、c、d、e五小层，分别为黄绿色、黄灰色、灰白色、灰色、灰黑色黏土，即“五色土”，皆为斜向堆积，土质坚硬，高土台的边缘部分为斜坡状堆积（图二〇五）。

高土台的堆积十分纯净，偶见残破的石器。

二　墓葬及随葬器物

墓葬建在高土台之上，高土台的中部自东而西被M1打破，因此墓葬分布于M1墓坑的南北。

墓葬皆长方形竖穴土坑墓，南北向，大多被遗址中部贯穿东西的特大型战国墓破坏，在高台的东部即M1墓道的北部清理了墓葬6座，其中M2和M6被M1打破，保存完好的有M7、M8、M9和M10；在高土台的中部偏南即M1墓室的南部清理了墓葬4座，其中M4被M1打破，保存完整或基本完整的有M3、M5和M11。东部和中部的墓葬皆开口于第2层下，即特大型越国贵族墓M1的封土之下，打破高土台，即第3层。

M1的营造利用了高土台，并对高土台进行了加宽、加长、加高后堆筑成台形，顶部修整成平台，然后再在土台的中部开挖东西长56.7、南北宽6.3、深3.0米的“中”字形墓坑。因此第三期的墓葬虽然都开口于第2层下，然原开口层位不明；东部墓葬与中部墓葬的年代和等级规模也存在一定的差异，是否自东而西排葬，同样不明。

1. M2

位于T0904西北部，竖穴深坑墓，开口于第2层下，打破第3层。墓坑呈长方形，M2南部被M1打破，墓葬上部也被M1堆土筑高台时挖去。坑内填土分为2层，下层为黑土，上层为灰褐

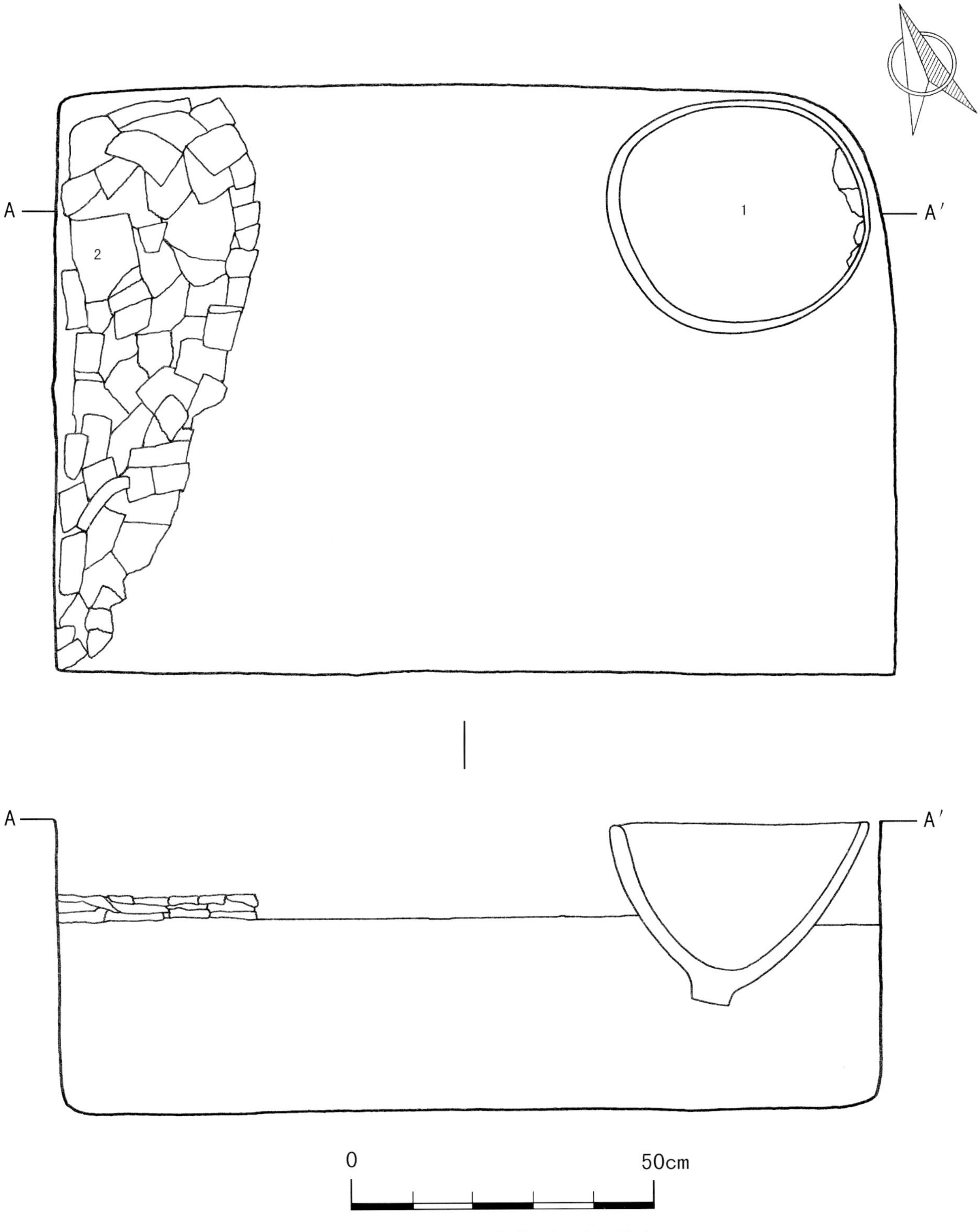

图二〇六　M2墓葬平、剖面图

1.陶缸　2.陶罐残片

土，随葬器物置于黑土之上。墓坑残长1.02、宽1.4、深0.51米，南北向，墓向20°。人骨腐朽无存，亦无葬具痕迹。随葬器物有陶缸、陶罐各1件，陶缸上部缺失，陶罐仅存残片（图二〇六）。

M2随葬器物有陶器2件。

陶缸　1件。

M2：1　仅存底部，陶质粗疏，无法修复。

陶罐　1件。

M2：2　皆为碎片，陶质粗疏，无法修复。

2. M3

位于T0504中部略偏西，东邻M5。竖穴土坑，开口于第2层下，打破第3层。墓坑长3.09、宽1.16、深0.63米，墓向200°。人骨已腐朽无存，随葬器物之上有红色漆皮，似有葬具痕迹，然板灰痕迹不甚清楚，根据随葬器物的位置推测，可能为侧身直肢，面向西，头向南。

随葬器物62件（组），主要集中在西侧，计有玉器19件（组），石器17件，陶器26件。头部置放陶贯耳壶3件和条形、圆形、长圆形片状玉饰1组，从头部至胸前有由球形、珠形、管形、玉坠组成的玉项饰1串，身部左侧置放玉琮3件、玉璧7件、玉钺1件、玉斧1件、玉镯1件、条形玉片1件及石钺14件、石斧3件；足部堆放陶贯耳壶10件、壶盖2件、陶带流阔把杯10件、陶豆1件（图二〇七，图二〇八，图版一）。

M3随葬的文化遗物有陶器、玉器和石器。

陶器　26件。

贯耳壶　13件。陶贯耳壶仅修复5件，其余火候极低，陶质疏松，无法复原。

M3：7　泥质黑陶。残，直口微侈，鼓腹，底内凹，大圈足外撇，口下有一对贯耳。口径4.4、足径5.8厘米（图二〇九）。

M3：41　泥质灰陶。上有盖，盖面斜平，顶部有喇叭形捉手，盖面有两个小圆孔。壶直

图二〇七　M3（东—西）

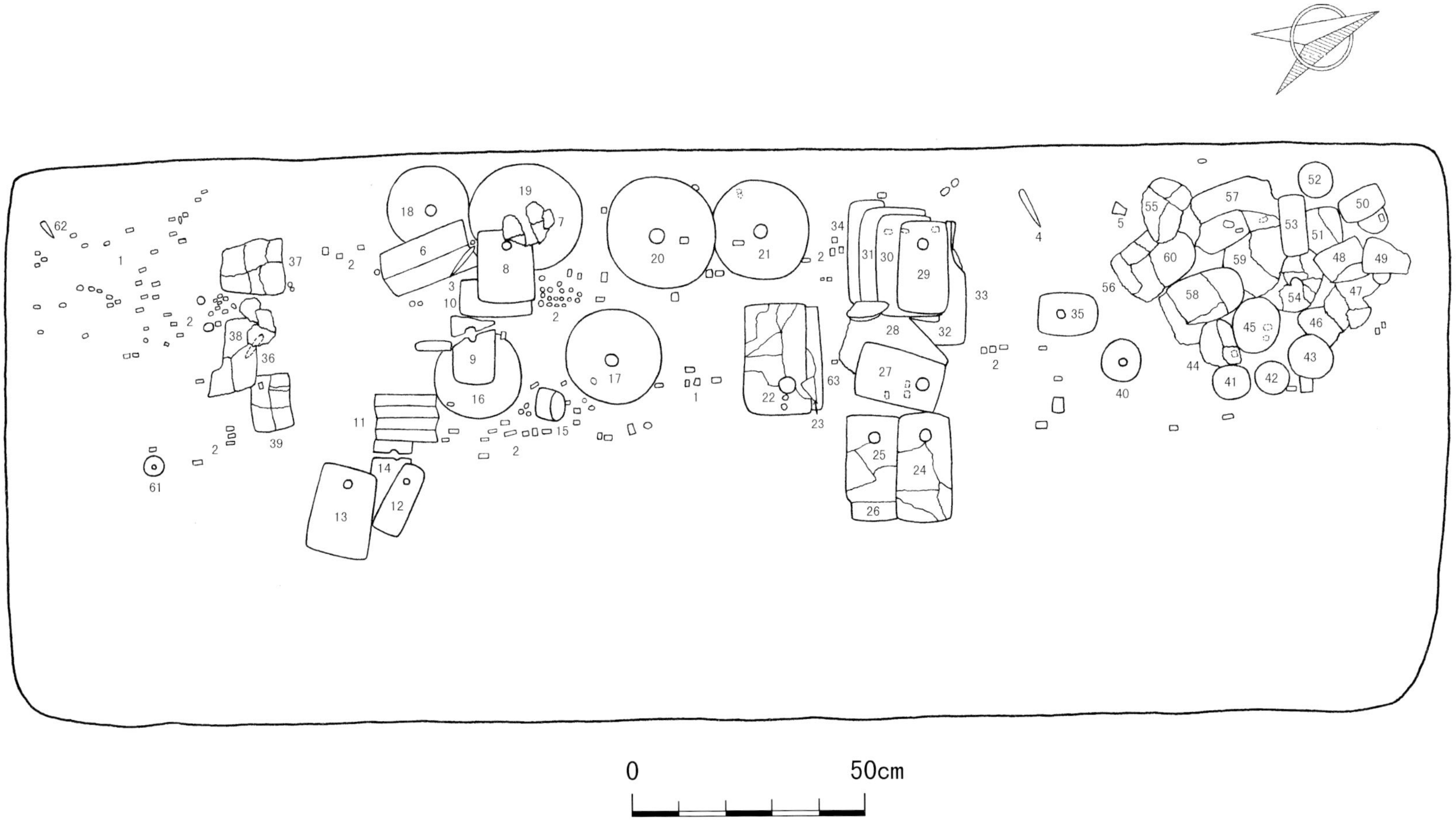

图二〇八　M3墓葬平面图

1.片状玉饰　2.玉项饰　3.玉坠　4.条形玉片　5.玉坠　6.玉琮　7.陶壶　8.石钺　9.石斧　10.玉琮　11.玉琮　12.玉斧　13.石钺　14.石斧　15.玉镯　16.玉璧　17.玉璧　18.玉璧　19.玉璧　20.玉璧　21.玉璧　22.石钺　23.玉璧　24.石钺　25.石钺　26.玉钺　27.石钺　28.石钺　29.石钺　30.石钺　31.石钺　32.石钺　33.石钺　34.石钺　35.石斧　36.玉坠　37.陶壶　38.陶壶　39.陶壶　40.陶壶盖　41.陶壶　42.陶壶　43.陶杯　44.陶壶　45.陶壶　46.陶杯　47.陶杯　48.陶杯　49.陶杯　50.陶杯　51.陶杯　52.陶杯　53.陶杯　54.陶杯　55.陶壶　56.陶壶　57.陶豆　58.陶壶　59.陶壶　60.陶壶　61.陶壶盖　62.石钺

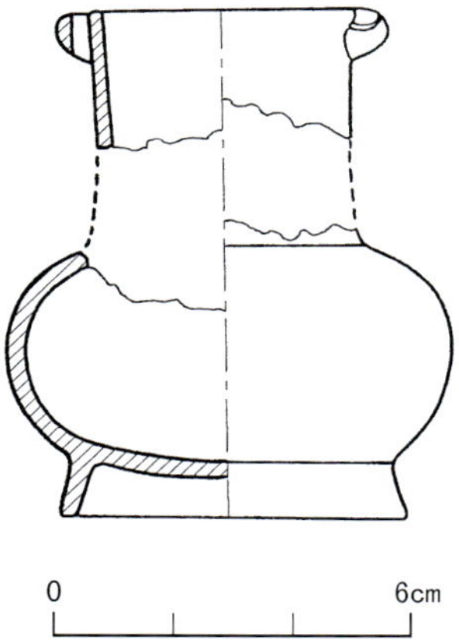

图二〇九　陶贯耳壶（M3：7）

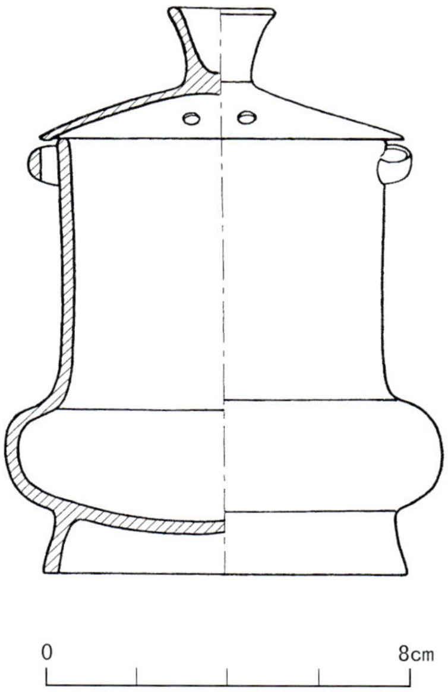

图二一〇　陶贯耳壶（M3：41）

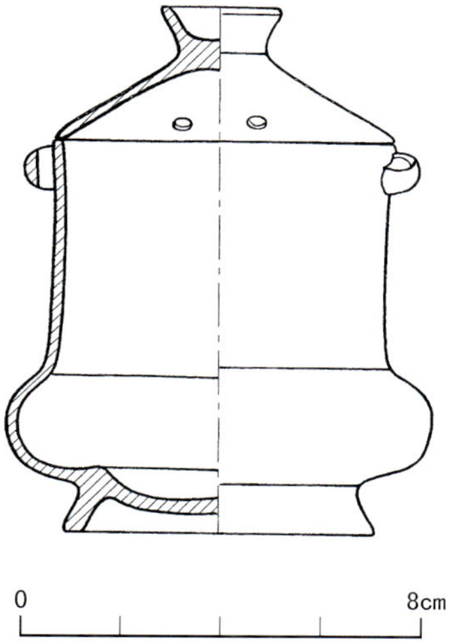

图二一一　陶贯耳壶（M3：37）

图二一二　陶贯耳壶（M3：37）

口微侈，弧腹，底内凹，大圈足外撇，口下有一对贯耳。盖径8.0、口径7.2、足径8.0、高10.0、通高13.0厘米（图二一〇）。

M3：37　泥质黑陶。上有盖，盖面斜平，顶部有喇叭形捉手，盖面上有两个小圆孔。壶直口微侈，扁弧腹，底内凹，大圈足外撇，口下有一对贯耳。盖径6.8、口径6.8、足径6.2、高8.2、通高11.0厘米（图二一一，图二一二）。

M3：38　泥质黑陶。上有盖，盖面斜平，顶部有喇叭形捉手。壶直口微侈，弧腹，底内凹，大圈足外撇，口下有一对贯耳，并有刻划斜线纹、锯齿纹和四道细弦纹，肩部刻划身体布满细鳞纹的弯曲的蛇纹。盖径6.4、口径6.0、足径6.8、高8.8、通高11.3厘米（图二一三；图版二）。

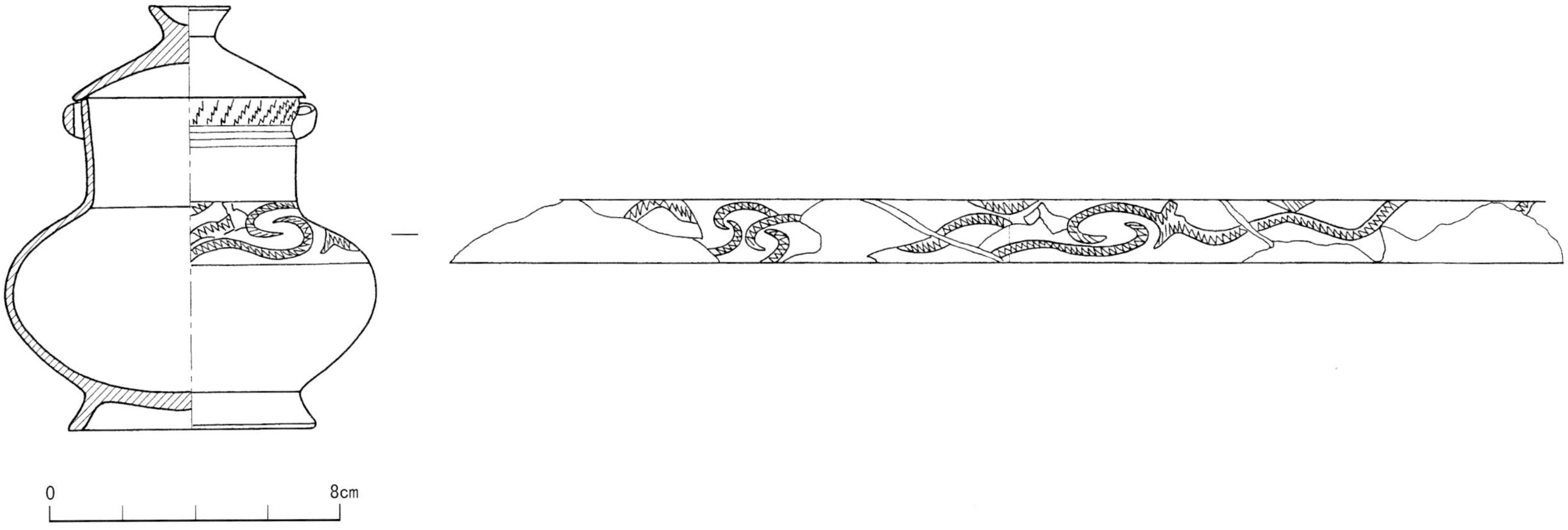

图二一三　陶贯耳壶（M3：38）

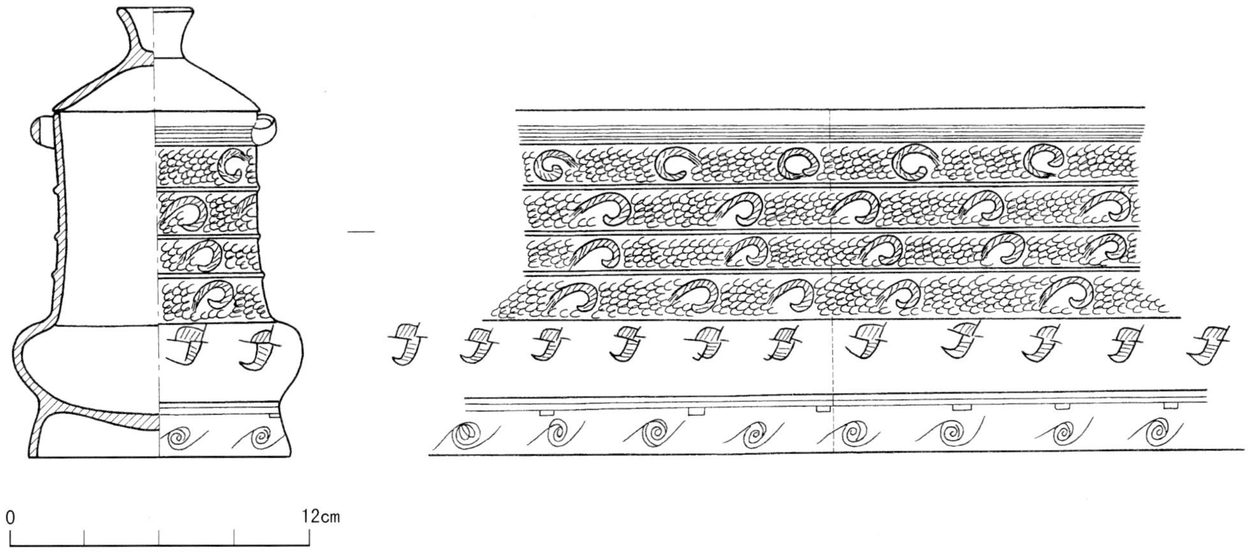

图二一四　陶贯耳壶（M3：39）

M3：39　泥质黑陶。上有盖，盖面斜平，顶部有喇叭形捉手。壶直口微侈，弧腹，底内凹，大圈足外撇。口沿下有一对贯耳，并饰数道细弦纹；肩部以四组凸细弦纹分隔，内刻划水波纹与出没水中的蛇纹，蛇身刻划细斜线纹；腹部刻划虺纹，虺身刻划细斜线纹；圈足上刻划卷云纹。盖径8.4、口径8.1、足径10.4、高13.8、通高18.0厘米（图二一四；图版三）。

M3：42　泥质灰陶。残碎，直口，贯耳。陶质疏松，无法修复。

M3：44　泥质灰陶。残碎，直口，贯耳。陶质疏松，无法修复。

M3：45　泥质灰陶。残碎，直口，贯耳。陶质疏松，无法修复。

M3：55　泥质灰陶。残碎，直口，贯耳，大圈足。陶质疏松，无法修复。

M3：56　泥质灰陶。残碎，直口，贯耳，大圈足。陶质疏松，无法修复。

M3：58　泥质灰陶。残碎，直口，贯耳，大圈足。陶质疏松，无法修复。

M3：59　泥质灰陶。残碎，直口，贯耳。陶质疏松，无法修复。

M3：60　泥质灰陶。残碎，直口，贯耳。陶质疏松，无法修复。

壶盖　2件。

M3：40　泥质灰陶。残碎，陶质疏松，无法修复。

M3：61　泥质灰陶。残碎，陶质疏松，无法修复。

杯　10件。皆无法修复，仅示意复原4件。

M3：49　泥质灰陶。流残，高流，斜口，弧腹，底微凹，大圈足，与流相对的一侧有一宽扁把，把上端有两个小圆孔，把外面饰细密的细刻划纹。足径6.0、残高11.4厘米（图二一五，图二一六）。

图二一五　陶带流阔把杯（M3：49）

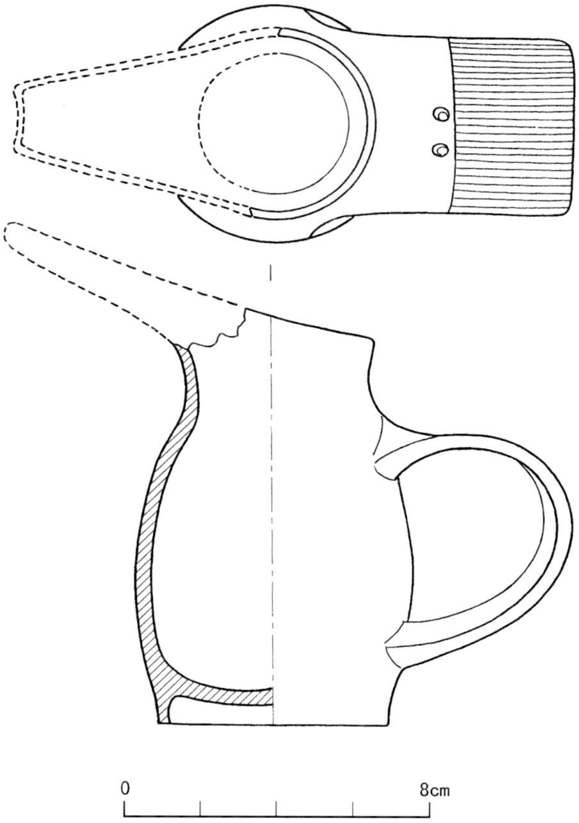

图二一六　陶带流阔把杯（M3：49）

M3：48　泥质灰陶。残，高流，弧腹，底内凹，大圈足，与流相对的一侧有一宽扁把，把上端有两个小圆孔。足径5.8、残高10.0厘米（图二一七）。

M3：43　泥质灰陶。残，高流，弧腹，平底，大圈足，与流相对的一侧有一宽扁把，把上端有两个小圆孔，把外面饰细密的细刻划纹。足径5.4厘米（图二一八）。

M3：54　泥质灰陶。残，上有盖，盖顶有圆形捉手。高流，束颈，鼓腹，圜底，三矮扁足微向外撇（图二一九）。

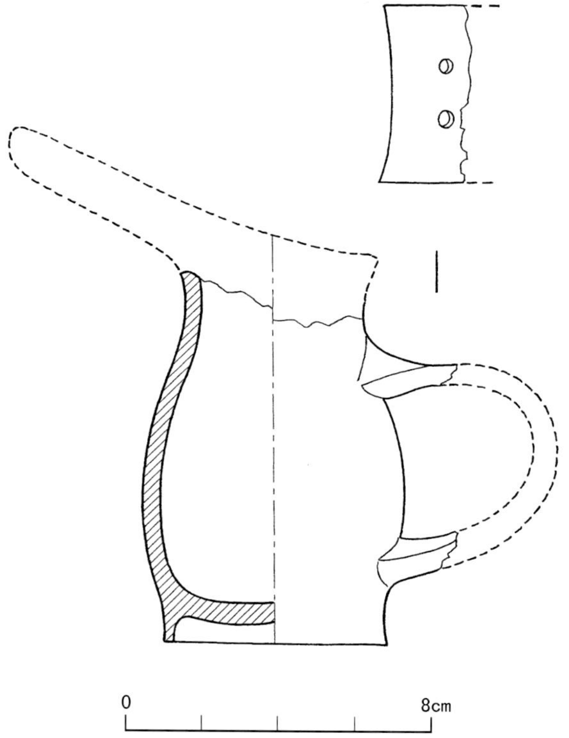

图二一七　陶带流阔把杯（M3：48）

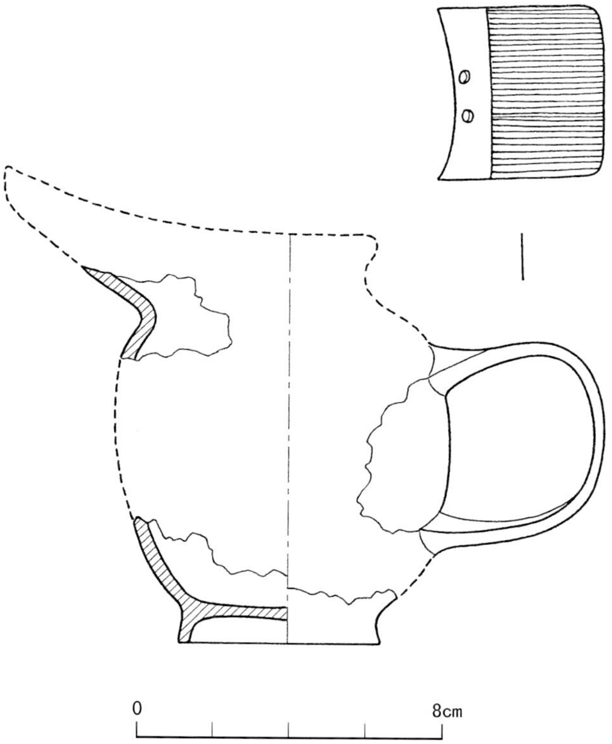

图二一八　陶带流阔把杯（M3：43）

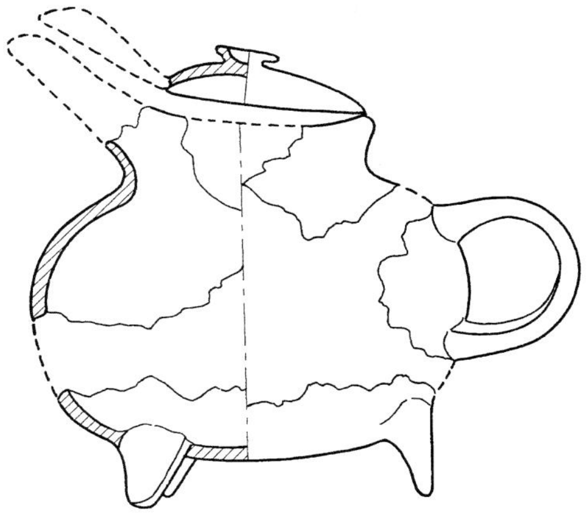

图二一九　陶三足杯（M3：54）

M3：46　泥质灰陶。残碎，有流，宽把。陶质疏松，无法修复。

M3：47　泥质灰陶。残碎，有流，宽把。陶质疏松，无法修复。

M3：50　泥质灰陶。残碎，有流，宽把。陶质疏松，无法修复。

M3：51　泥质灰陶。残碎，有流，宽把。陶质疏松，无法修复。

M3：52　泥质灰陶。残碎，有流，宽把。陶质疏松，无法修复。

M3：53　泥质灰陶。残碎，有流，宽把。陶质疏松，无法修复。

豆　1件。陶质疏松，无法修复。

M3：57　泥质灰陶。残碎，深盘，大圈足。

玉器　19件（组）。

片状饰　1组。

M3：1　青玉，大多玉质疏松，玉色受沁泛白，侵蚀严重呈石灰状，极易破碎，少量玉质坚硬，玉色泛黄，大多不透明，玉质较好者微透明，原通体抛光，受沁后表面粗疏。完整或基本完整的35片（破碎者未统计）。按器形可分为长圆形和圆形（图二二二）。

圆形　22件。

M3：1-1　圆形或近似圆形，背面平，正面微鼓。径0.5～2.0、厚0.2～0.3厘米（图二二〇，图二二二）。

长圆形　13件。

M3：1-2　长方形，两端呈半圆形，背面平，正面微弧。长0.8～1.7、宽0.3～0.6、厚0.1～0.2厘米；其中1片为绿松石，长1.0、宽0.5、厚0.1厘米（图二二一，图二二二）。

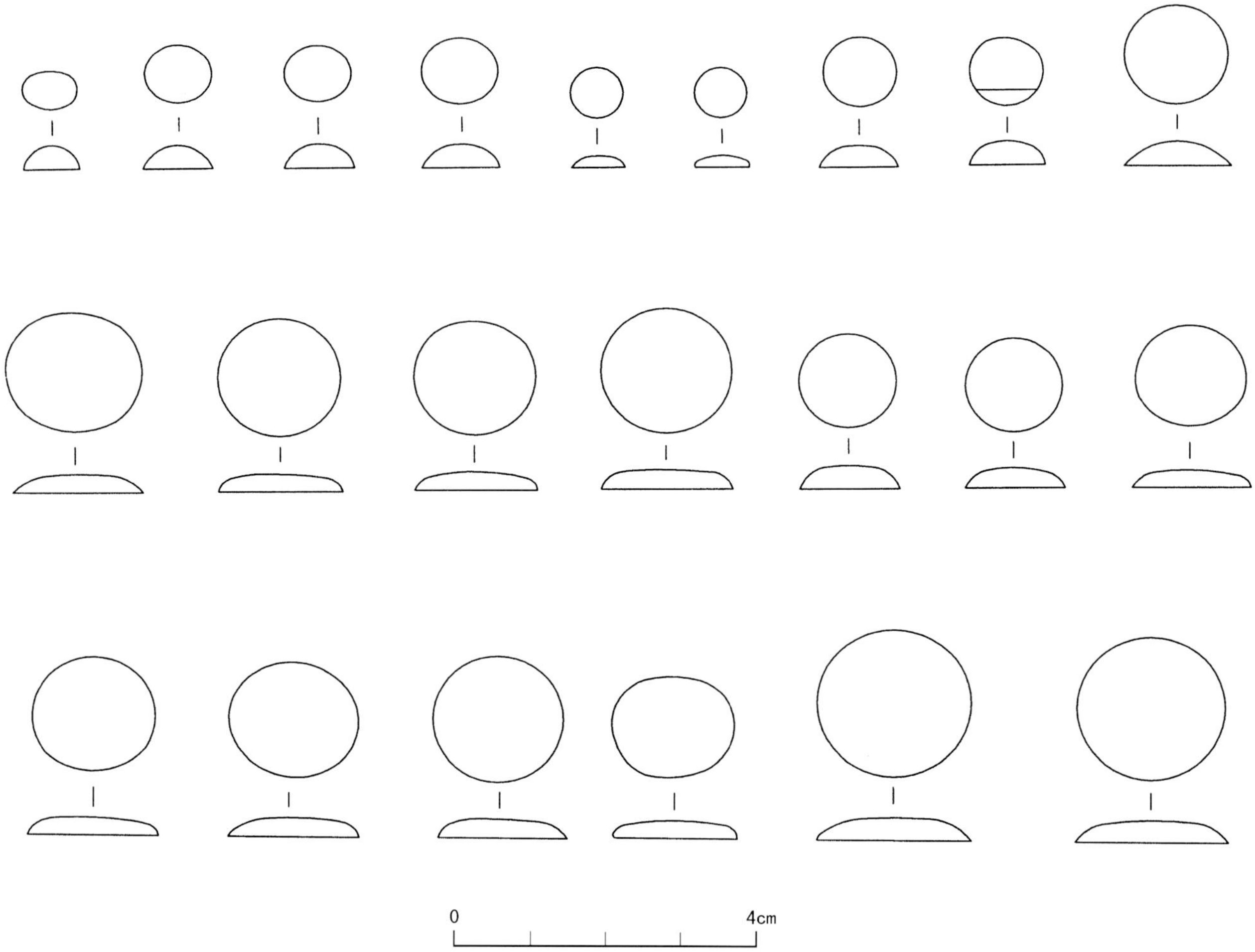

图二二〇　圆形片状玉饰（M3：1—1）

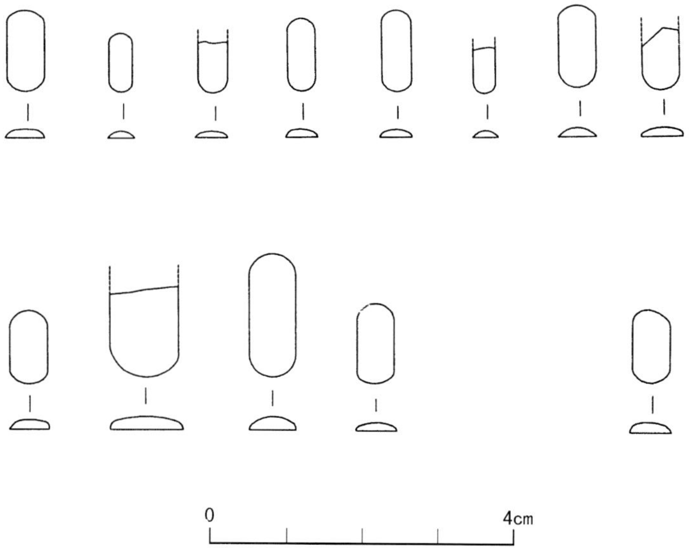

图二二一　长圆形片状玉饰（M3：1—2）

（右下为绿松石）

图二二二　圆形与长圆形片状玉饰（M3：1）

条形玉片　1件。

M3：4　青玉，受沁呈鸡骨白，玉质较疏松，玉色微泛黄，不透明。长条形，一端较平，一端圆弧，背面平，正面微鼓，通体抛光。长8.0、宽0.8、厚0.3厘米（图二二三，图二二四）。

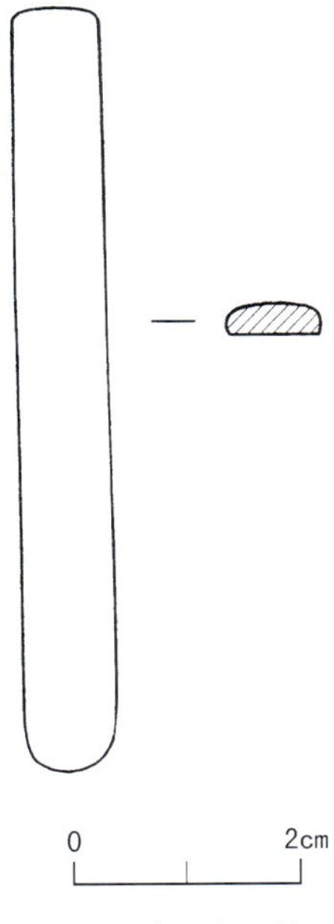

图二二三　条形玉片（M3：4）

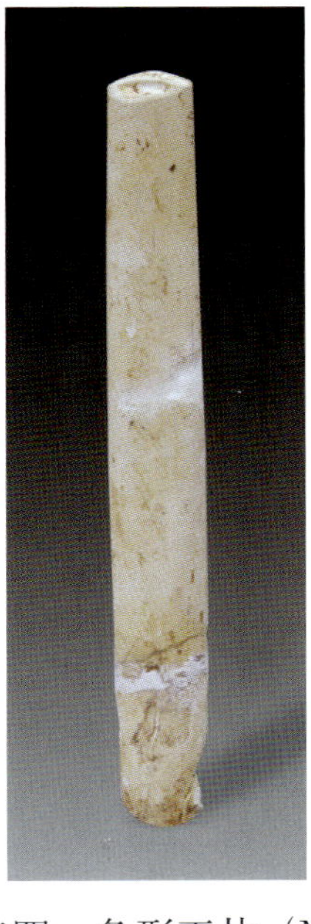

图二二四　条形玉片（M3：4）

项饰　1串。

M3：2　青玉，大多玉质疏松，玉色受沁泛白，侵蚀严重呈石灰状，极易破碎，少量玉质坚硬，玉色泛黄，大多不透明，玉质较好者微透明，原通体抛光，受沁后表面粗疏。完整、基本完整和可复原者169件（破碎者未统计）。按器形可分为球形、管形、鼓形、圆珠形和圆台形（图版四）。

球形　2件。

M3∶2–1　圆球形，上有两个斜向贯穿的小孔，孔为单面钻。径0.5~1.3厘米（图二二五A）。

管形　5件。

M3∶2–2　圆管形，上下径相同，一孔上下贯穿，孔既有单面钻，也有双面对钻。径0.9~1.2、高1.4~2.0厘米（图二二五B）。

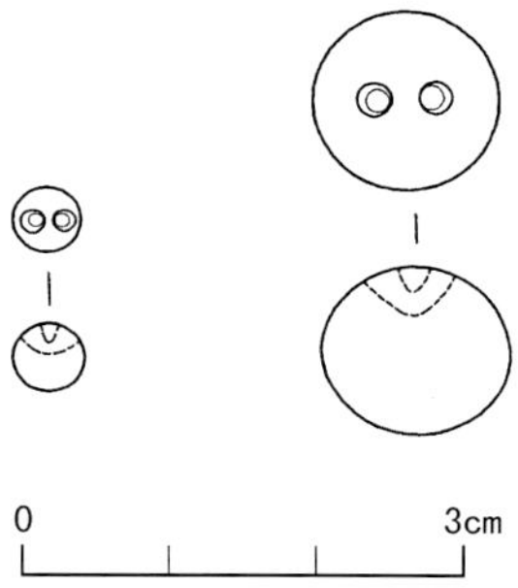

图二二五A　球形玉项饰（M3：2–1）

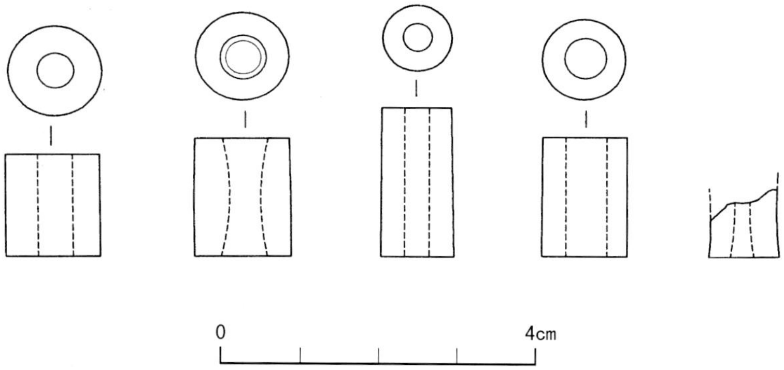

图二二五B　管形玉项饰（M3：2–2）

鼓形　33件。

M3：2–3　圆鼓形，上下径相同，中部圆鼓，一孔上下贯穿，孔既有单面钻，也有双面对钻。最大径0.8~1.8、高0.9~2.6厘米；其中2件为绿松石，器形相同，最大径0.9、高1.0~1.1厘米（图二二五C)。

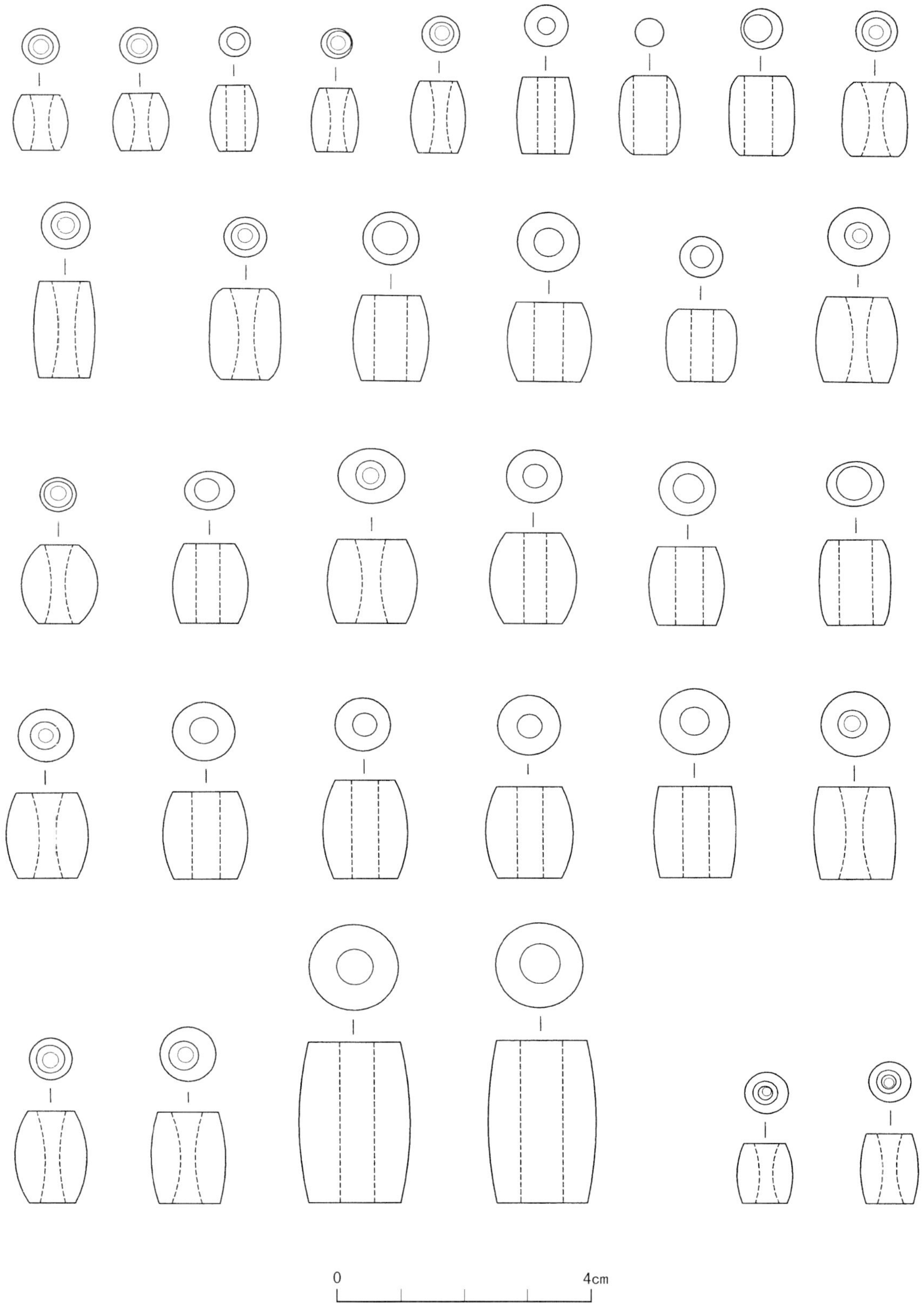

图二二五C　鼓形玉项饰（M3：2—3）

（下右2件为绿松石）

小圆珠形　63件。

M3：2–4　圆珠形，形体较小，一孔上下贯穿，孔既有单面钻，也有双面对钻。径0.5～0.8、高0.4～0.8厘米（图二二五D）。

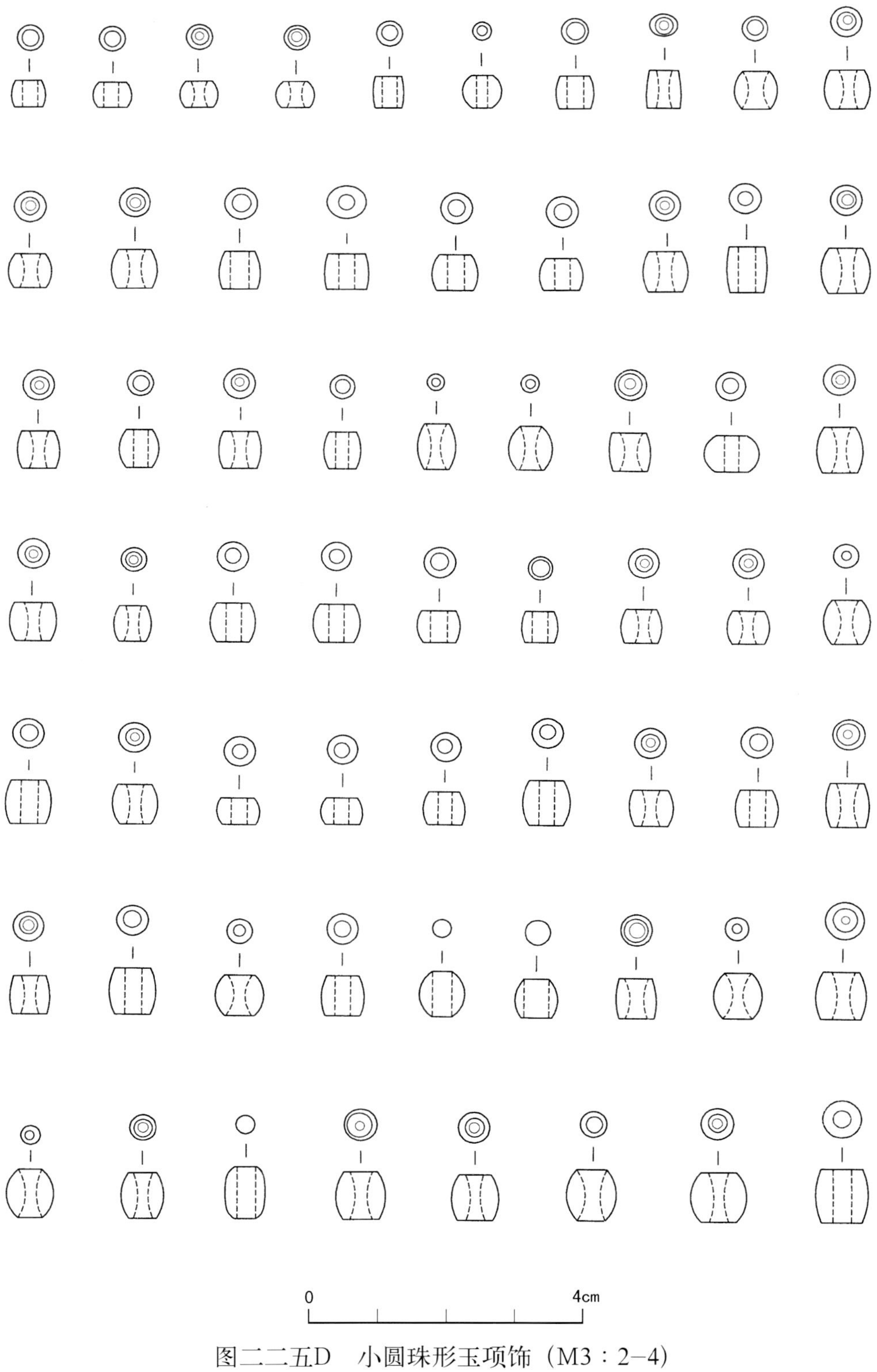

图二二五D　小圆珠形玉项饰（M3：2–4）

大圆珠形　30件。

M3：2–5　圆珠形，形体较大，一孔上下贯穿，孔既有单面钻，也有双面对钻。径0.8～1.4、高0.8～1.4厘米（图二二五E)。

圆台形　36件。

M3：2–6　圆台形，一端小，一端大，体微向外，一孔上下贯穿，孔皆为两面对钻。径0.4～1.1、高1.1～1.9厘米（图二二五F)。

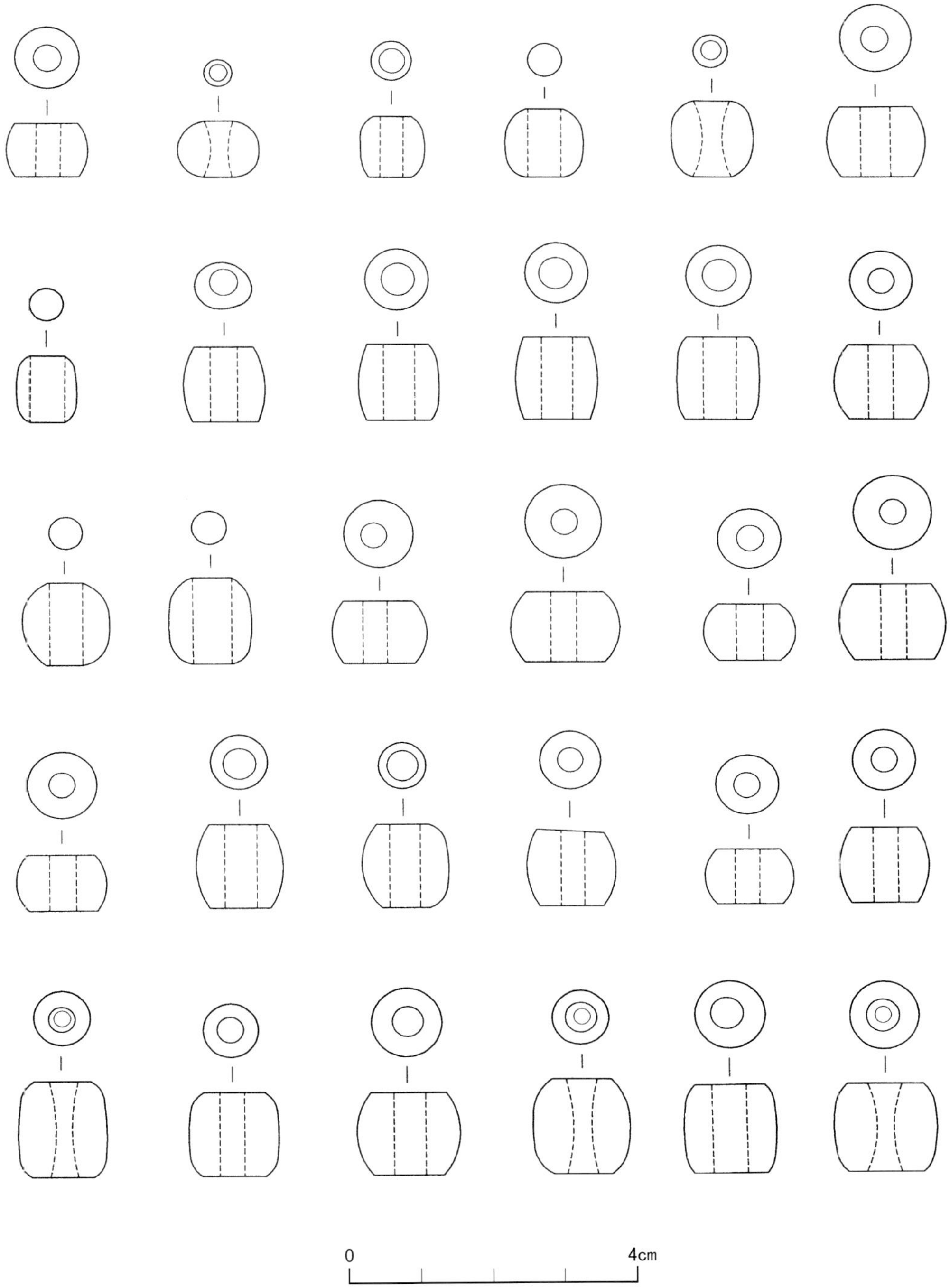

图二二五E 大圆珠形玉项饰（M3：2–5）

图二二五F　圆台形玉项饰（M3：2–6）

坠　3件。坠应为项饰的组成部分，因其器形有别于珠管，故单独编号。

M3：5　青玉，玉质疏松，受沁严重，完全白化，玉色微泛黄，不透明。上端呈半圆形，略残，有一穿，穿为单面钻孔，坠近似圆柱形，中部圆弧，截面呈椭圆形，下端内收成尖锥形，原通体抛光，受沁后表面粗疏。残长4.5、最大径1.0厘米（图二二六，图二二七）。

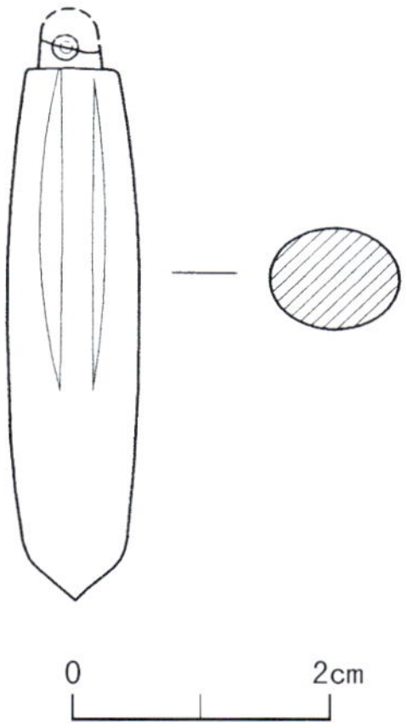

图二二六　玉坠（M3：5）

图二二七　玉坠（M3：5）

M3：3　青玉，受沁后呈鸡骨白，玉质细腻，玉色泛青，不透明。上端残，呈长圆形，有一穿，穿为单面钻孔，坠近似圆柱形，中部圆弧，截面呈圆形，下端内收成尖锥形，通体抛光，表面光滑。残长8.0、最大径0.6厘米（图二二八，图二二九）。

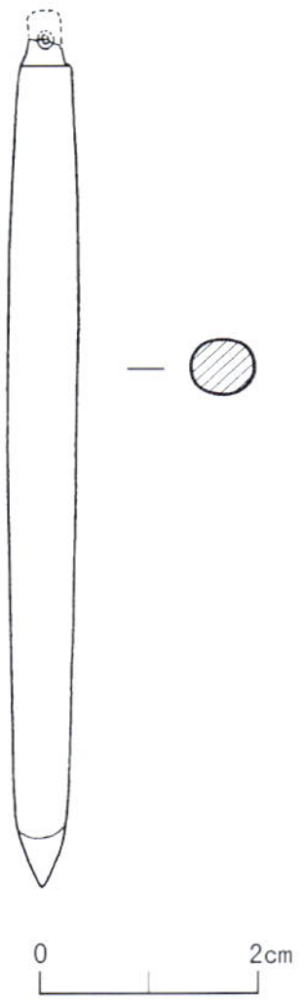

图二二八　玉坠（M3：3）

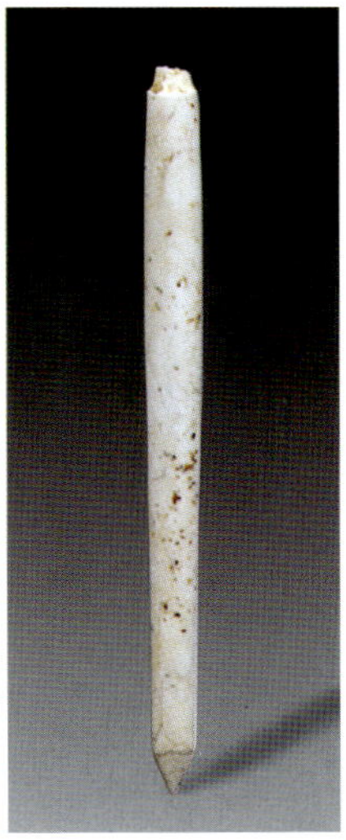
图二二九　玉坠（M3：3）

M3：36　青玉，间有绿色花纹，玉质细腻，玉色青绿，微透明。上端呈圆台形，有一穿，穿为单面钻孔，坠近似圆柱形，中部圆弧，截面呈圆形，下端内收成尖锥形，通体抛光，表面光滑。通长9.3、最大径0.8厘米（图二三〇，图二三一）。

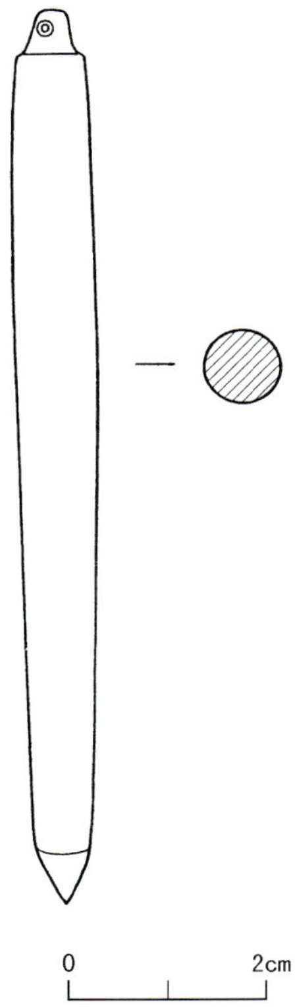

图二三〇　玉坠（M3：36）

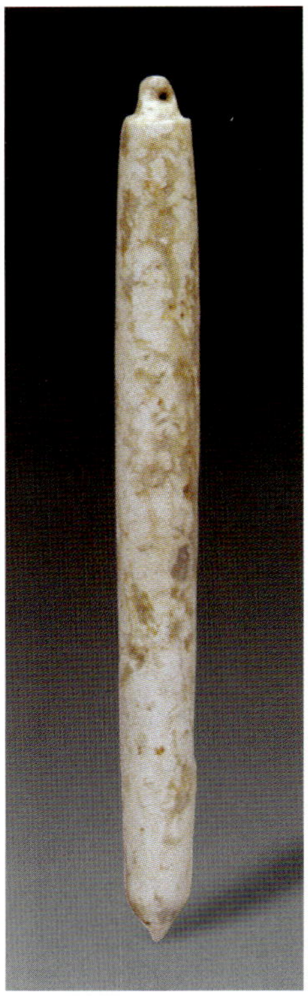

图二三一　玉坠（M3：36）

镯 1件。

M3：15　青白玉，受沁呈鸡骨白，玉色微泛黄，玉质细腻，不透明。圆箍状，上、下径较大，中部微向内弧，内外抛光。上端外径6.5、内径5.5厘米，下端外径6.4、内径5.4厘米，高4.2、厚0.5厘米（图二三二，图二三三）。

图二三二　玉镯（M3：15）

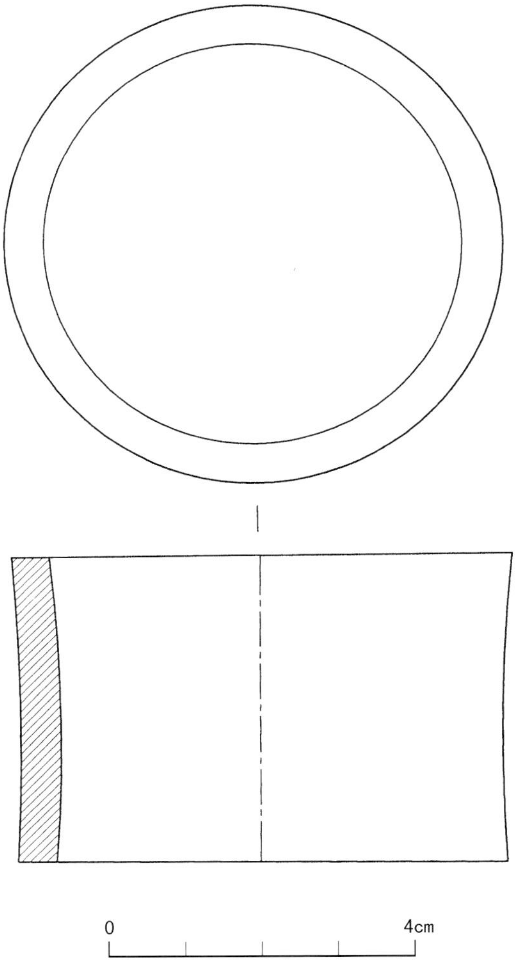

图二三三　玉镯（M3：15）

琮　3件。

M3：11　　青玉，间有青黄色花斑，玉质晶莹，微透明。方柱形，器形规整，一端大，一端小，中有大圆孔，上下射抹角呈圆形，器身以粗凹弦纹为界，分为5节，每节上部饰两组阴刻的细弦纹，中部饰简化的兽面纹，即转折处阴刻对称的圆圈形眼，下部转角处减地成弧端长条形嘴，器身通体抛光，除上、下射端部略有缺损外，不见切割痕，孔内打磨抛光，无台痕。射上径7.2、下径6.7厘米，孔上径6.2、下径5.6厘米，高12.9厘米（图二三四，图二三五；图版五）。

图二三四　玉琮（M3：11）

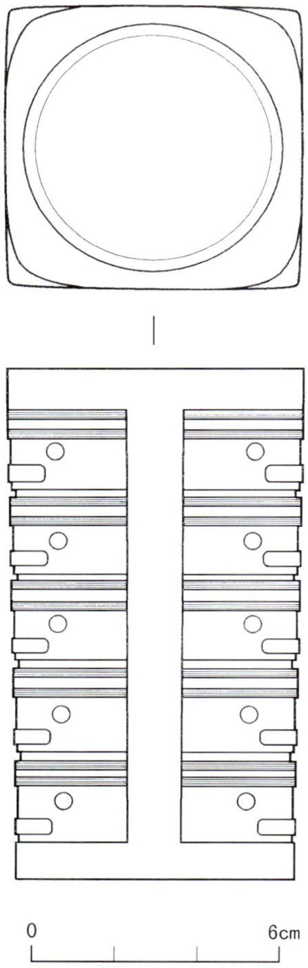

图二三五　玉琮（M3：11）

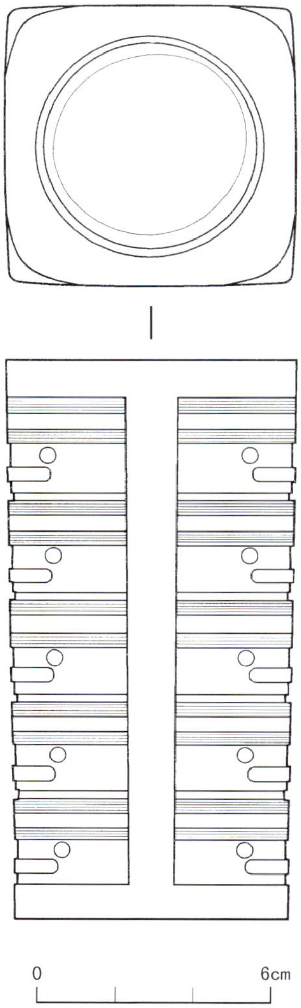

图二三六　玉琮（M3：10）

图二三七　玉琮（M3：10）

M3：10　青玉，玉色深绿近似碧玉，间有铁红色或褐色花斑，局部受沁，沁色呈条状或块状青白色，微透明。方柱形，器形规整，上下射端略有缺损，一端大，一端小，中有大圆孔，上下射抹角呈圆形，器身以粗凹弦纹为界，分为5节，每节上部饰两组阴刻的细弦纹，中部饰简化的兽面纹，即转折处阴刻对称的圆圈形眼，下部转角处减地成弧端长条形嘴，器身通体抛光，一面留有未打磨尽的弧线切割痕，孔内打磨抛光，留有未打磨尽的台痕。射上径7.5、下径7.0厘米，孔上径5.9、下径5.5厘米，高15.0厘米（图二三六，图二三七；图版六）。

M3：6　受沁严重，玉质完全白化，玉色呈黄白色，局部泛黄，不透明。方柱形，器形规整，上下射端略有缺损，一端大，一端小，中有圆孔，上下射抹角呈圆形，器身以粗凹弦纹为界，分为9节，每节上部饰两组阴刻的细弦纹，中部饰简化的兽面纹，即转折处阴刻对称的圆圈形眼，下部转角处减地成弧端长条形嘴，器表腐蚀较严重，然仍可见通体抛光，孔内打磨抛光，有台痕。射上径6.8、下径6.1厘米，孔上径4.4、下径4.4厘米，高21.2厘米（图二三八，图二三九；图版七）。

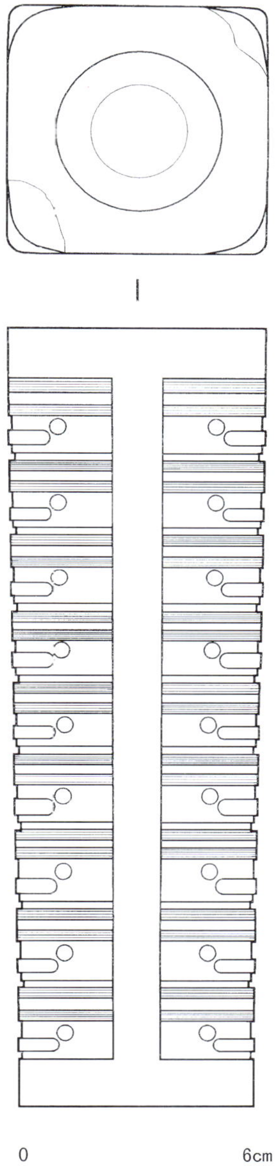

图二三八　玉琮（M3：6）

图二三九　玉琮（M3：6）

图二四〇　玉璧（M3：18）

璧　7件。

M3：18　青玉，玉色青绿，玉质晶莹，间有块状墨绿色花斑和黄褐色条纹，局部呈深绿色，近似碧玉，沁色呈青白色条状，微透明。圆形，边缘略有缺损，器形扁平、规整，形体硕大，素面，中有一圆孔，孔为两面对钻，孔内有未打磨尽的管钻痕和台痕，通体抛光，器表光滑。肉径17.4～17.8、好外径3.9、好内径3.5、厚1.1厘米（图二四〇，图二四一；图版八）。

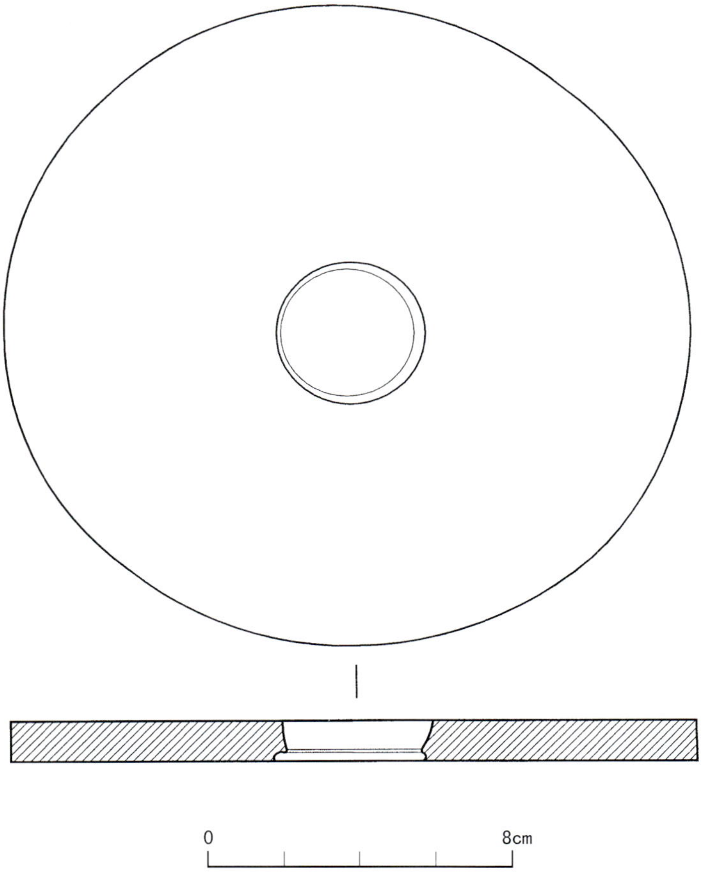

图二四一　玉璧（M3：18）

M3：17　青玉，玉色青绿，玉质晶莹，间有块状墨绿色花斑，局部有褐色斑点，边缘受沁，沁呈白色，微透明。圆形，边缘略有缺损，器形扁平、规整，素面，中有一圆孔，孔为两面对钻，孔内有未打磨尽的管钻痕和台痕，通体抛光，器表光滑，一面有未打磨尽的弧线切割痕。肉径19.2～19.3、好外径4.9、好内径4.3、厚1.2厘米（图二四二，图二四三；图版九）。

图二四二　玉璧（M3：17）

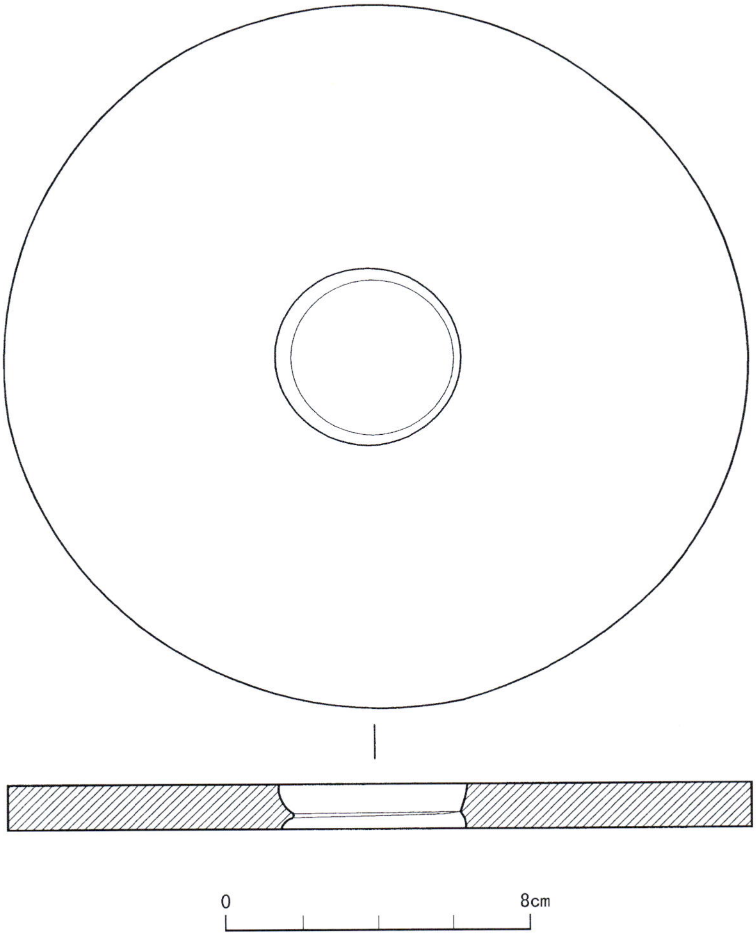

图二四三　玉璧（M3：17）

图二四四　玉璧（M3：16）

M3：16　青玉，玉色青绿，玉质晶莹，间有块状墨绿色花斑，沁色呈青白色，微透明。圆形，边缘略有缺损，器形扁平、规整，素面，中有一圆孔，孔为两面对钻，孔内留有未打磨尽的管钻痕和台痕，通体抛光。肉径19.1～19.5、好外径3.6、好内径3.1～3.2、厚1.1厘米（图二四四，图二四五；图版一〇）。

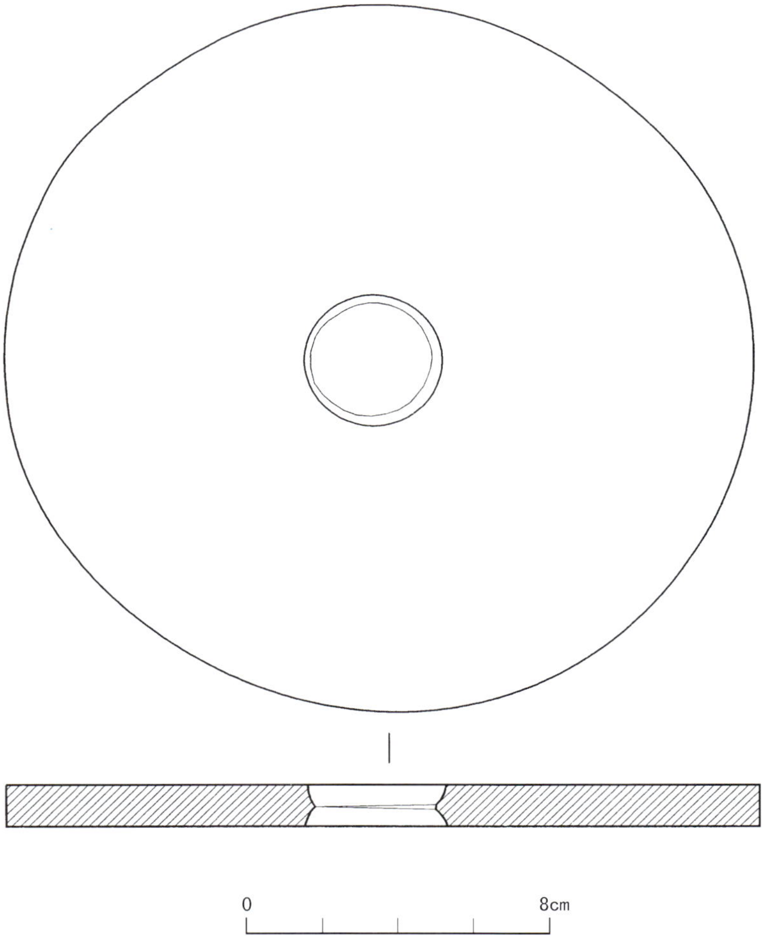

图二四五　玉璧（M3：16）

M3：21　青玉，玉色青绿，玉质晶莹，间有块状墨绿色花斑，局部有铁红色花斑和褐色斑点，局部受沁，沁呈青白色条状，微透明。圆形，边缘略有缺损，器形扁平、规整，形体较大，素面，中有一圆孔，孔为单面钻，通体抛光，器表光滑，一面有未打磨尽的弧线切割痕，边缘留有直线切割痕。肉径20.3～20.7、好外径4.8、好内径4.4、厚1.0厘米（图二四六，图二四七；图版一一）。

图二四六　玉璧（M3：21）

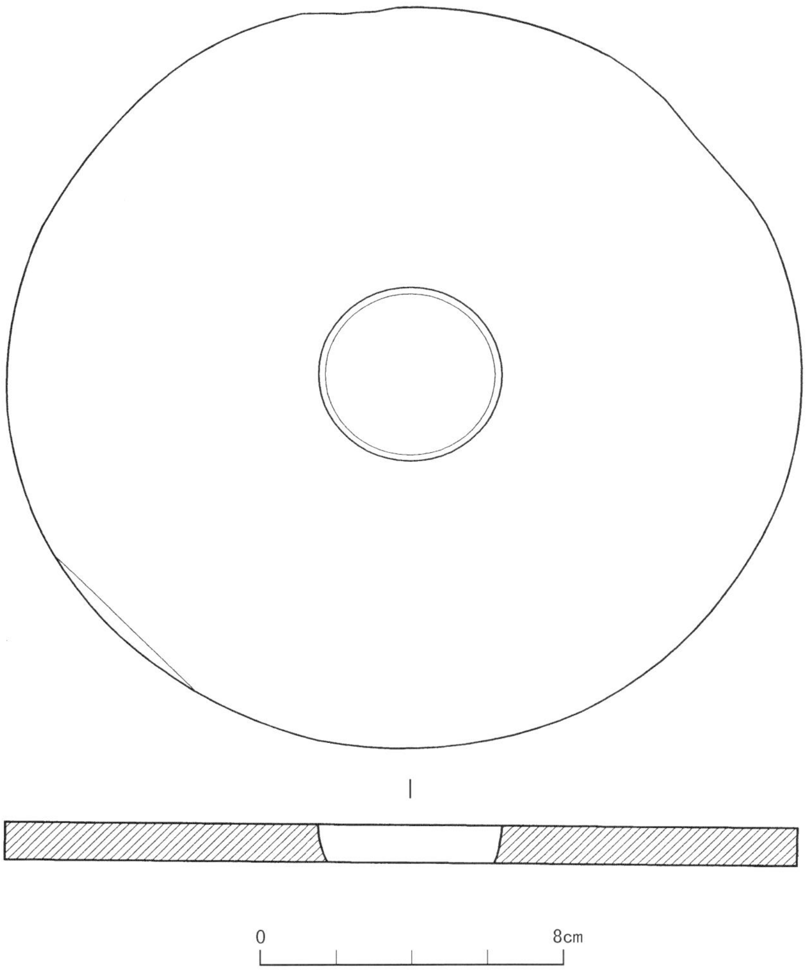

图二四七　玉璧（M3：21）

图二四八　玉璧（M3：23）

M3：23　青玉，玉色青绿，玉质晶莹，间有条状墨绿色花斑，沁色呈青白色条状，微透明。圆形，边缘略有缺损，器形扁平、规整，素面，中有一圆孔，孔为两面对钻，孔内经打磨，有台痕，通体抛光，器表光滑，两面均有未打磨尽的弧线切割痕，形成较深的弧形凹坑。肉径21.1～21.8、好外径4.9、好内径4.3、厚0.9～1厘米（图二四八，图二四九；图版一二）。

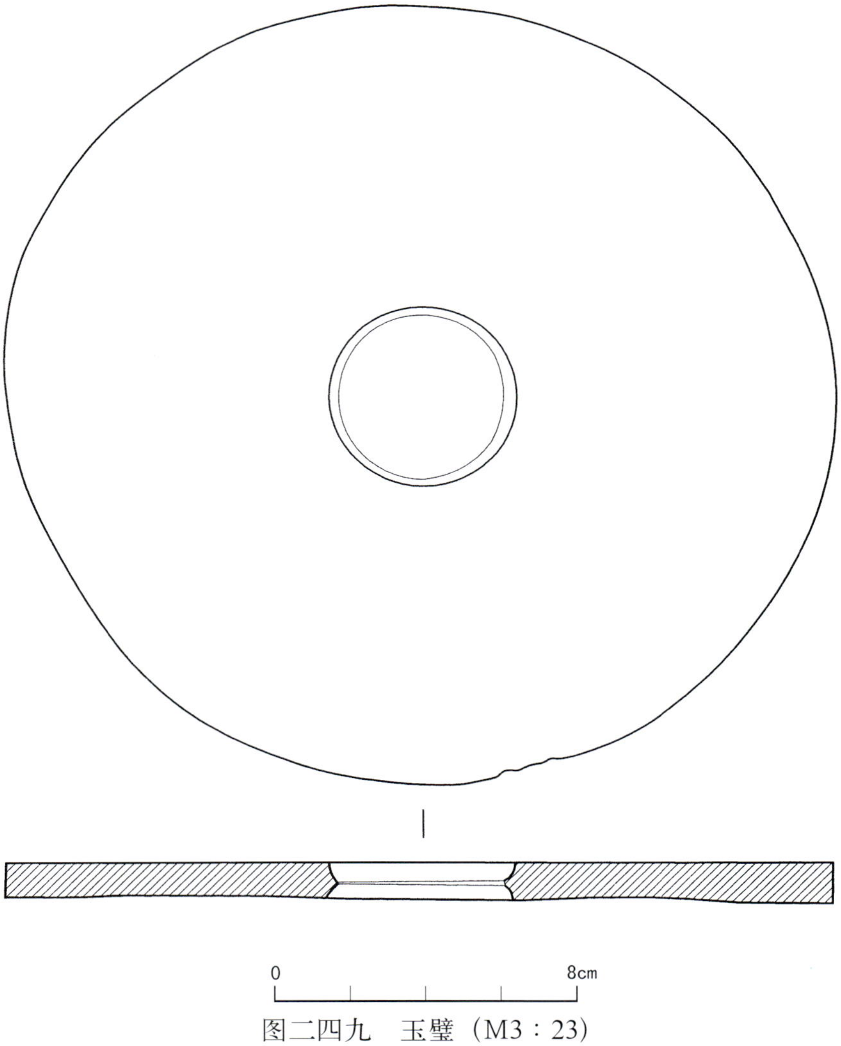

图二四九　玉璧（M3：23）

M3：20　青玉，玉色青绿，间有块状墨绿色花斑，受沁严重，沁色呈青白色，不透明。圆形，边缘略有缺损，器形扁平、规整，形体较大，素面，中有一圆孔，孔为两面对钻，孔内管钻痕经打磨，仅留有台痕，通体抛光，由于受沁器表较糙。肉径22.2～22.4、好外径3.5、好内径2.7～3.0、厚0.7～1.1厘米（图二五〇，图二五一；图版一三，图版一四）。

图二五〇　玉璧（M3：20）

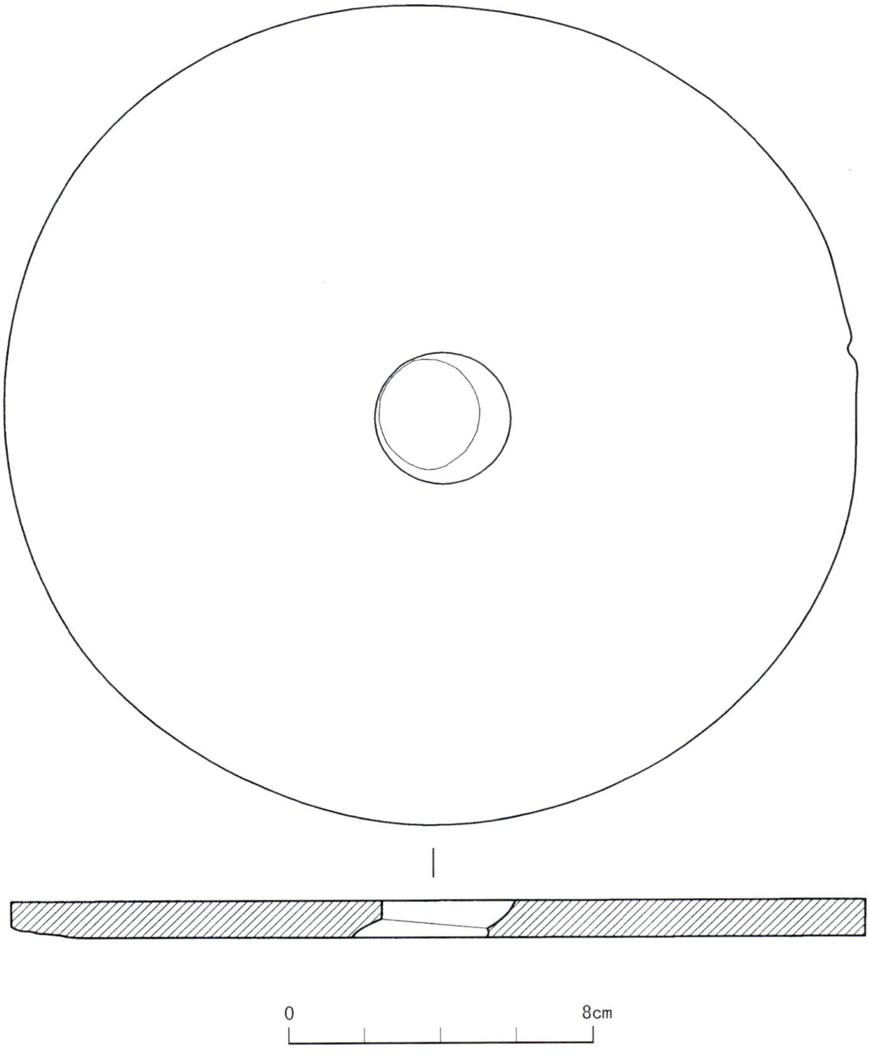

图二五一　玉璧（M3：20）

图二五二　玉璧（M3：19）

M3：19　青玉，玉色青绿，玉质晶莹，间有块状墨绿色花斑，一面沁色呈土黄色土沁，一面沁色呈青白色水沁，微透明。圆形，边缘略有缺损，器形扁平、规整，形体较大，素面，中有一圆孔，孔为两面对钻，孔内管钻痕经打磨，仅有台痕，通体抛光，器表光滑，两面均留有未打磨尽的弧线切割痕。肉径23.1～23.2、好外径4.8、好内径4.0～4.1、厚1.2厘米（图二五二，图二五三；图版一五，图版一六）。

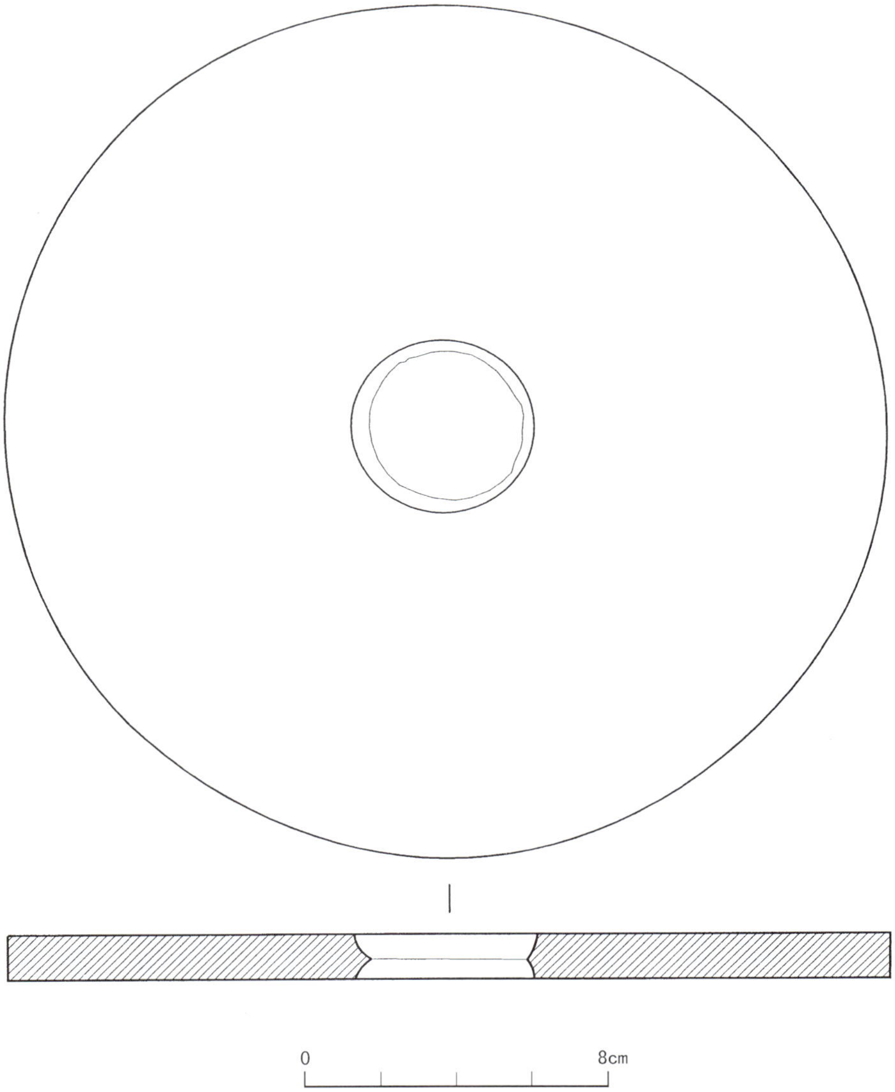

图二五三　玉璧（M3：19）

斧　1件。

M3：12　玉质呈青黄色，间有浅黄色花斑，沁色青黄。长体，弧顶，顶部磨平，两面微弧，中部略厚，两侧斜直、略薄，圆边，弧刃，圆刃口，刃与两侧无明显的转折，中部偏上有一大圆孔，孔为两面管钻，留有台痕，通体抛光。顶宽4.8、刃宽7.3、高16.5、孔外径2.1、孔内径1.7、厚1.4厘米（图二五四，图二五五；图版一七，1、2）。

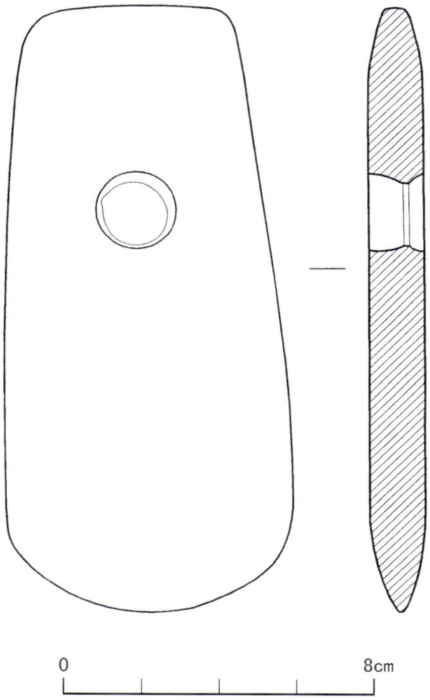

图二五四　玉斧（M3：12）

图二五五　玉斧（M3：12）

钺　1件。

M3：26　青玉，玉色泛绿，间有灰白色或青黄色沁，沁多呈条状，局部呈块状，微透明。器形硕大，上窄下宽呈"风"字形，平顶略倾斜，两面微弧，中部厚，两侧斜直、稍薄，两侧与刃部有明显的转折，双面弧刃，刃部磨平，中部偏上处有一小圆孔，孔为双面管钻，内有台痕，通体抛光。顶宽9.4、刃宽16.3、高31.9、孔外径2.0、孔内径1.6～1.7、厚0.8厘米（图二五六，图二五七；图版一七，3、4）。

图二五六　玉钺（M3：26）

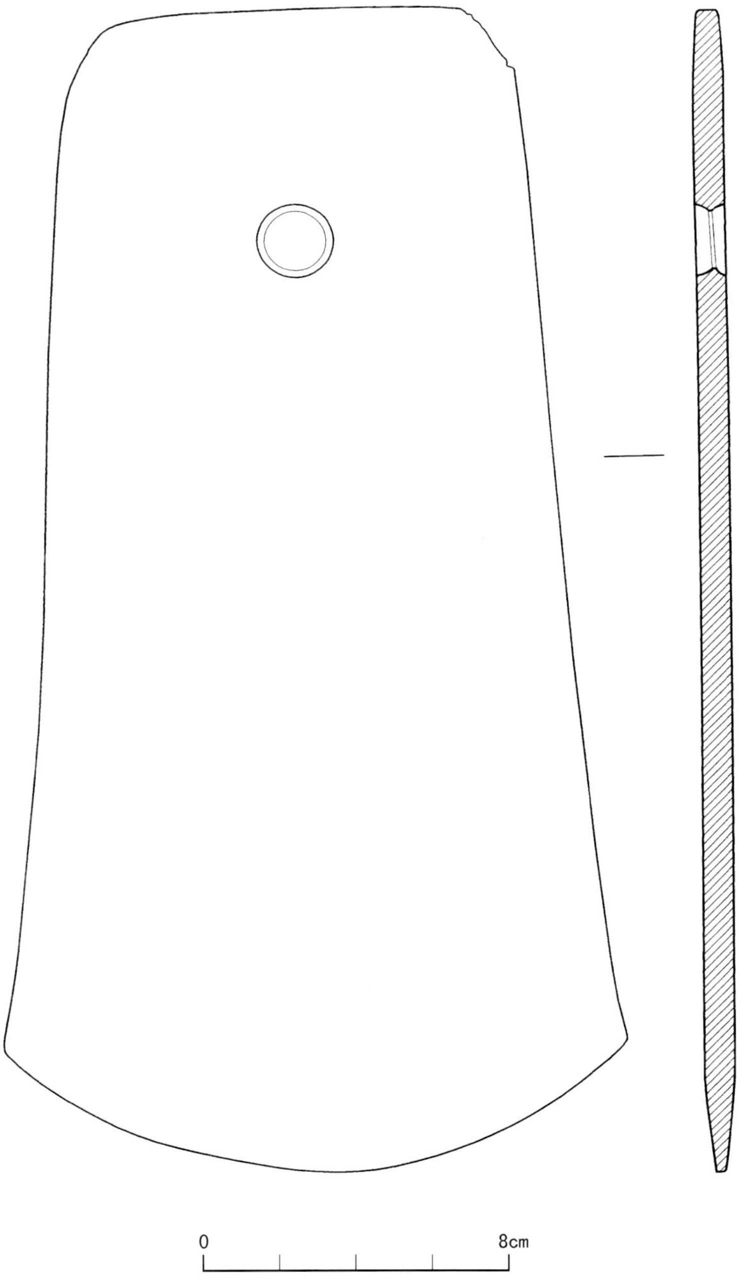

图二五七　玉钺（M3：26）

石器　17件。

斧　3件。

M3：35　灰黄色石料，间有深黄色花斑。平顶，两面微弧，两侧斜直，弧刃，刃部平，刃与两侧无明显的转折，中部偏上有一圆孔，孔为两面管钻，通体抛光。顶宽7.8、刃宽9.7、高13.2、孔外径1.9、孔内径1.3、厚1.3厘米（图二五八，图二五九）。

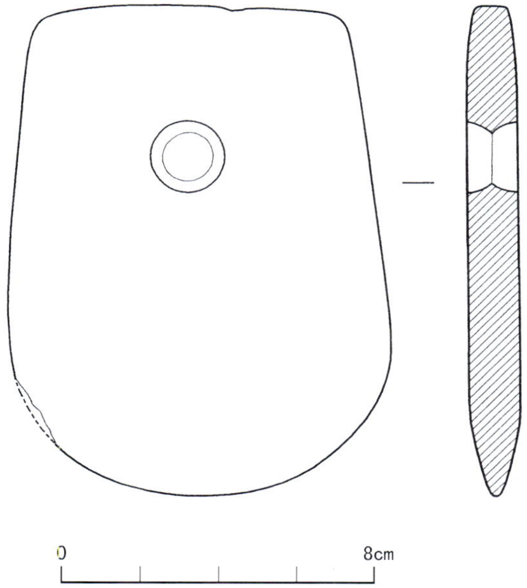

图二五八　石斧（M3：35）

图二五九　石斧（M3：35）

M3：14　灰色石料，间有黄色花斑。弧顶，两面微弧，两侧斜直，弧刃，刃与两侧无明显的转折，中部偏上有一大圆孔，孔为两面管钻，通体抛光。顶宽7.5、刃宽9.7、高14.4、孔外径3.5、孔内径3.0～3.2、厚0.8厘米（图二六〇，图二六一）。

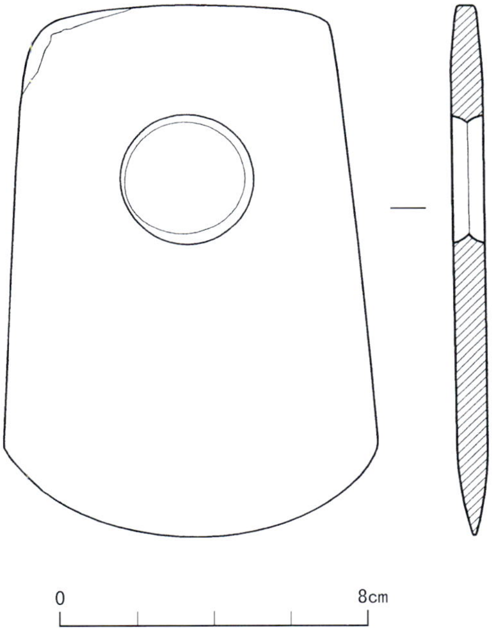

图二六〇　石斧（M3：14）

图二六一　石斧（M3：14）

M3：9　灰色石料，间有黄色花斑。宽体，弧顶，两面微弧，两侧斜直，弧刃，刃与两侧无明显的转折，中部偏上有一大圆孔，孔为两面管钻，通体抛光。顶宽10.4、刃宽12.6、高15.4、孔外径4.5、孔内径4.1、厚0.9厘米（图二六二，图二六三）。

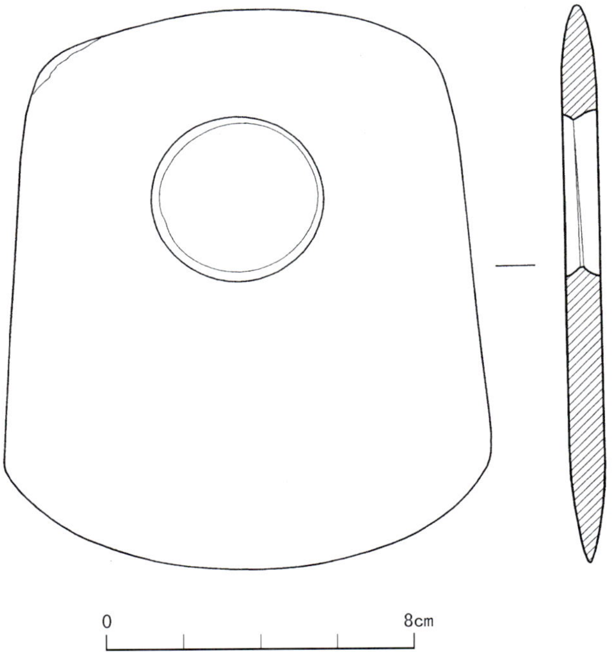

图二六二　石斧（M3：9）

图二六三　石斧（M3：9）

钺　14件。

M3：8　青灰色石料，表面泛黄。上窄下宽呈“风”字形，顶部未经打磨，两面平，两侧斜直，双面刃，刃部为双面弧刃，两侧与刃部有明显的转折，中部偏上处有一小圆孔，孔为双面管钻，通体磨光。顶宽10.3、刃宽12.4、高12.8、孔外径1.6、孔内径1.2～1.3、厚1.1厘米（图二六四，图二六五）。

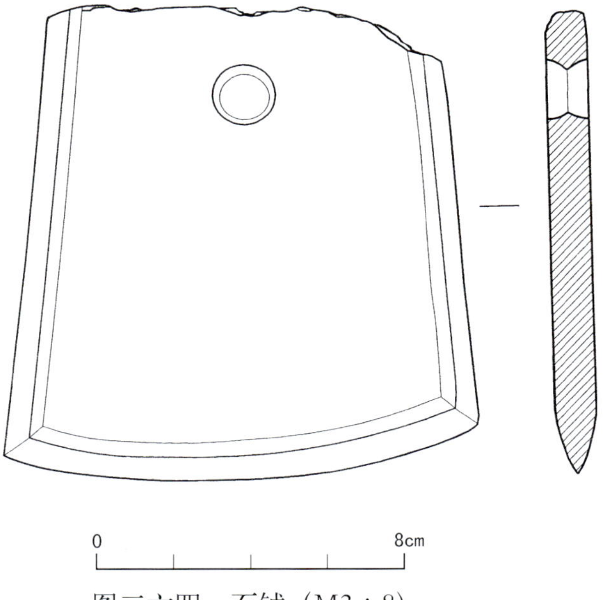

图二六四　石钺（M3：8）

图二六五　石钺（M3：8）

M3：13　深灰色石料，间有浅灰色花斑。上窄下宽呈“风”字形，平顶，两面平，两侧斜直，双面弧刃，两侧与刃部有明显的转折，中部偏上处有一小圆孔，孔为双面管钻，通体磨光。顶宽10.7、刃宽14.0、高18.2、孔外径2.0、孔内径1.6～1.7、厚0.7厘米（图二六六，图二六七）。

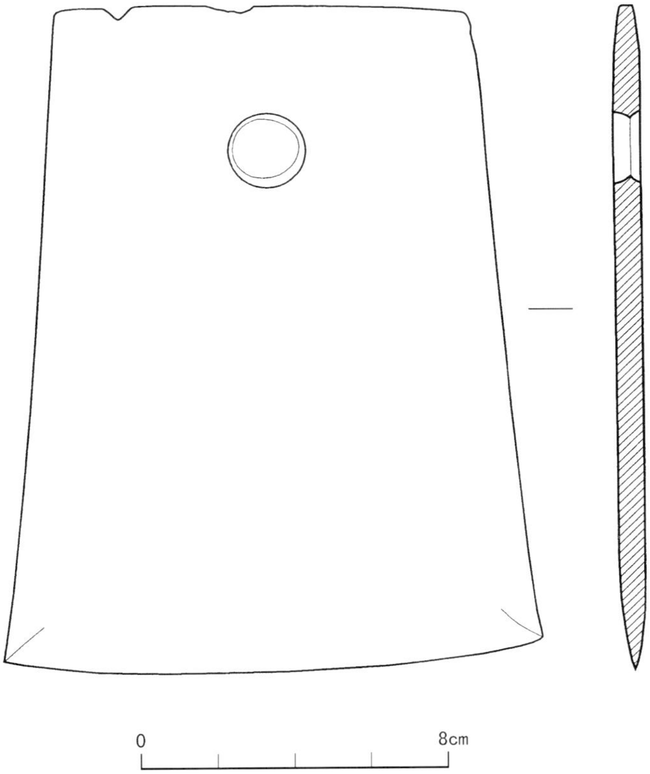

图二六六　石钺（M3：13）

图二六七　石钺（M3：13）

M3：27　深灰色石料，间有浅灰色花斑。上窄下宽呈“风”字形，弧顶，两面平，两侧斜直，双面弧刃，两侧与刃部有明显的转折，中部偏上处有一孔，孔为双面管钻，通体磨光。顶宽10.4、刃宽12.1、高19.0、孔外径1.8、孔内径1.3～1.4、厚0.7厘米（图二六八，图二六九）。

M3：29　深灰色石料，间有浅灰色花斑。上窄下宽，弧顶，两面平，两侧斜直，双面弧刃，两侧与刃部有明显的转折，中部偏上处有一孔，孔为双面管钻，通体磨光。顶宽9.4、刃宽12.3、高17.7、孔外径2.0、孔内径1.6～1.7、厚0.7厘米（图二七〇，图二七一）。

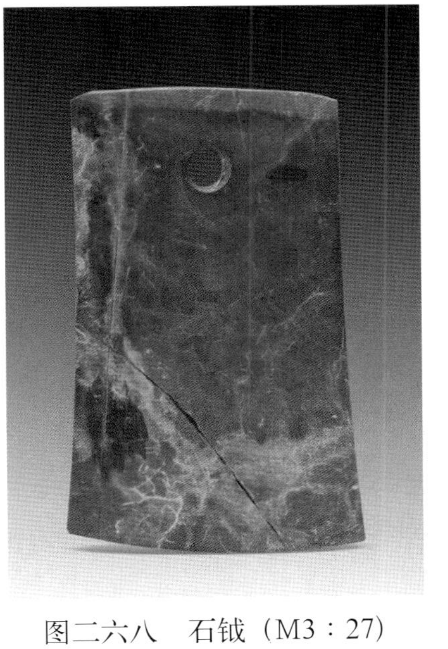

图二六八　石钺（M3：27）

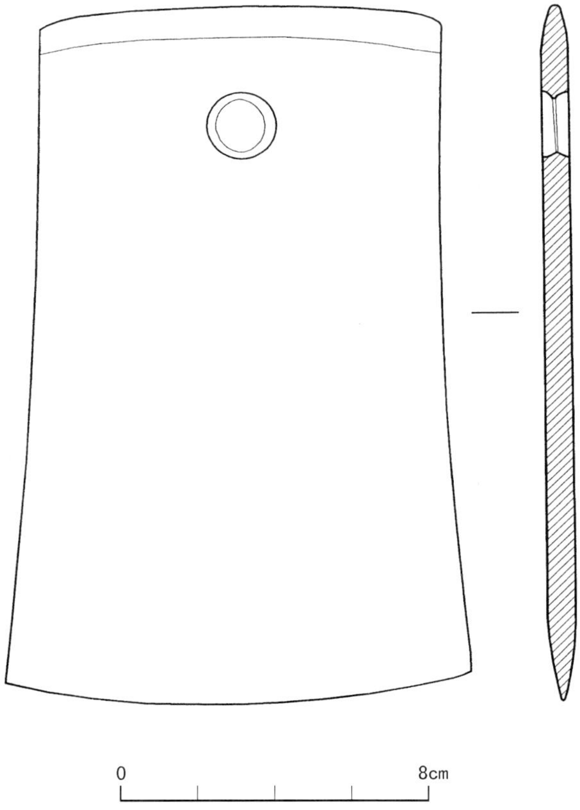

图二六九　石钺（M3：27）

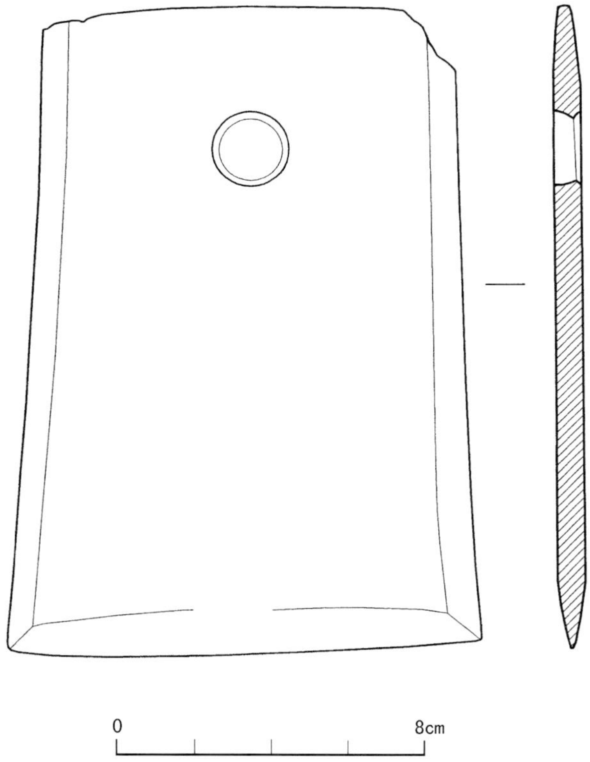

图二七〇　石钺（M3：29）

图二七一　石钺（M3：29）

M3∶22　黑色石料，间有深灰色花斑。上窄下宽呈“风”字形，弧顶，两面平，两侧斜直，双面弧刃，两侧与刃部有明显的转折，中部偏上处有一大圆孔，孔为双面管钻，通体磨光。顶宽12.8、刃宽17.0、高21.7、孔外径4.2、孔内径3.6、厚0.8厘米（图二七二，图二七三）。

图二七二　石钺（M3∶22）

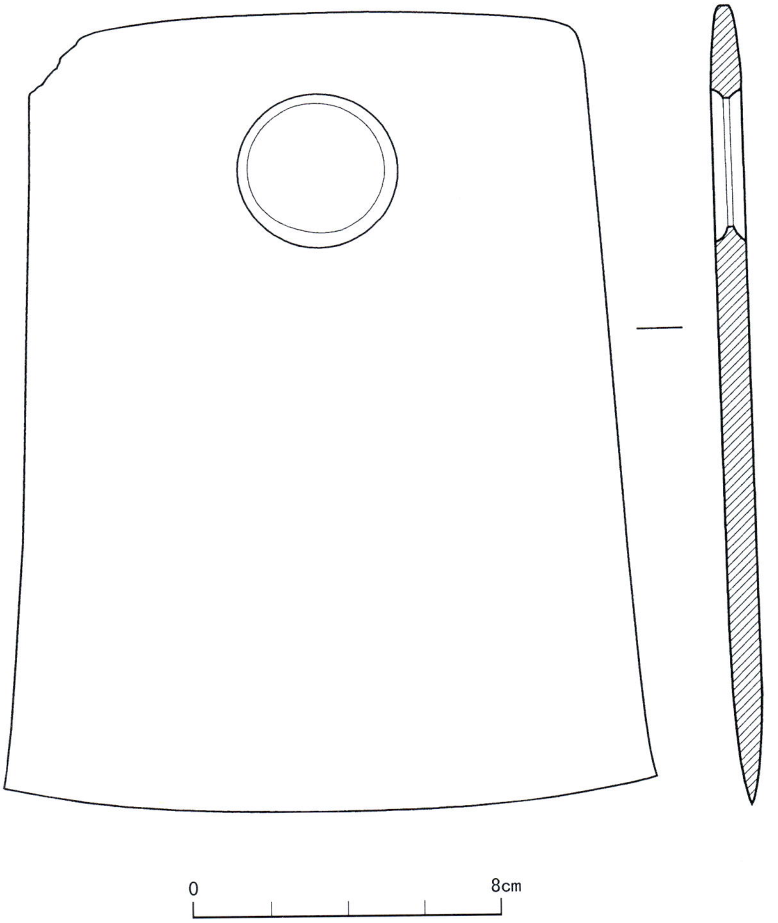

图二七三　石钺（M3∶22）

图二七四　石钺（M3：24）

M3：24　深灰色石料，间有浅灰色花斑。上窄下宽呈“风”字形，弧顶，顶部未经打磨，两面平，两侧斜直，双面弧刃，两侧与刃部有明显的转折，中部偏上处有一大圆孔，孔为单面管钻，通体磨光。顶宽13.3、刃宽16.5、高23.2、孔外径3.6、孔内径3.1、厚0.5厘米（图二七四，图二七五）。

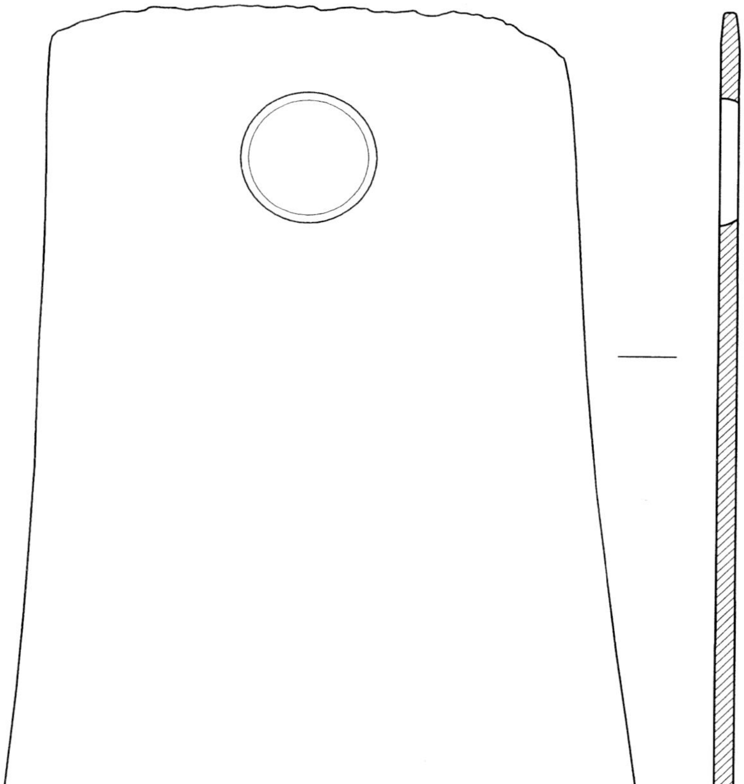

图二七五　石钺（M3：24）

M3：25　深灰色石料，间有浅灰色花斑。上窄下宽呈“风”字形，平顶，未经打磨，两面平，两侧斜直，双面弧刃，两侧与刃部有明显的转折，中部偏上处有一圆孔，孔为双面管钻，通体磨光。顶宽13.0、刃宽16.5、高19.4、孔外径2.8、孔内径2.6、厚0.5厘米（图二七六，图二七七）。

图二七六　石钺（M3：25）

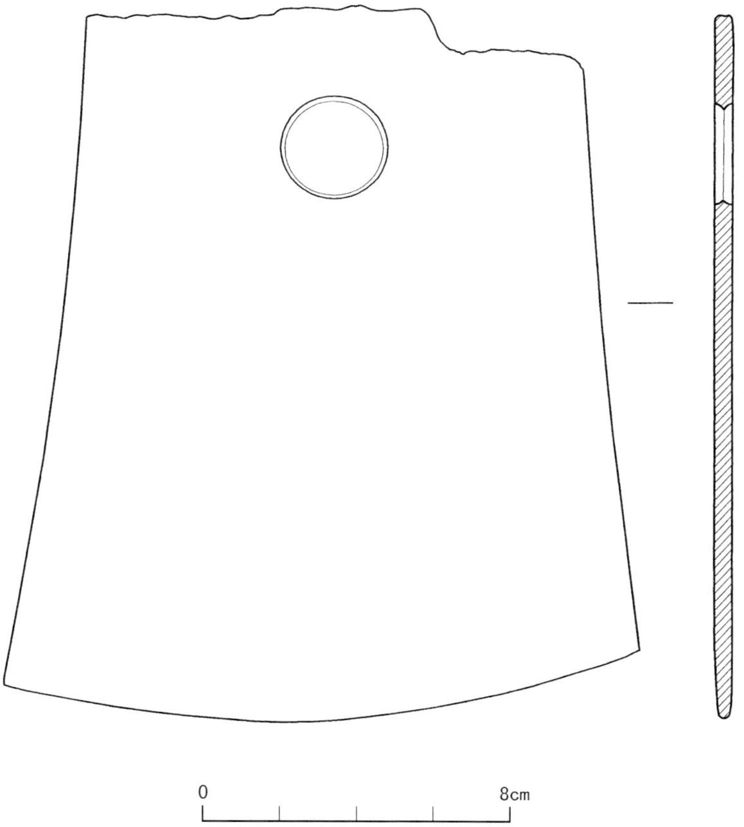

图二七七　石钺（M3：25）

图二七八　石钺（M3：28）

M3：28　深灰色石料，间有浅灰色花斑。上窄下宽呈“风”字形，弧顶，两面平，两侧斜直，双面弧刃，两侧与刃部有明显的转折，中部偏上处有一孔，孔为双面管钻，通体磨光。顶宽13.6、刃宽17.7、高21.6、孔外径3.5、孔内径3.1～3.2、厚0.5厘米（图二七八，图二七九）。

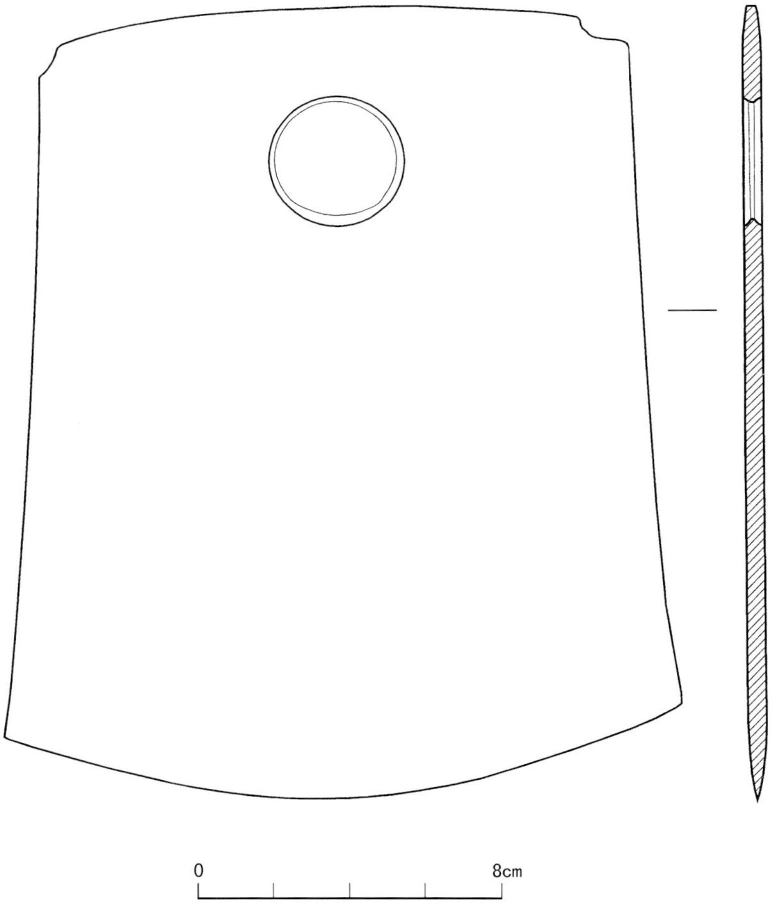

图二七九　石钺（M3：28）

M3：30　深灰色石料，间有浅灰色花斑。上窄下宽呈“风”字形，弧顶，两面平，两侧斜直，双面弧刃，两侧与刃部有明显的转折，中部偏上处有一孔，孔为双面管钻，通体磨光。顶宽13.3、刃宽15.2、高19.9、孔外径2.6、孔内径2.3、厚0.7厘米（图二八〇，图二八一）。

图二八〇　石钺（M3：30）

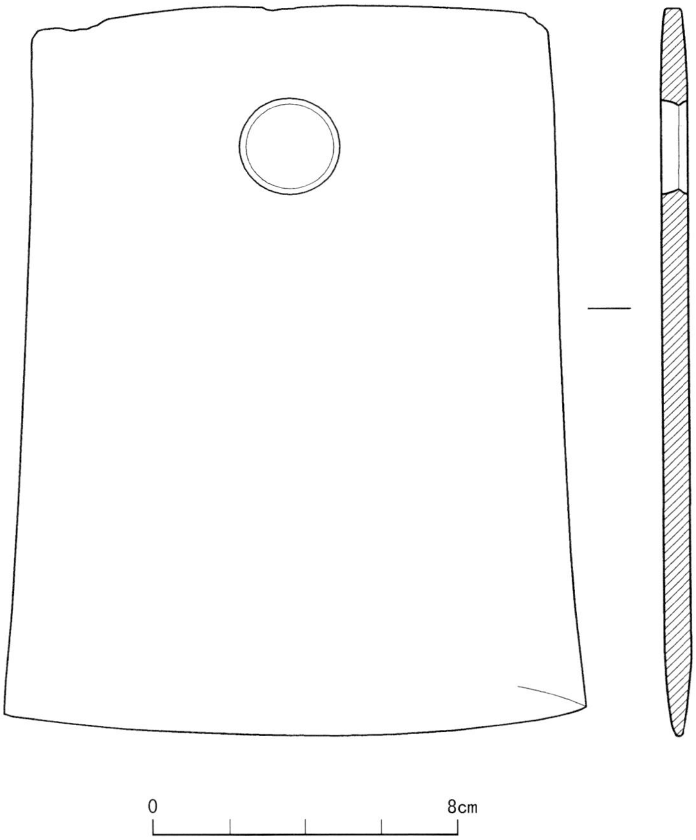

图二八一　石钺（M3：30）

图二八二　石钺（M3：31）

M3：31　青灰色石料，间有浅灰色花斑。上窄下宽呈“风”字形，弧顶，未经打磨，两面平，两侧斜直，双面弧刃，两侧与刃部有明显的转折，中部偏上处有一孔，孔为双面管钻，通体磨光。顶宽15.6、刃宽19.6、高24.7、孔外径2.6、孔内径2.2～2.3、厚0.6厘米（图二八二，图二八三）。

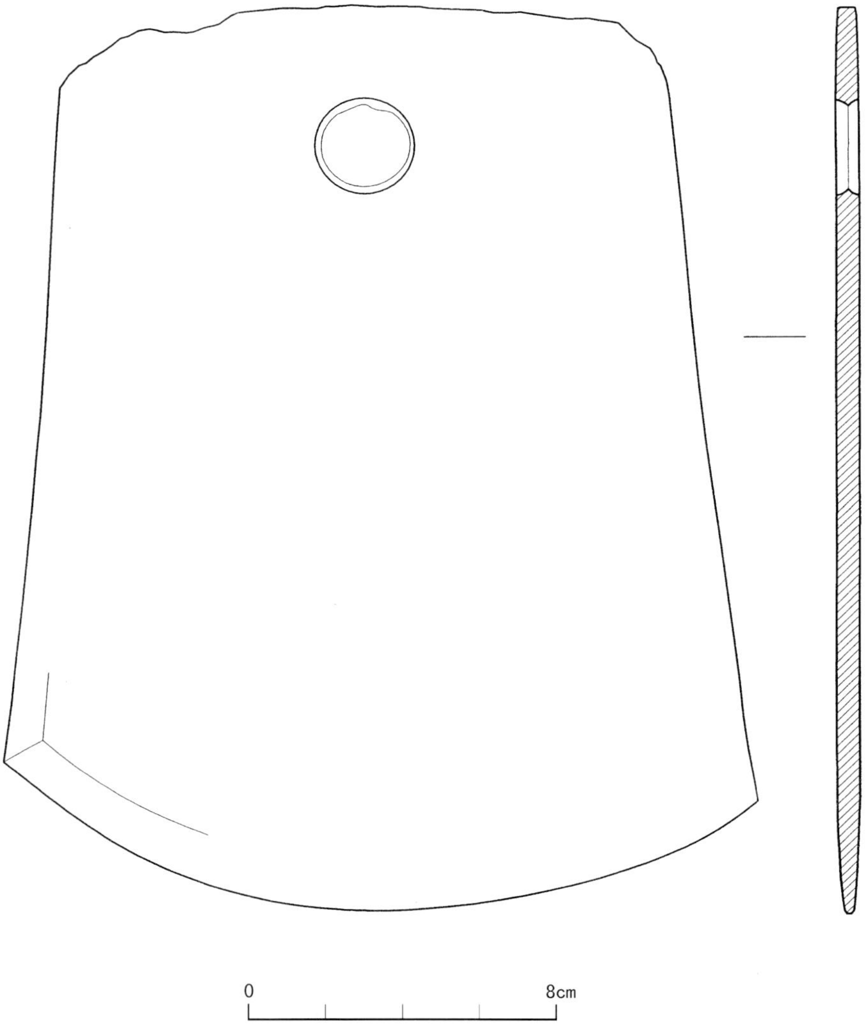

图二八三　石钺（M3：31）

M3：32　黑色石料。上窄下宽呈“风”字形，弧顶，顶部未经打磨，两面平，两侧斜直，双面弧刃，两侧与刃部有明显的转折，中部偏上处有一孔，孔为双面管钻，通体磨光。顶宽13.5、刃宽17.6、高22.2、孔外径3.4、孔内径3.1、厚0.6厘米（图二八四，图二八五）。

图二八四　石钺（M3：32）

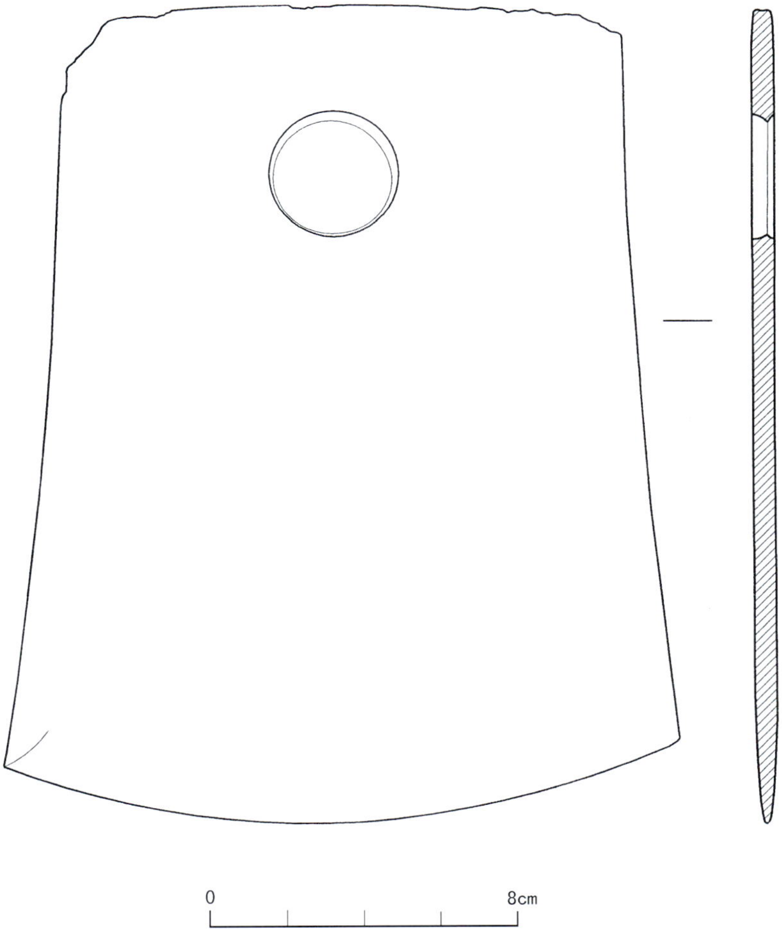

图二八五　石钺（M3：32）

M3∶33　黑色石料，间有深灰色和深黄色花斑。上窄下宽呈“风”字形，弧顶，顶部未经打磨，两面平，两侧斜直，双面弧刃，两侧与刃部有明显的转折，中部偏上处有一孔，孔为双面管钻，通体磨光。顶宽12.1、刃宽17.3、高23.2、孔外径3.3、孔内径3.0、厚0.5厘米（图二八六，图二八七）。

图二八六　石钺（M3∶33）

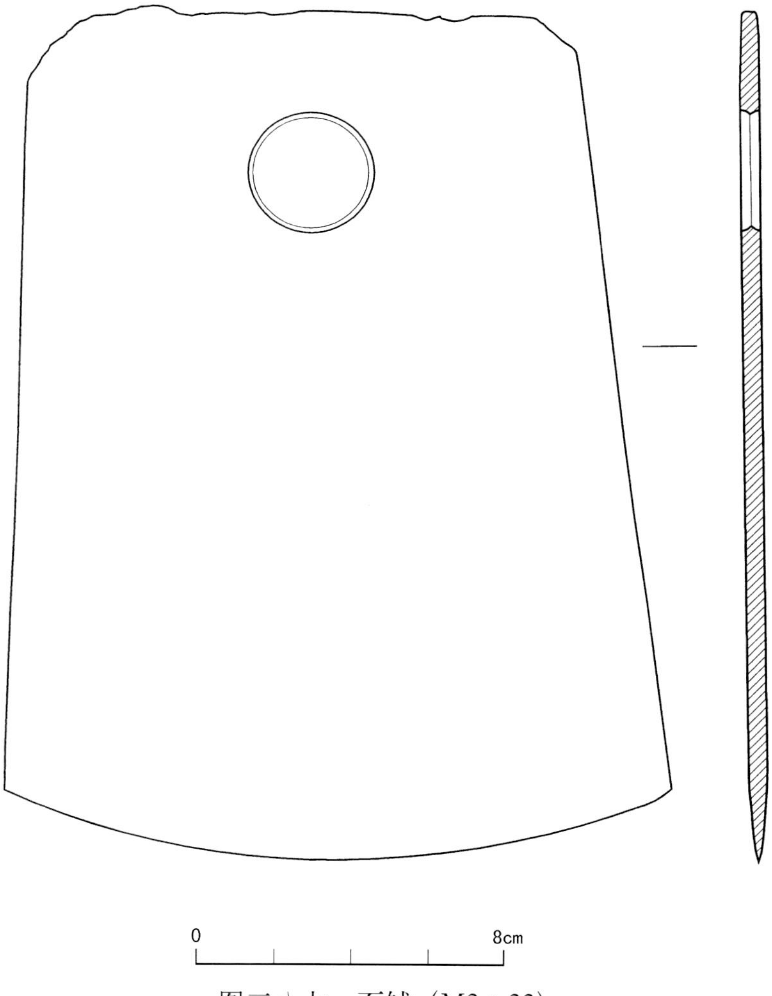

图二八七　石钺（M3∶33）

M3：34　深灰色石料，间有浅灰色花斑。上窄下宽呈“风”字形，平顶，未经打磨，两面平，两侧斜直，双面弧刃，两侧与刃部有明显的转折，中部偏上处有一孔，孔为双面管钻，通体磨光。顶宽12.9、刃宽15.0、高19.4、孔外径2.5、孔内径2.3、厚0.7厘米（图二八八，图二八九）。

图二八八　石钺（M3：34）

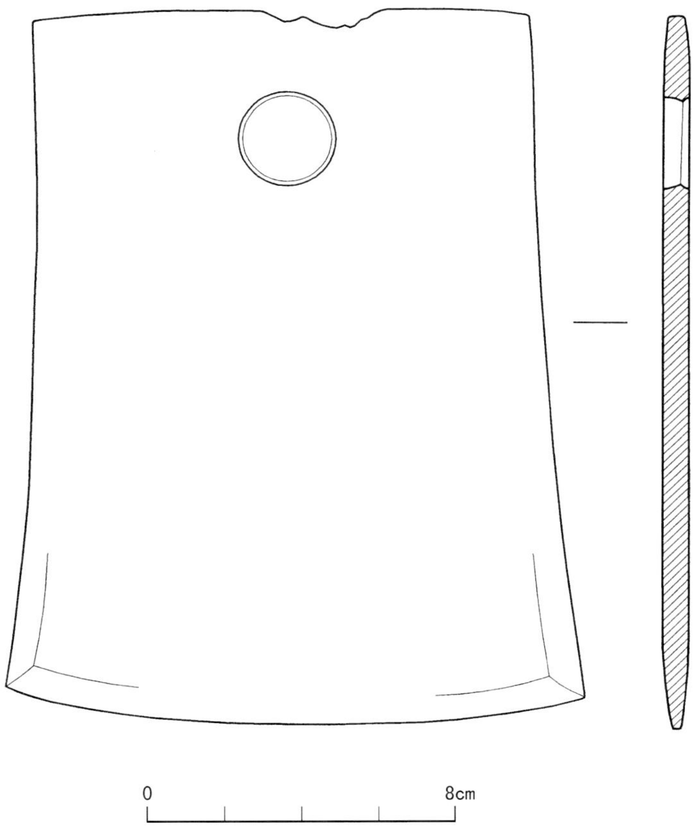

图二八九　石钺（M3：34）

图二九〇　石钺（M3：62）

M3：62　深灰色石料，间有浅灰色花斑。上窄下宽呈“风”字形，平顶，两面平，两侧斜直，双面弧刃，两侧与刃部有明显的转折，中部偏上处有一孔，孔为双面管钻，通体抛光。顶宽14.5、刃宽17.5、高23.8、孔外径3.8～4.2、孔内径3.5、厚0.7厘米（图二九〇，图二九一）。

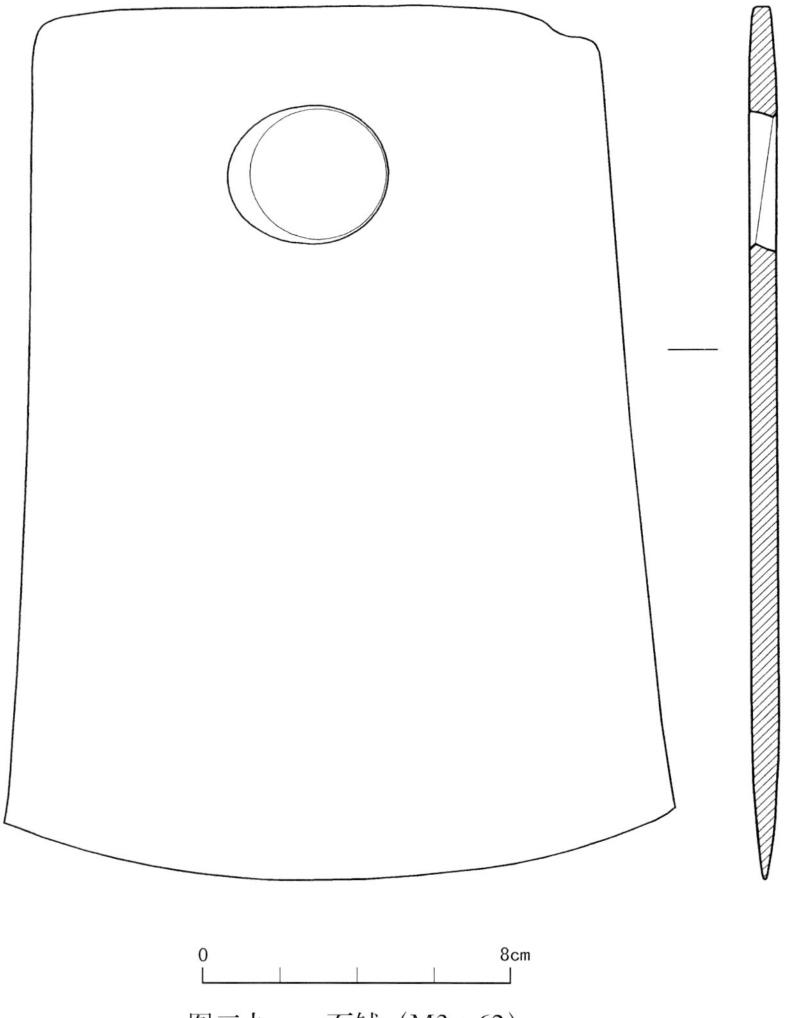

图二九一　石钺（M3：62）

3. M4

位于T0704西北部，竖穴浅坑，开口于第2层下，打破第3层。墓坑呈长方形，北部被M1打破，残长0.84、宽1.32、深0.18米，南北向，墓向197°。人骨腐朽无存，葬具痕迹不明，根据随葬器物推测，头向南。随葬玉器10件，均置于头部，其中玉环、玉璜、玉冠饰、玉镯各1件，玉管4件、玉扣2件（图二九二，图二九三，图二九四）。

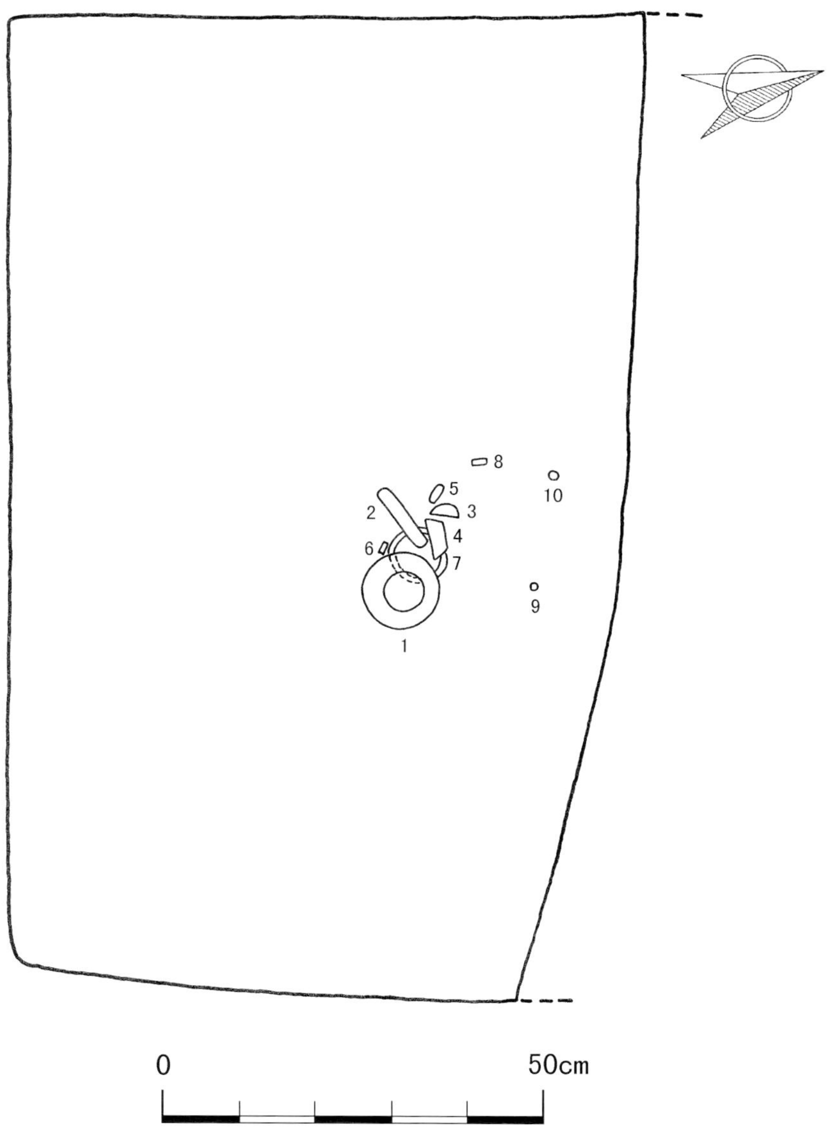

图二九二　M4墓葬平面图

1.玉环　2.玉管　3.玉璜　4. 玉冠饰　5.玉管　6.玉管　7.玉镯　8.玉管　9.玉扣形饰　10.玉扣形饰

图二九三　M4

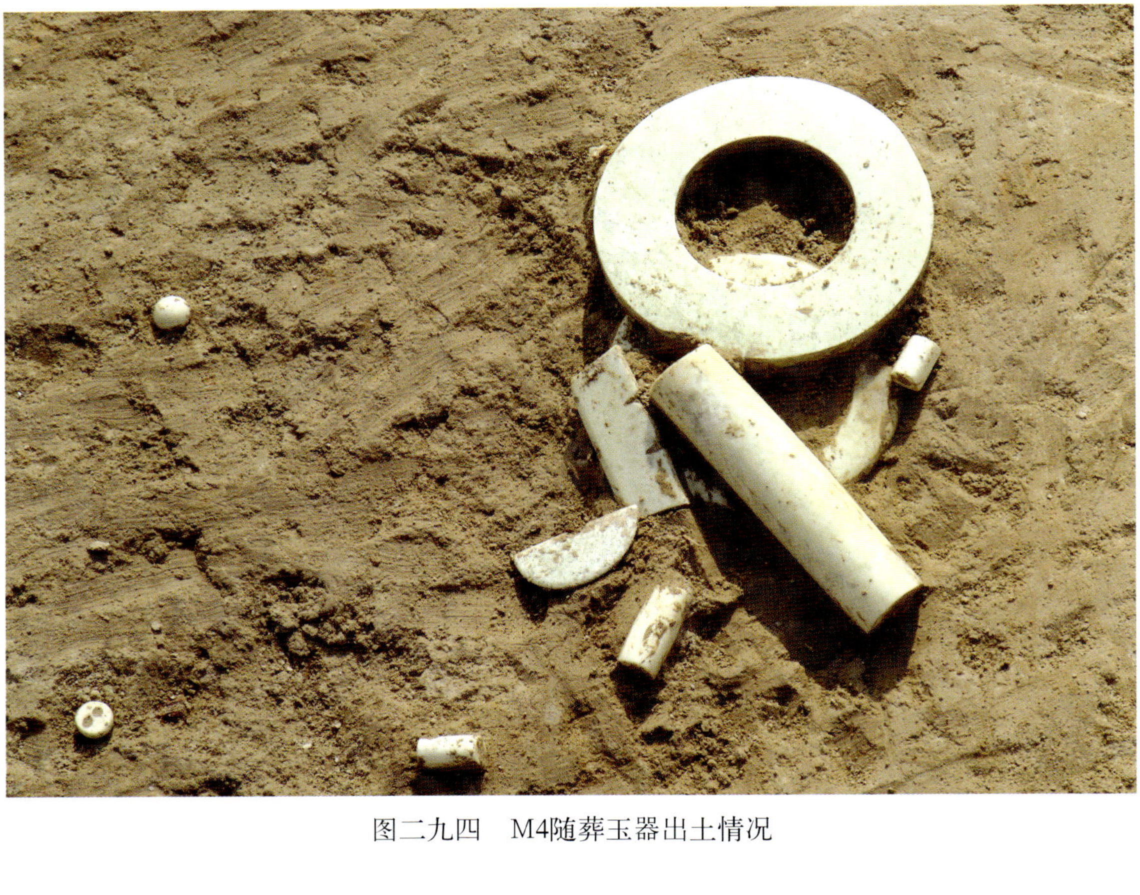

图二九四　M4随葬玉器出土情况

M4随葬的文化遗物有玉器。

玉器　10件。

管　4件。

M4：6、M4：8和M4：5　青玉，间有绿色花斑，玉质细腻，玉色泛绿，微透明。管形，截面呈不规则形，一孔上下贯穿，孔为两面对钻，通体抛光，表面光滑。直径1.0~1.4、高1.4~2.8厘米（图二九五，图二九六；图版一八，1）。

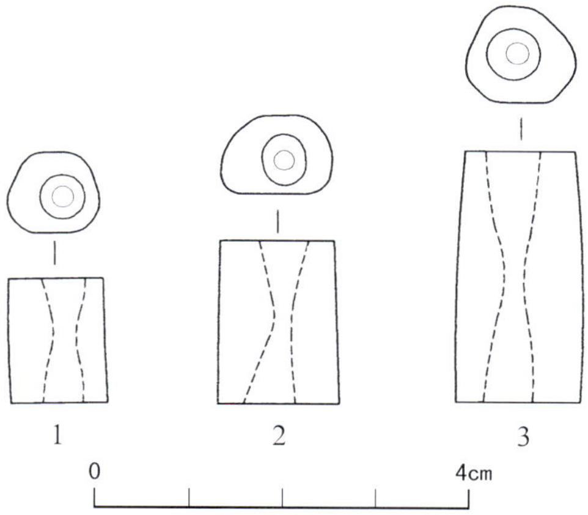

图二九五　玉管

1.M4：6　2.M4：8　3.M4：5

图二九六　玉管

左.M4：6　中.M4：8　右.M4：5

M4：2　青玉，间有墨绿色花斑，玉质晶莹，受沁呈鸡骨白，玉色微泛黄，微透明。形体较大，管形，截面呈椭圆形，一孔上下贯穿，孔为两面对钻，通体抛光，表面光滑。直径2.1~2.4、孔径0.7~0.9、高9.9~10.0厘米（图二九七，图二九八；图版一八，4）。

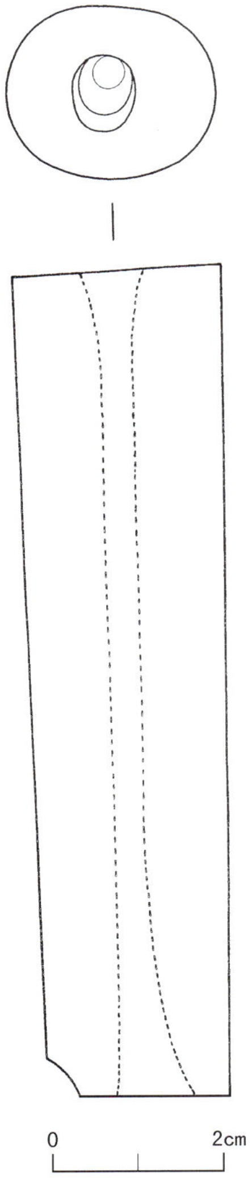

图二九七　大玉管（M4：2）

图二九八　大玉管（M4：2）

扣形饰　2件。

M4：9、M4：10　青玉，间有绿色花斑，玉质晶莹，玉色泛黄，微透明。半球形，一面平，一面圆鼓，平面有两个斜向贯通的小孔，孔为单面钻，通体抛光，表面光滑细腻。径1.1、厚0.7厘米（图二九九，图三〇〇；图版一八，2、3）。

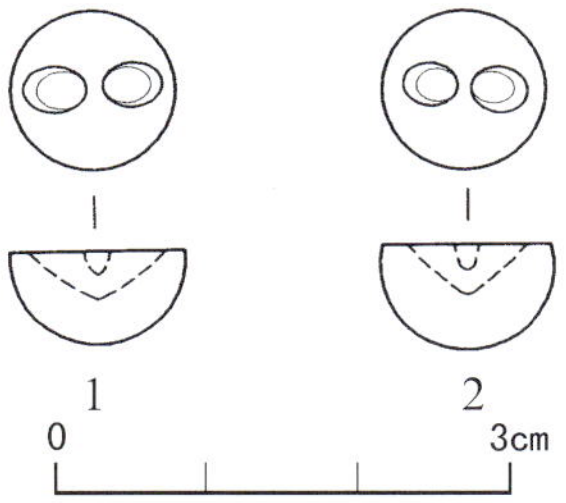

图二九九　扣形玉饰

1.M4：9　2.M4：10

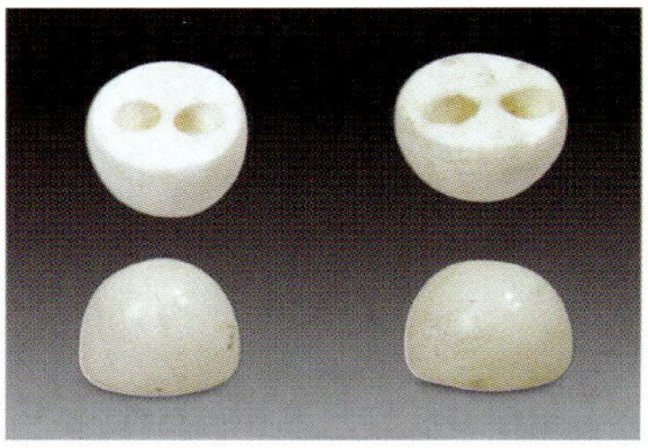
图三〇〇　扣形玉饰

左.M4：9　右.M4：10

璜　1件。

M4：3　青玉，间有绿色花斑，玉质晶莹，玉色泛绿，微透明。半璧形，上部平，中有半圆形缺，下部圆弧，上部两端和半圆形缺两侧各有一小孔，孔为两面对钻，通体抛光，表面光滑细腻。长4.1、高2.0、厚0.2厘米（图三〇一，图三〇二；图版一八，5、6）。

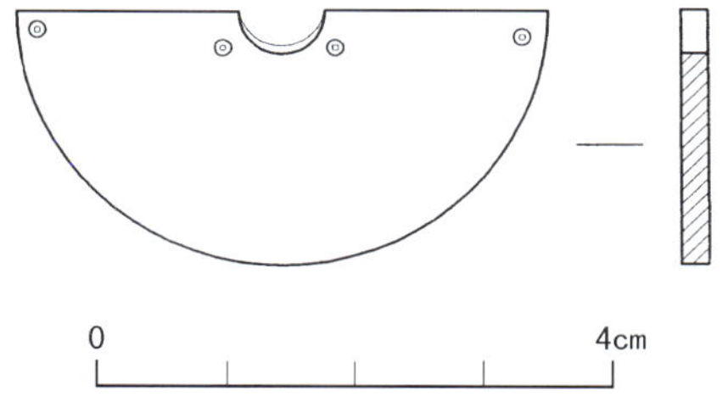

图三〇一　玉璜（M4：3）

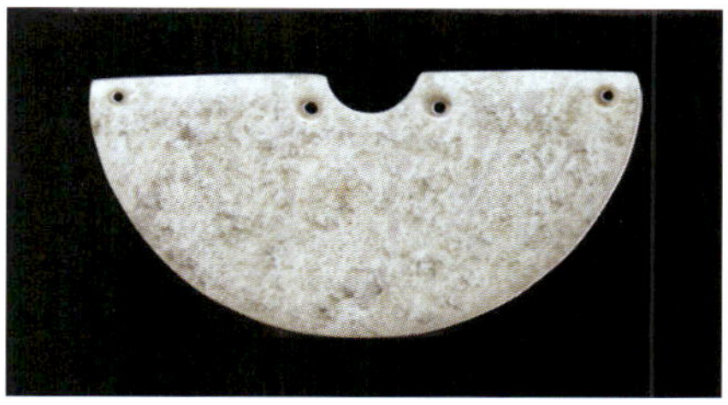

图三〇二　玉璜（M4：3）

冠饰　1件。

M4：4　青玉，间有浅黄色花斑，玉质晶莹，玉色微黄，微透明。平面呈倒梯形，上边近平，上边的中部切割成凹缺，凹缺中部有凸起的半圆形，两侧斜直，下边平，下边打磨成斜面，斜面上有3个两面对钻的小孔，通体抛光，表面光滑细腻。上边长5.7、下边长5.1、通宽2.1、厚0.4厘米（图三〇三，图三〇四；图版一九，1、2）。

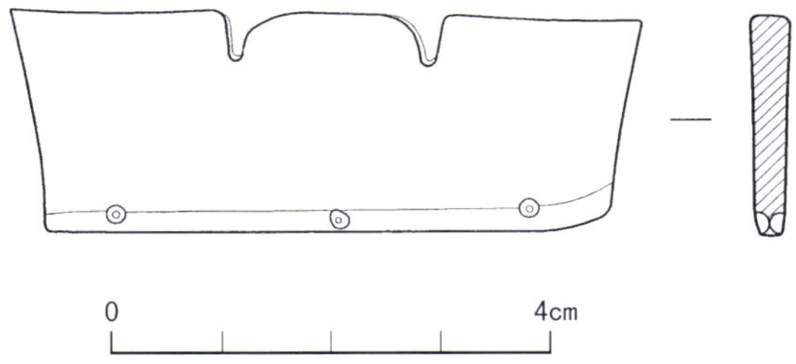

图三〇三　玉冠饰（M4：4）

图三〇四　玉冠饰（M4：4）

镯　1件。

M4：7　青玉，间有绿色花斑，玉质细腻，受沁呈鸡骨白，玉色微泛黄，微透明。形体较大，圆圈形，内缘厚，外缘较薄，镯已断裂，断裂处两侧钻有用以缀合的小孔，孔为两面对钻，通体抛光，表面光滑。外径8.7、内径5.7、厚0.4～0.7厘米（图三〇五，图三〇六；图版一九，3）。

图三〇五　玉镯（M4：7）

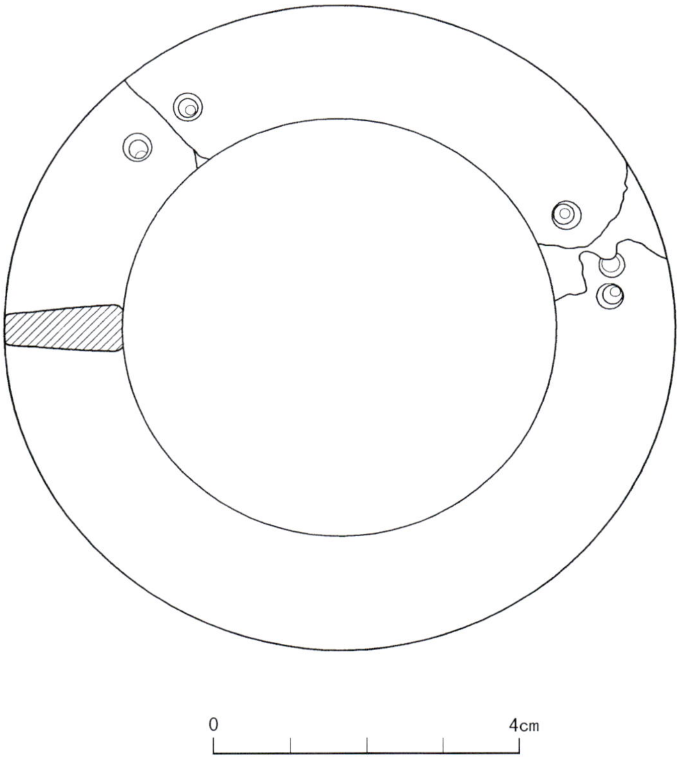

图三〇六　玉镯（M4：7）

环　1件。

M4：1　青玉，间有晶莹的晶体，玉质细腻，玉色微泛黄，半透明。圆形，形体较大，一边厚，一边薄，单面钻孔，孔一面大，一面小，通体抛光。外径10.3、内上径5.7、内下径5.5、厚0.6~0.9厘米（图三〇七，图三〇八；图版一九，4）。

图三〇七　玉环（M4：1）

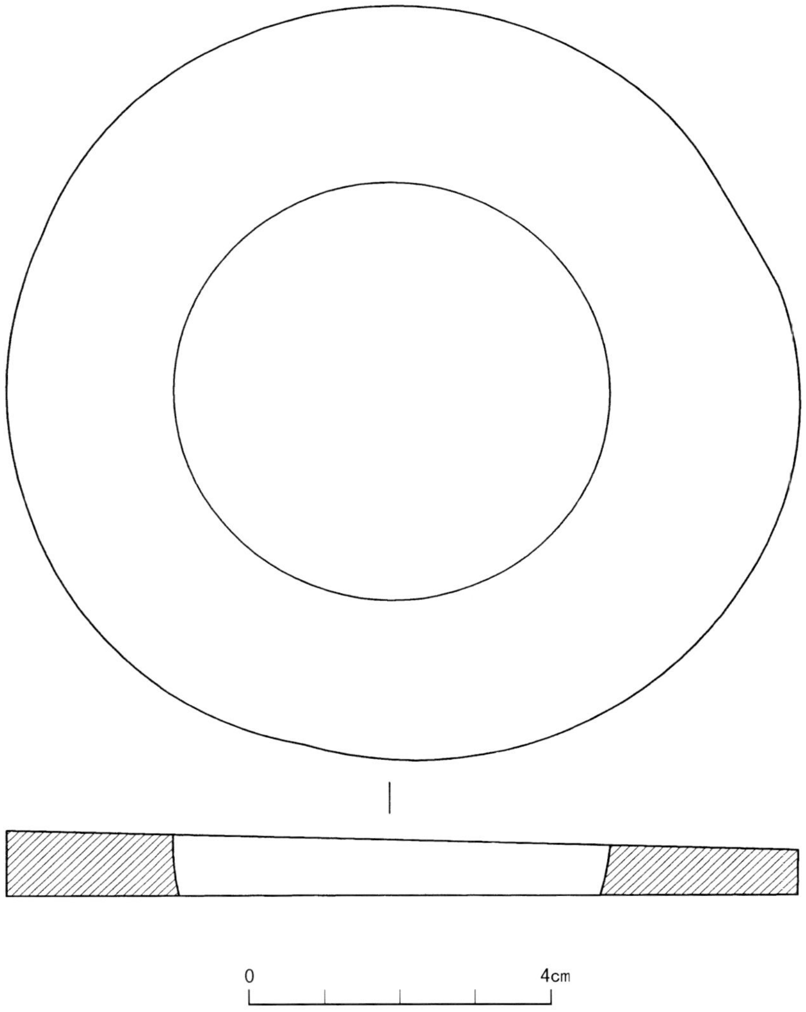

图三〇八　玉环（M4：1）

4. M5

位于T0504中部，东邻M11，西邻M3。竖穴土坑，开口于第2层下，打破第3层。墓坑长3.58、宽1.05、深0.25米，墓向204°。人骨已腐朽无存，似有葬具痕迹，然痕迹不甚清楚，根据随葬器物的位置推测，可能为侧身直肢，面向西，头向南。

随葬器物共54件（组），其中玉器27件（组），石器8件，陶器19件。头部东侧置放1件陶贯耳壶，头部有散落的片状玉饰，耳部有耳珰1对，胸前有玉珠、玉管、玉扣、玉坠组成的项饰，身体左侧置放玉琮2件、玉钺3件、石钺4件、石斧3件，右侧置放玉璧9件、石斧1件，臂部有玉镯2件，腰下有葫芦形玉饰1件，足部堆放陶器，其中有陶鼎2件、陶豆5件、陶贯耳壶6件、陶罐2件、陶圈足盘1件、陶鬶1件和陶盖1件（图三〇九，图三一〇；图版二〇）。

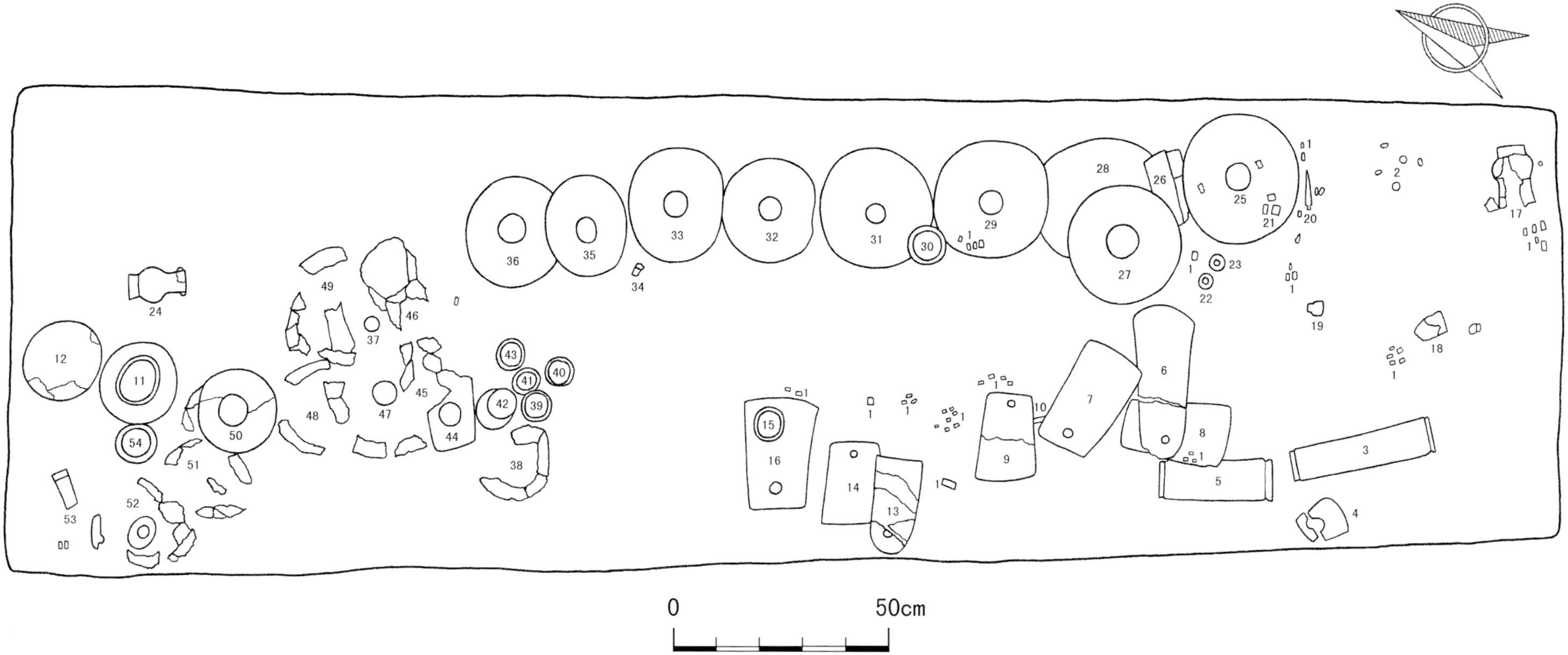

图三〇九　M5墓葬平面图

1.玉串饰(珠)　2.玉片　3.玉琮　4.石斧　5.玉琮　6.玉钺　7.石钺　8.玉钺　9.石钺　10.玉坠　11.陶罐　12.陶鼎　13.玉钺　14.石钺　15.玉镯　16.石钺　17.陶壶　18.玉饰　19.玉饰　20.玉坠　21.玉饰　22.玉耳珰　23.玉耳珰　24.陶壶　25.玉璧　26.石斧　27.玉璧　28.玉璧　29.玉璧　30.玉镯　31.玉璧　32.玉璧　33.玉璧　34.玉挂饰　35.玉璧　36.玉璧　37.台形玉饰　38.陶豆　39.陶壶　40.陶壶　41.陶壶　42.陶壶　43.陶壶　44.石斧　45.陶罐　46.陶豆　47.陶豆　48.陶豆　49.陶豆　50.陶器盖　51.陶鼎　52.陶鬶　53.石锛　54.陶盘

图三一〇　M5（东—西）

M5随葬的文化遗物有陶器、玉器和石器。

陶器　19件。

鼎　2件。

M5：12　夹砂红陶，残。侈口，侧扁足，足截面呈“T”字形，两侧有竖刻划纹。陶质粗疏，无法修复。

M5：51　夹砂红陶，残。侧扁足，截面呈“T”字形。陶质粗疏，无法修复。

豆5件。

M5：38　泥质灰陶，残。敛口，深盘，大圈足。陶质疏松，无法修复。

M5：46　泥质灰陶，残。敛口，深盘，大圈足，足上饰细弦纹。陶质疏松，无法修复。

M5：47　泥质灰陶，残。敛口，深盘，大圈足，足上饰细弦纹。陶质疏松，无法修复。

M5：48　泥质灰陶，残。敛口，深盘，大圈足。陶质疏松，无法修复。

M5：49　泥质灰陶，残。敛口，深盘，大圈足。陶质疏松，无法修复。

壶7件。

M5:40　泥质灰陶，残。直口外侈，鼓腹，底内凹，大圈足外撇，口下有一对贯耳。口径6.9、足径7.7厘米（图三一一）。

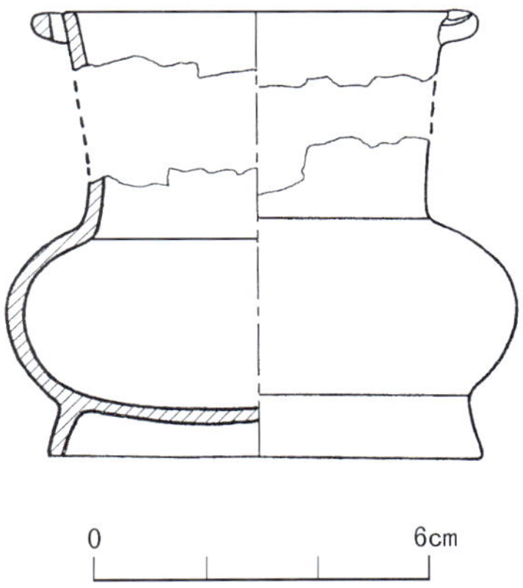

图三一一　陶贯耳壶（M5：40）

M5：41　泥质黑陶，残。直口外侈，鼓腹，底内凹，大圈足微向外撇，口下有一对贯耳，颈部饰刻划的云纹和穿梭于云间的动物纹。口径7.2、残足径6.9、残高11.0厘米（图三一二，图三一三）。

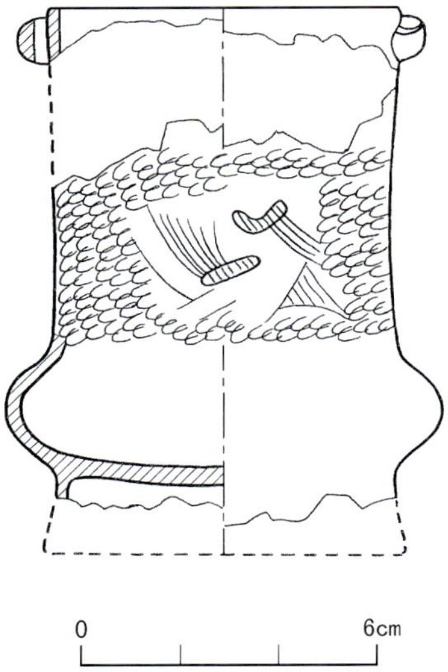

图三一二　陶贯耳壶（M5：41）

图三一三　陶贯耳壶（M5：41）

M5：42　泥质灰陶。直口外侈，鼓腹，底内凹，大圈足外撇，口下有一对贯耳。盖径7.2、口径6.8、足径6.2、高9.6、通高12.5厘米（图三一四）。

M5：43　泥质灰陶，口部略残。直口外侈，鼓腹，底内凹，大圈足外撇，口下有一对贯耳。盖径6.4、口径6.0、足径6.4、残高10.4、通高13.4厘米（图三一五）。

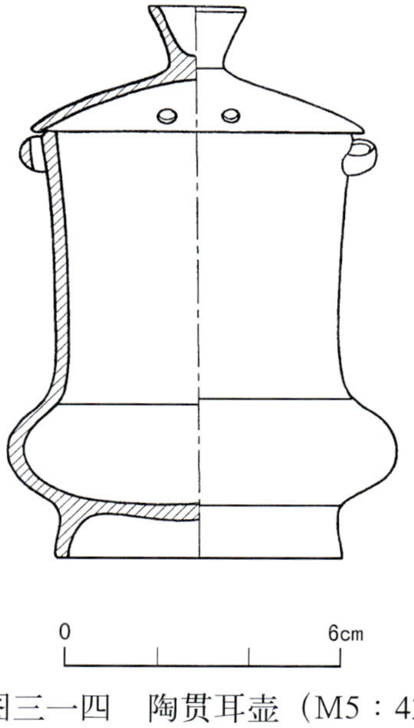

图三一四　陶贯耳壶（M5：42）

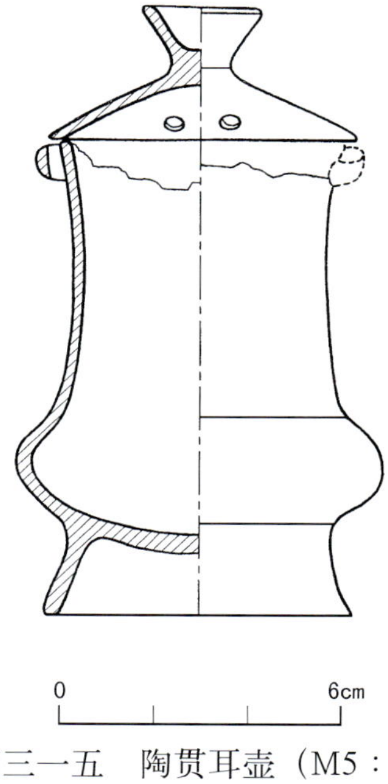

图三一五　陶贯耳壶（M5：43）

M5：24　泥质灰陶，残。直口外侈，鼓腹，底内凹，大圈足外撇。足径7.3、残高8.2厘米（图三一六）。

M5：17　泥质灰陶，残。直口，弧腹，大圈足，口下有贯耳。陶质疏松，无法修复。

M5：39　泥质灰陶，残。直口，大圈足。陶质疏松，无法修复。

壶盖1件。

M5：50　泥质灰陶，残。陶质疏松，无法修复。

罐2件。

M5：45　泥质灰陶，口部残。溜肩，鼓腹，大平底，肩部有一对长贯耳。底径8.7厘米（图三一七）。

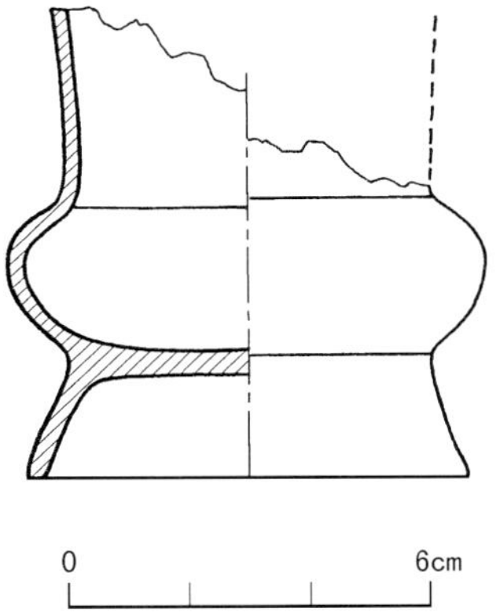

图三一六　陶贯耳壶（M5：24）

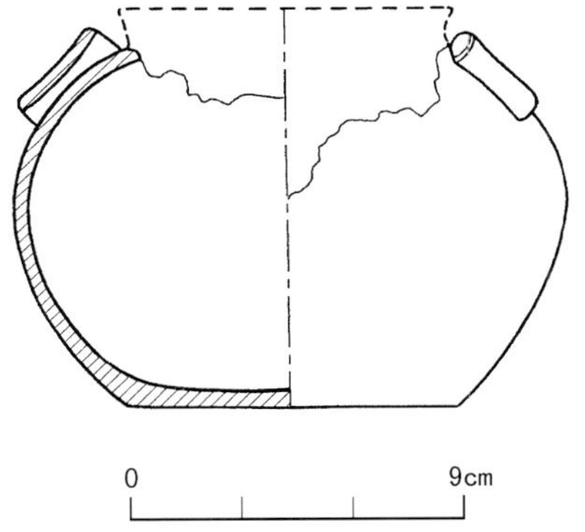

图三一七　陶贯耳罐（M5：45）

M5：11　泥质灰陶，残。鼓腹，大平底。陶质疏松，无法修复。

盘　1件。

M5：54　泥质灰陶，残。深腹，大圈足。陶质疏松，无法修复。

鬶　1件。

M5：52　泥质灰陶，残件。有盖，盖面微鼓，圆饼形捉手，高领，矮流，扁球腹，腹部有一宽把，三圆柱足（图三一八）。

图三一八　陶三足鬶（M5：52）

玉器　27件（组）。

片状饰　1组。

M5：2　青玉，大多玉质疏松，玉色受沁泛白，侵蚀严重呈石灰状，极易破碎，少量玉质坚硬，玉色泛黄，大多不透明，玉质较好者微透明，原通体抛光，受沁后表面粗疏。完整或基本完整的17片（破碎者未统计），既有玉质，亦有绿松石。按器形可分为圆形、长圆形和方形。

圆形片状绿松石饰　12件。

M5：2-2　片状，圆形或近似圆形，一面平，一面微弧。径0.4～1.3、厚0.2～0.3厘米（图三一九A，图三二〇）。

长圆形与圆形片状玉饰　2件。

M5：2-1　长圆形1件，片状，长方形，两端呈半圆形，背面平，正面微弧。长1.0，宽0.6，厚0.2厘米。圆形1件，背面平，正面微弧。径1.4、厚0.3厘米（图三一九B，图三二〇）。

长圆形与方形片状绿松石饰　3件。

M5：2-3　长圆形2件，片状，色泽深蓝，器形同长圆形玉饰。长1.0～1.1、宽0.5～0.6、厚0.2～0.3厘米。方形1件，片状，色泽深蓝，正方形，一面平，一面微弧。长、宽各1.0，厚0.2厘米（图三一九C，图三二〇）。

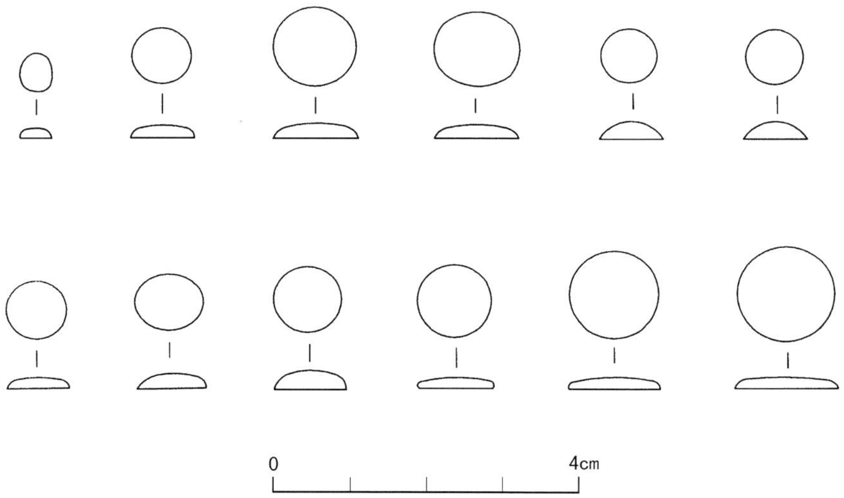

图三一九A　圆形片状绿松石饰（M5：2-2）

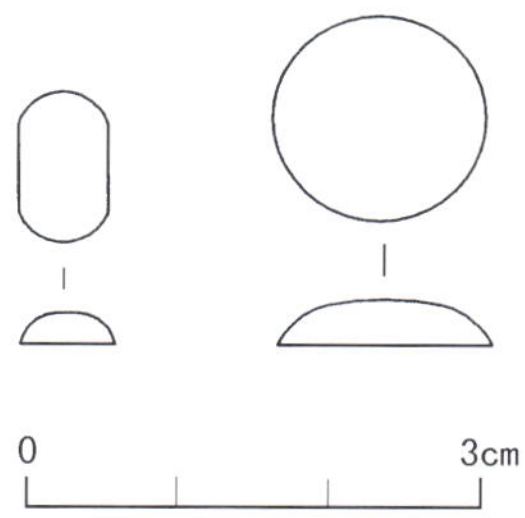

图三一九B　圆形与长圆形片状玉饰（M5：2-1）

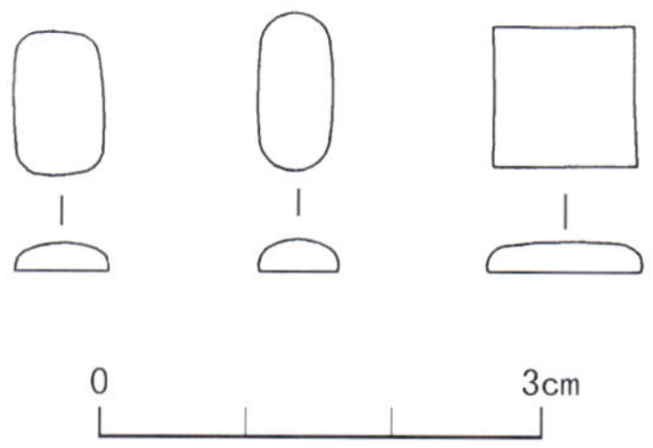

图三一九C　长圆形与方形片状绿松石饰（M5：2-3）

图三二〇　片状绿松石饰与片状玉饰（M5：2）

项饰　1串。

M5：1　青玉，大多玉质疏松，玉色受沁泛白，侵蚀严重呈石灰状，极易破碎，少量玉质坚硬，玉色泛黄，大多不透明，玉质较好者微透明，原通体抛光，受沁后表面粗疏。完整、基本完整和可复原者66件（破碎者未统计）。按器形可分为双亚腰形、球形、圆珠形、鼓形和管形（图版二一，1）。

双亚腰形　2件。

M5：1-1　大小相同，造型一致，矮管形，截面呈圆形，上下缘及中部向外凸起呈凸脊，凸脊与凸脊之间弧形内凹呈双亚腰形，一孔上下贯穿，孔为两门对钻，通体抛光。径1.2、高0.8厘米（图三二一A，图三二二）。

球形　3件。

M5：1-2　圆球形，上有两个斜向贯穿的小孔，孔为单面钻，通体抛光。径0.7～1.5厘米（图三二一B，图三二二）。

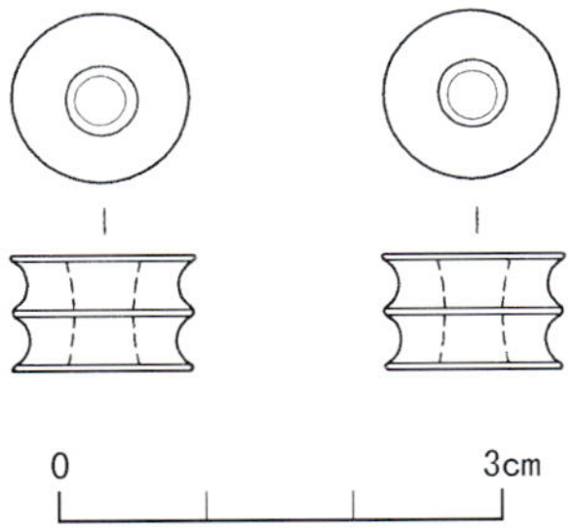

图三二一A　双亚腰形玉项饰（M5：1—1）

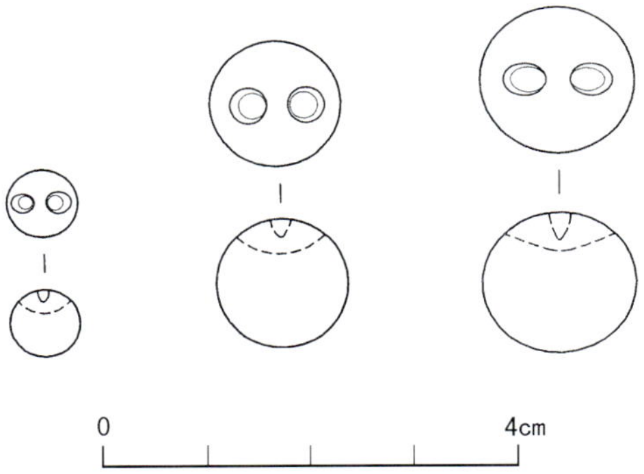

图三二一B　球形玉项饰（M5：1—2）

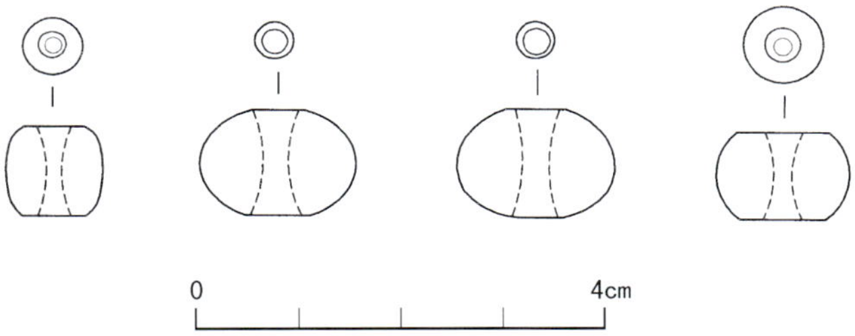

图三二一C　圆珠形玉项饰（M5：1—3）

圆珠形　4件。

M5：1—3　圆珠形，一孔上下贯穿，孔为两面对钻，通体抛光。径0.9～1.6、高0.9～1.1厘米（图三二一C，图三二二）。

鼓形与管形　57件。

M5：1—4　鼓形56件，上下径相同，中部圆鼓，一孔上下贯穿，孔既有单面钻，也有双面对钻。径0.6～1.3、高0.6～1.7厘米。管形1件，直管形，一孔上下贯穿，孔为单面钻，通体抛光。径1.1、高2.3厘米（图三二一D，图三二二）。

图三二二　玉项饰（M5：1）

图三二一D　鼓形与管形玉项饰（M5：1—4）

坠　2件。坠应为项饰的组成部分，因其器形有别于珠、管，故单独编号。

M5：20　青玉，间有绿色花斑，玉质细腻，受沁呈鸡骨白，玉色青黄，不透明。上端呈半圆形，有一穿，穿为单面钻孔。坠近似圆柱形，中部圆弧，截面呈椭圆形，下端内收成尖锥形，通体抛光，表面光滑。通高5.8、最大径0.6厘米（图三二三，图三二四）。

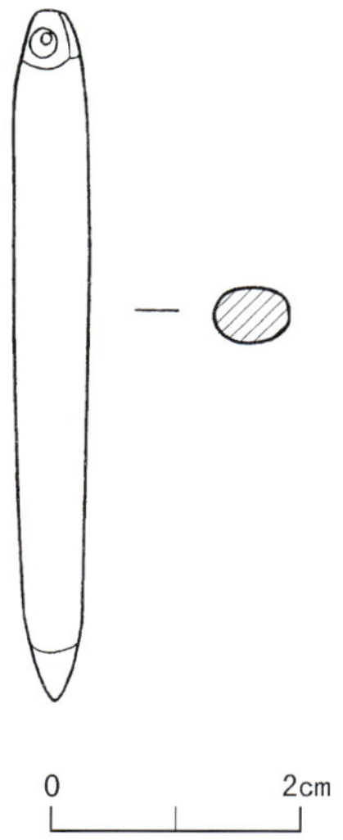

图三二三　玉坠（M5：20）

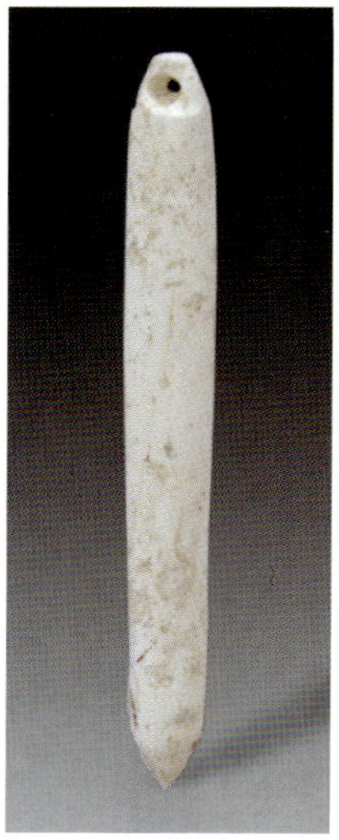
图三二四　玉坠（M5：20）

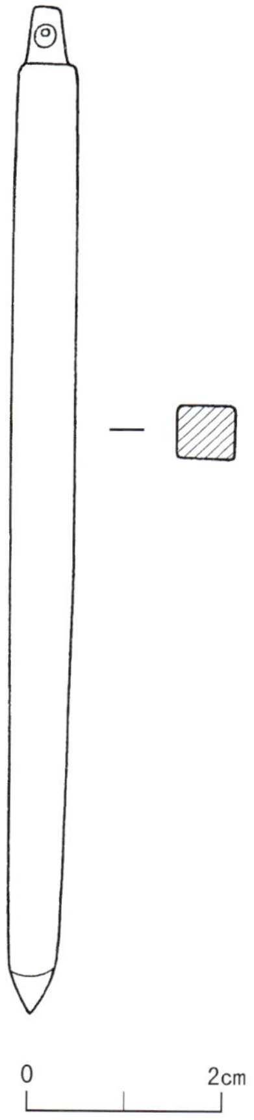

图三二五　玉坠（M5：10）

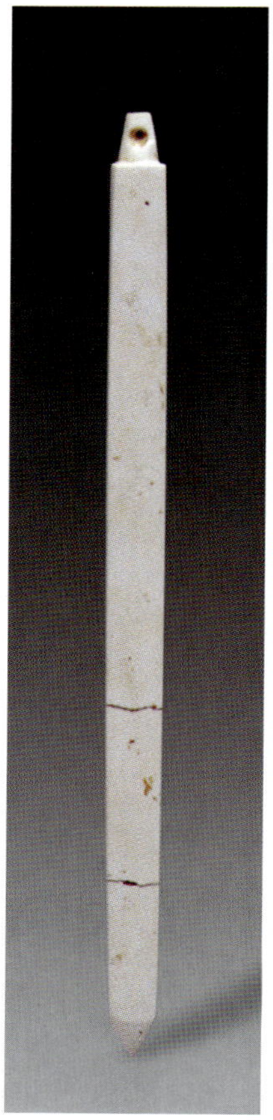
图三二六　玉坠（M5：10）

M5：10　青玉，玉质细腻，受沁呈鸡骨白，玉色微泛黄，不透明。上端呈圆台形，有一穿，穿为单面钻孔。坠为方柱形，中部微弧，截面呈正方形，下端内收成圆锥形，通体抛光，表面光滑。通高10.6、最宽0.6厘米（图三二五，图三二六）。

耳珰　2件。

M5：22　青玉，受沁呈鸡骨白，玉质细腻，玉色微泛黄，不透明。上下端为圆形，上端呈喇叭口外侈，中部内收，下部向外平折。一大孔上下贯穿，内外打磨，通体抛光。上径4.0、下径2.5、孔上径3.0、孔下径1.8、高1.0厘米（图三二七，1；图三二八；图版二一，2）。

M5：23　青玉，受沁呈鸡骨白，间有黄绿色花斑，玉质细腻，玉色微泛黄，不透明。器形与M5：22相同，直径略大。上径4.2、下径3.4、孔上径3.1、孔下径1.9、高1.0厘米（图三二七，2；图三二八；图版二一，2）。

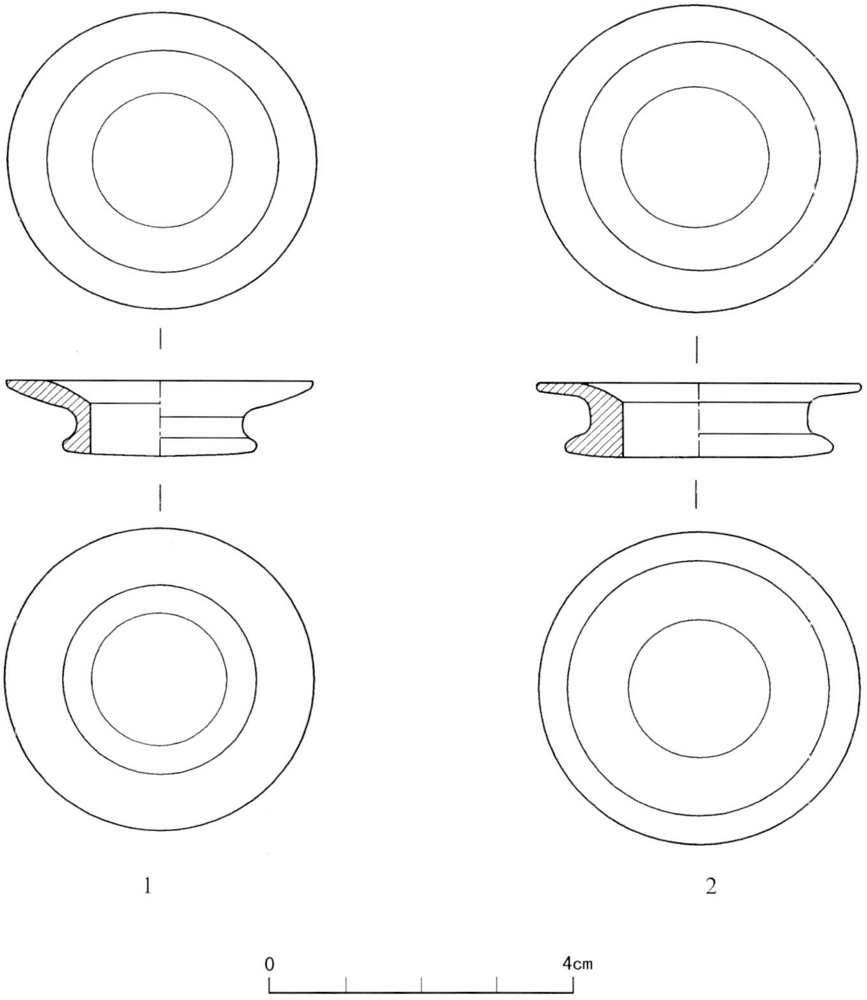

图三二七　玉耳珰

1.M5：22　2.M5：23

图三二八　玉耳珰（M5：22、M5：23）

图三二九　玉镯（M5：15）

镯　2件。

M5：15　青玉，玉质疏松，受沁严重，完全白化，玉色发白，不透明。圆箍状，上下径较大，中部向内弧。原通体抛光，受沁后表面粗疏。外径7.0、内径6.2、高3.0、厚0.4厘米（图三二九，图三三〇）。

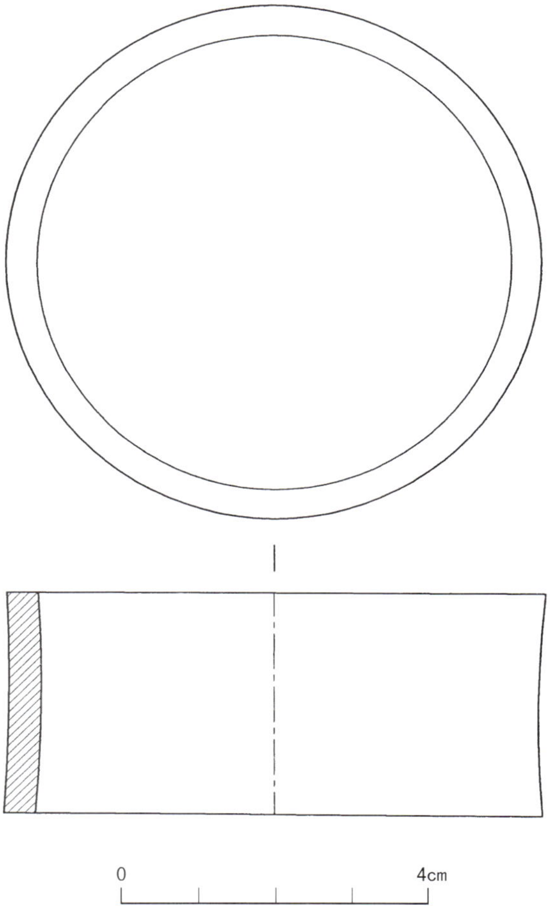

图三三〇　玉镯（M5：15）

M5：30　青玉，玉质疏松，受沁严重，完全白化，玉色泛黄，局部褐色，不透明。圆箍状，上、下径较大，中部向内弧，原通体抛光，受沁后表面粗疏。外径7.6、内径6.4、高2.8、厚0.6厘米（图三三一）。

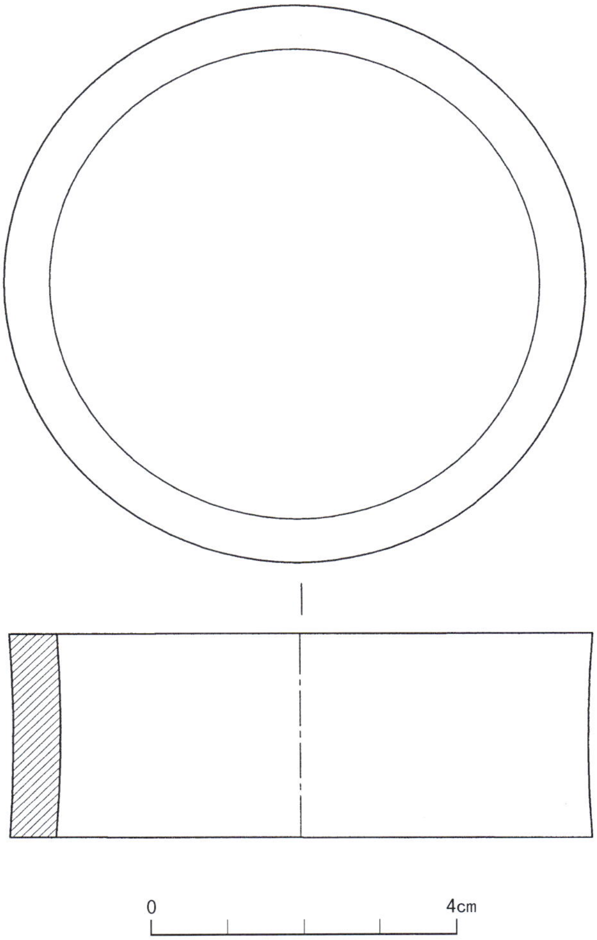

图三三一　玉镯（M5：30）

台形饰　1件。

M5：37　青玉，玉质疏松，受沁严重，完全白化，玉色泛白，不透明。圆台形，上部微鼓，表面较粗疏。上径2.7、下径3.1、高2.7厘米（图三三二，图三三三）。

图三三二　台形玉饰（M5：37）

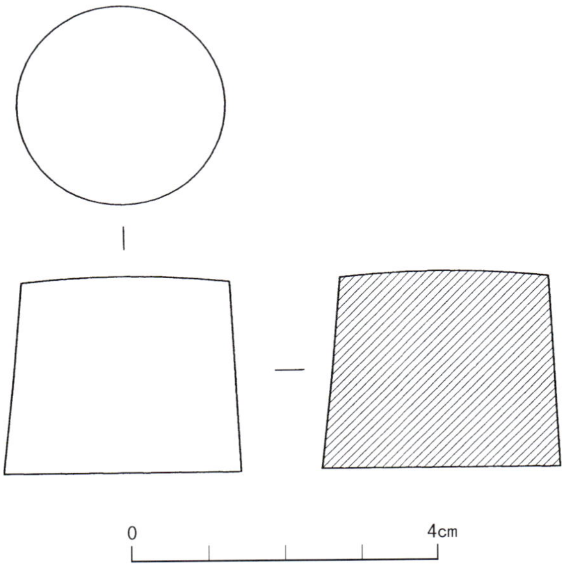

图三三三　台形玉饰（M5：37）

挂饰　1件。

M5：34　青玉，间有绿色和浅黄色花斑，玉质细腻，玉色泛青，微透明。上部较细，呈弧顶圆锥形，中部外弧，有一凹槽，下部外撇，下端圆鼓。通体抛光，表面光滑。底径1.5、最大径1.6、高4.8厘米（图三三四，图三三五）。

梳背　1件。

M5：18　青白玉，玉质疏松，受沁严重，基本白化，玉色微泛黄，不透明。弧边倒梯形，上边平，下边微向外弧，两侧向内弧，下边打磨成凹面，上有2个两面对钻的小孔，原通体抛光。上边宽6.5、下边宽4.2、高4.1、厚0.5厘米（图三三六，图三三七；图版二二，1、2）。

有槽片状饰　3件。

M5：21　2件。青玉，玉质疏松，受沁严重，完全白化，玉色泛黄，不透明。片状，器形相同，呈不规则“凸”字形，一侧有一插槽，原通体抛光，受沁后表面较粗疏。M5：21-1，通宽1.7、通高2.4、槽宽1.2、槽深0.4、厚0.5厘米（图三三八，图三三九，1）。M5：21-2，通宽2.0、通高2.3、槽宽1.2、槽深0.5、厚0.5厘米（图三三八，图三三九，2；图版二二，3、5）。

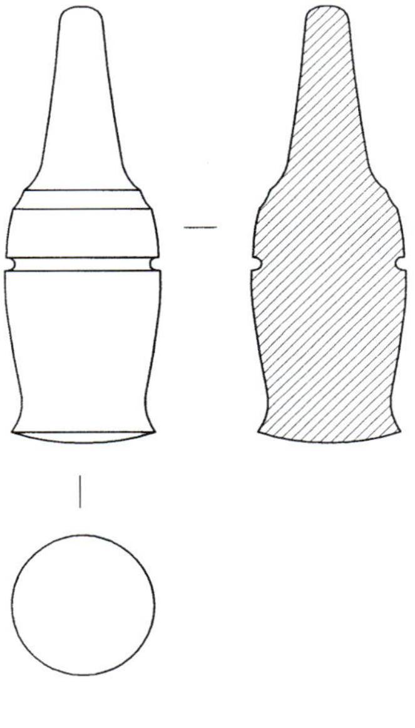

图三三四　葫芦形玉挂饰（M5：34）

图三三五　葫芦形玉挂饰（M5：34）

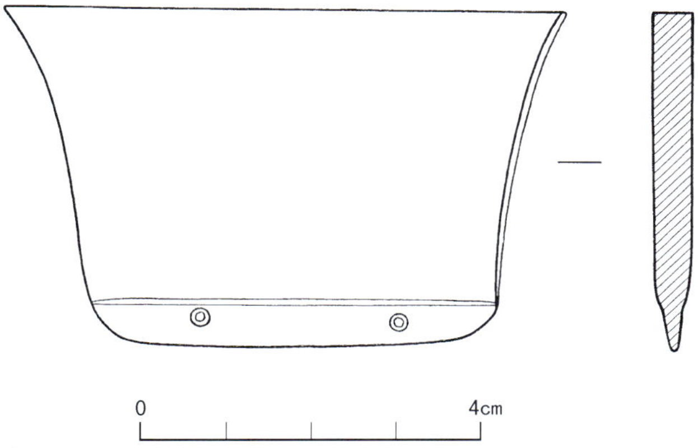

图三三六　玉梳背（M5：18）

图三三七　玉梳背（M5：18）

M5：19　青玉，玉质较疏松，玉色泛黄，不透明。片状，呈不规则“亚”字形，一侧有一插槽，通体抛光。通宽3.2、通高1.8、槽宽1.5、槽深0.2、厚0.5厘米（图三三八，图三三九，3；图版二二，4、5）。

图三三八　有槽片状玉饰

上、M5：19　下2.M5：21

琮　2件。

M5：5　青玉，玉色青黄，间有铁红色和墨绿色花斑，局部受沁，呈条状青白色沁，微透明。方柱形，器形规整，一端大，一端小，小射端略有缺损，中有圆孔，上下射抹角呈圆形，器身以粗凹弦纹为界，分为9节，每节上部饰两组阴刻的细弦纹，中部饰简化的兽面纹，即转折处阴刻对称的圆圈形眼，下部转角处减地成弧端长条形嘴，器身通体抛光，不见切割痕，孔内打磨抛光，有台痕。射上径7.2、下径6.7厘米，孔上径5.4、下径5.4厘米，高23.9厘米（图三四〇，图三四一；图版二三）。

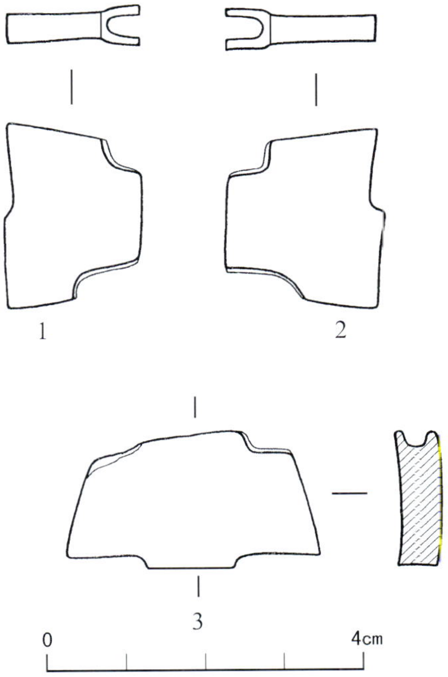

图三三九　有槽片状玉饰

1.M5：21-1　2. M5：21-2　3.M5：19

M5：3　青玉，玉色深绿近似碧玉，间有深绿色和黄褐色花斑，局部受沁，呈条状青白色沁，微透明。方柱形，器形规整，上下射端略有缺损，一端大，一端小，中有圆孔，上下射抹角呈圆形，器身以粗凹弦纹为界，分为11节，每节上部饰两组阴刻的细弦纹，中部饰简化的兽面纹，即转折处阴刻对称的圆圈形眼，下部转角处减地成弧端长条形嘴，器身通体抛光，一面留有未打磨尽的弧线切割痕，孔内打磨抛光，有台痕。射上径7.8、下径6.9，孔上径5.5、下径5.2，高29.3厘米（图三四二，图三四三；图版二四）。

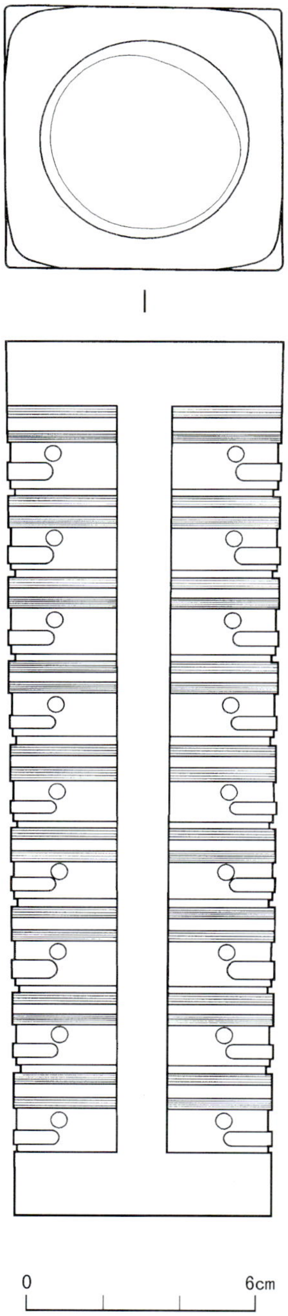

图三四〇　玉琮（M5：5）

图三四一　玉琮（M5：5）

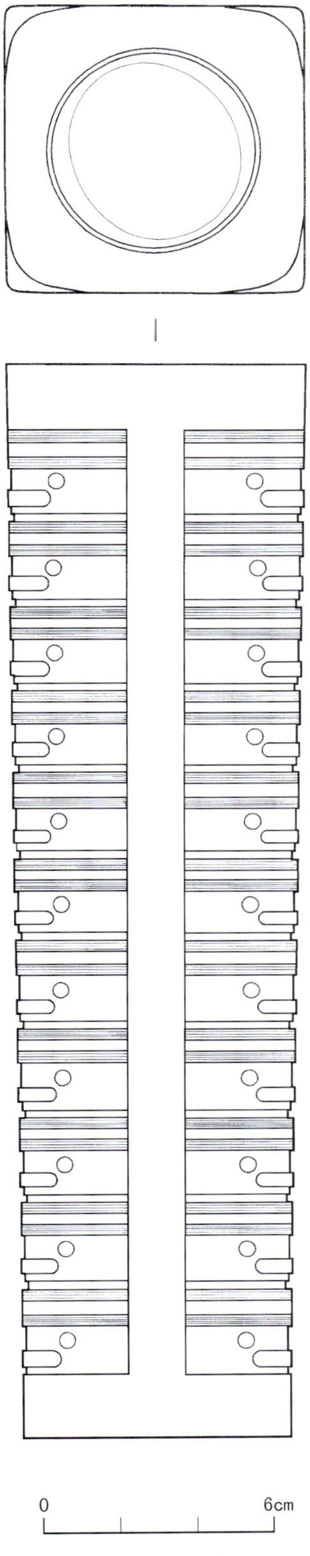

图三四二　玉琮（M5：3）

图三四三　玉琮（M5：3）

图三四四　玉璧（M5：35）

璧　9件（图版三九）。

M5：35　青玉，玉色青绿，玉质晶莹，间有深绿色花斑，沁色呈青白色，微透明。圆形，边缘略有缺损，器形扁平、规整，素面，中有一圆孔，孔为两面对钻，孔内有管钻痕，经打磨仅留有台痕。通体抛光，器表光滑，两面均留有未打磨尽的弧线切割痕。肉径20.0、好外径4.3、好内径4.0、厚1.0厘米（图三四四，图三四五；图版二五）。

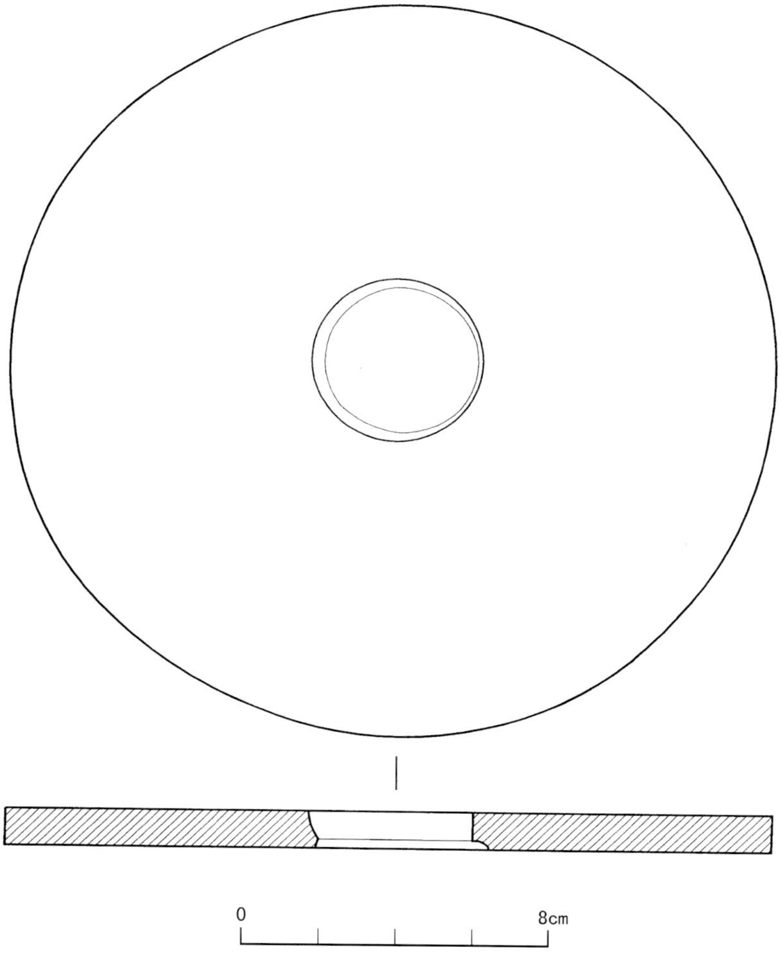

图三四五　玉璧（M5：35）

M5：32　青玉，玉色青绿，玉质晶莹，间有块状墨绿色花斑，沁色呈青白色，微透明。圆形，边缘略有缺损，器形扁平、规整，形体较大，素面，中有一圆孔，孔为两面对钻，孔内有未打磨尽的管钻痕和台痕，通体抛光，器表光滑，两面均留有未打磨尽的弧线切割痕。肉径20.7~21.8、好外径4.1、好内径3.5、厚1.0~1.2厘米（图三四六，图三四七；图版二六）。

图三四六　玉璧（M5：32）

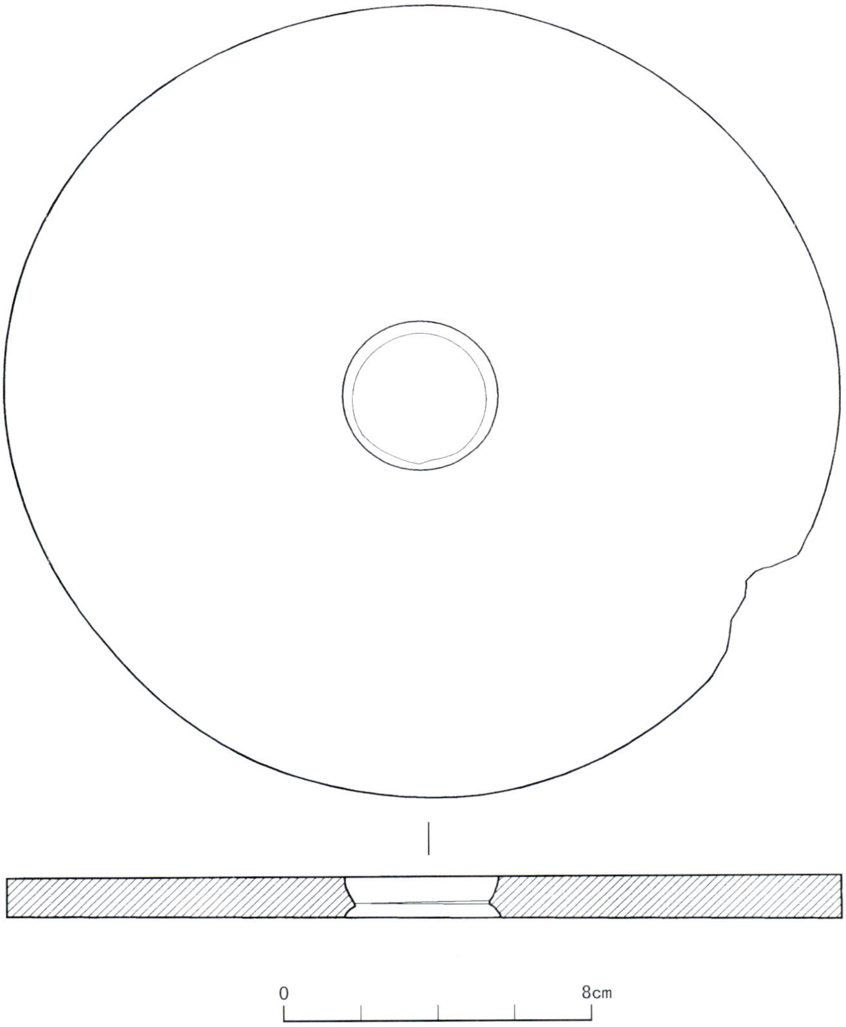

图三四七　玉璧（M5：32）

图三四八　玉璧（M5：36）

M5：36　青玉，玉色青绿，玉质晶莹，间有墨绿色花斑和褐色斑点，沁呈青白色，微透明。圆形，边缘略有缺损，器形扁平、规整，形体厚重，素面，中有一圆孔，孔为两面对钻，孔内有管钻痕和台痕，通体抛光，器表光滑，一面有未打磨尽的弧线切割痕。肉径22.2～22.3、好外径4.7、好内径3.8～4.1、厚1.5厘米（图三四八，图三四九；图版二七）。

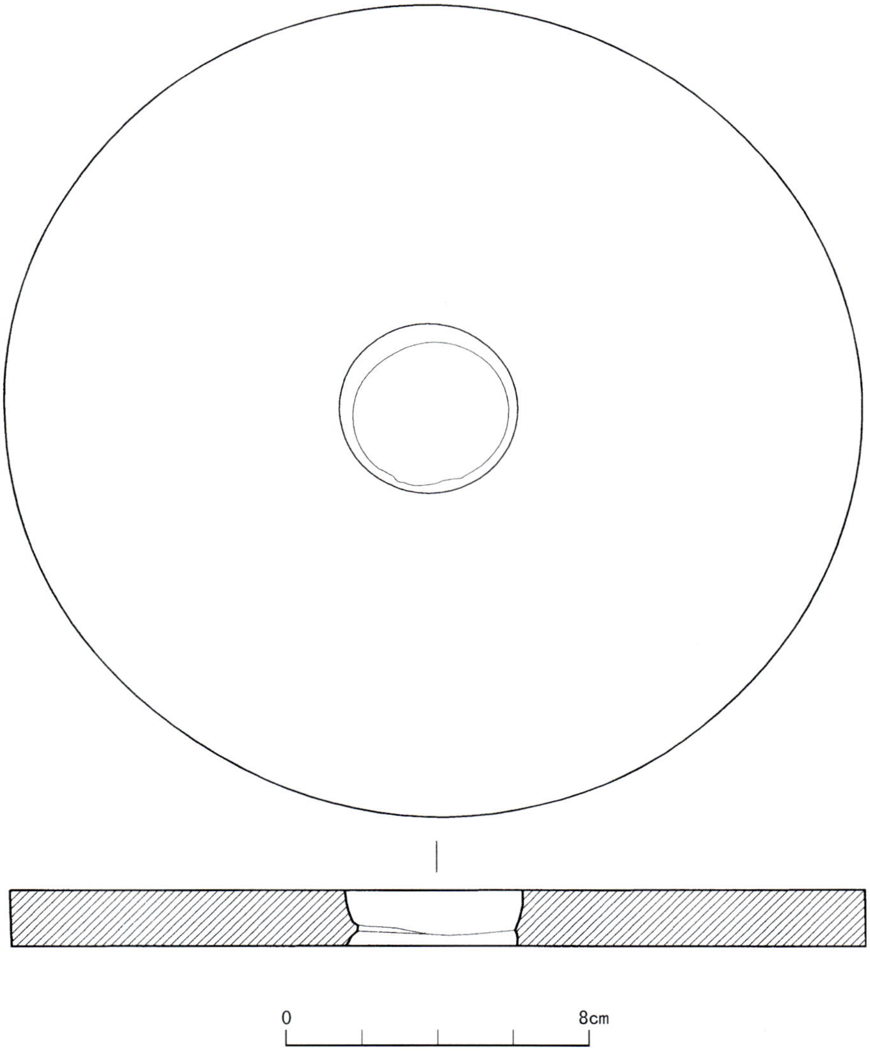

图三四九　玉璧（M5：36）

M5：33　青玉，玉色青绿，玉质晶莹，间有块状墨绿色和铁红色花斑，沁色呈青白色条状，微透明。圆形，边缘略有缺损，器形扁平、规整，形体较大，素面，中有一圆孔，孔为两面对钻，孔内留有未打磨尽的管钻痕和台痕，通体抛光，器表光滑。肉径22.0～22.3、好外径4.5、好内径3.9、厚0.9厘米（图三五〇，图三五一；图版二八）。

图三五〇　玉璧（M5：33）

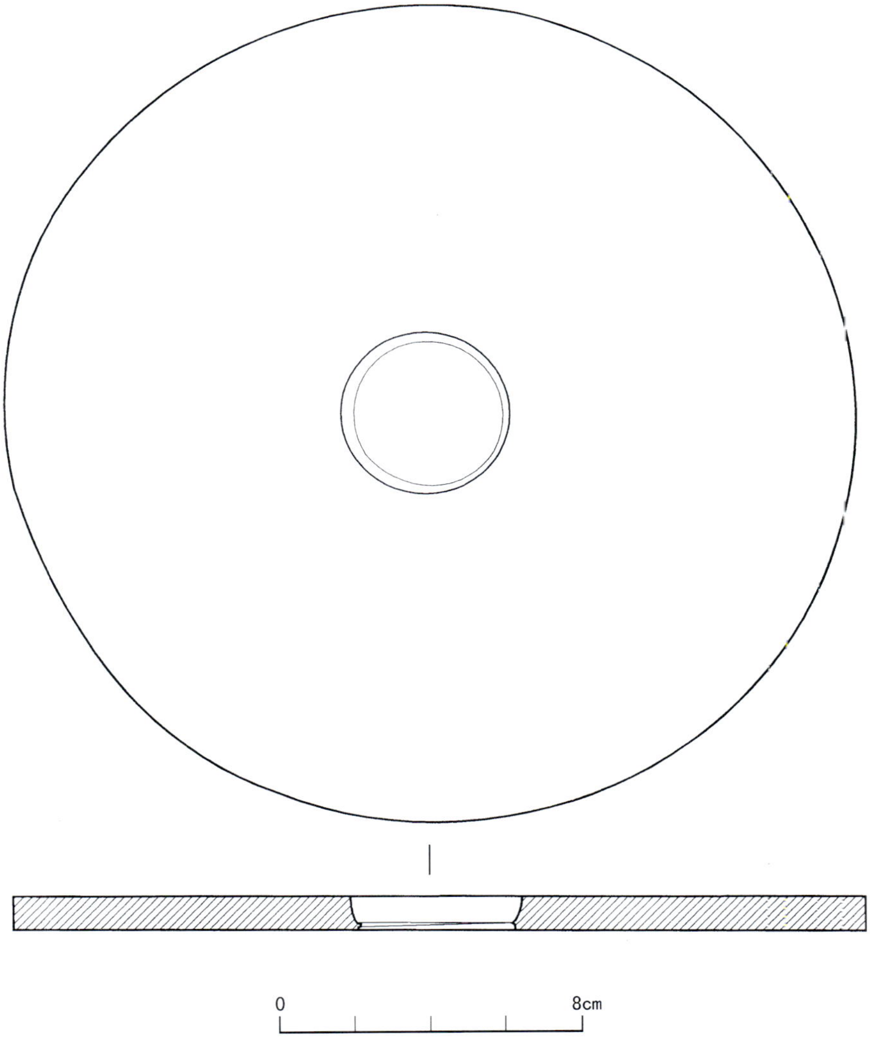

图三五一　玉璧（M5：33）

图三五二　玉璧（M5：27）

M5：27　青玉，玉色青绿，玉质晶莹，间有墨绿色花斑，沁色青白色呈条状，微透明。圆形，器形扁平、规整，形体硕大，边缘略向内弧，素面，中有一圆孔，孔为两面对钻，孔内有未打磨尽的管钻痕和台痕，通体抛光，器表光滑，两面均留有未打磨尽的弧线切割痕。肉径23.2～23.5、好外径5.4、好内径4.9、厚1.3厘米（图三五二，图三五三；图版二九，图版三〇）。

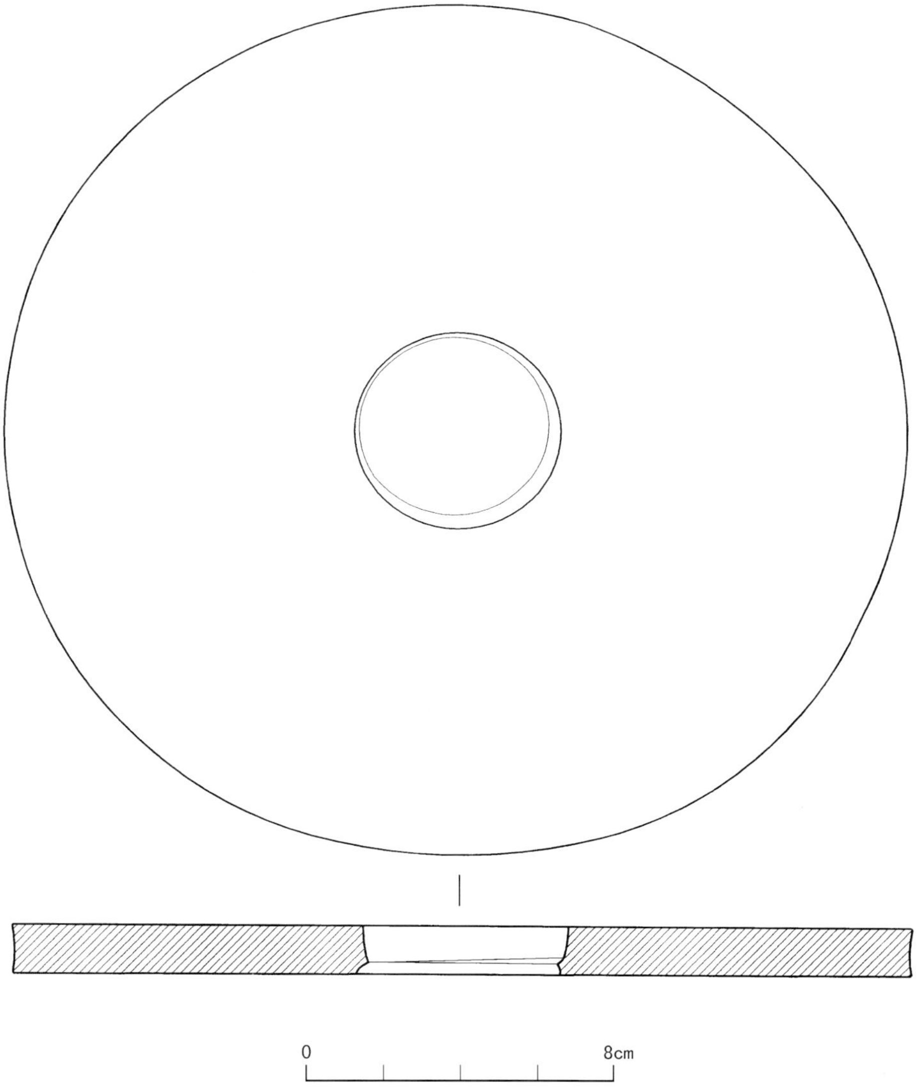

图三五三　玉璧（M5：27）

M5：31　青玉，玉色青绿，玉质晶莹，间有块状墨绿色和黄褐色花斑，沁色呈青白色条状，微透明。圆形，边缘略有缺损，器形扁平、规整，形体硕大，素面，中有一圆孔，孔为两面对钻，孔内留有未打磨尽的管钻痕和台痕，通体抛光，器表光滑，两面均留有未打磨尽的弧线切割痕。肉径23.2～23.5、好外径4.0、好内径3.6、厚1.0厘米（图三五四，图三五五；图版三一，图版三二）。

图三五四　玉璧（M5：31）

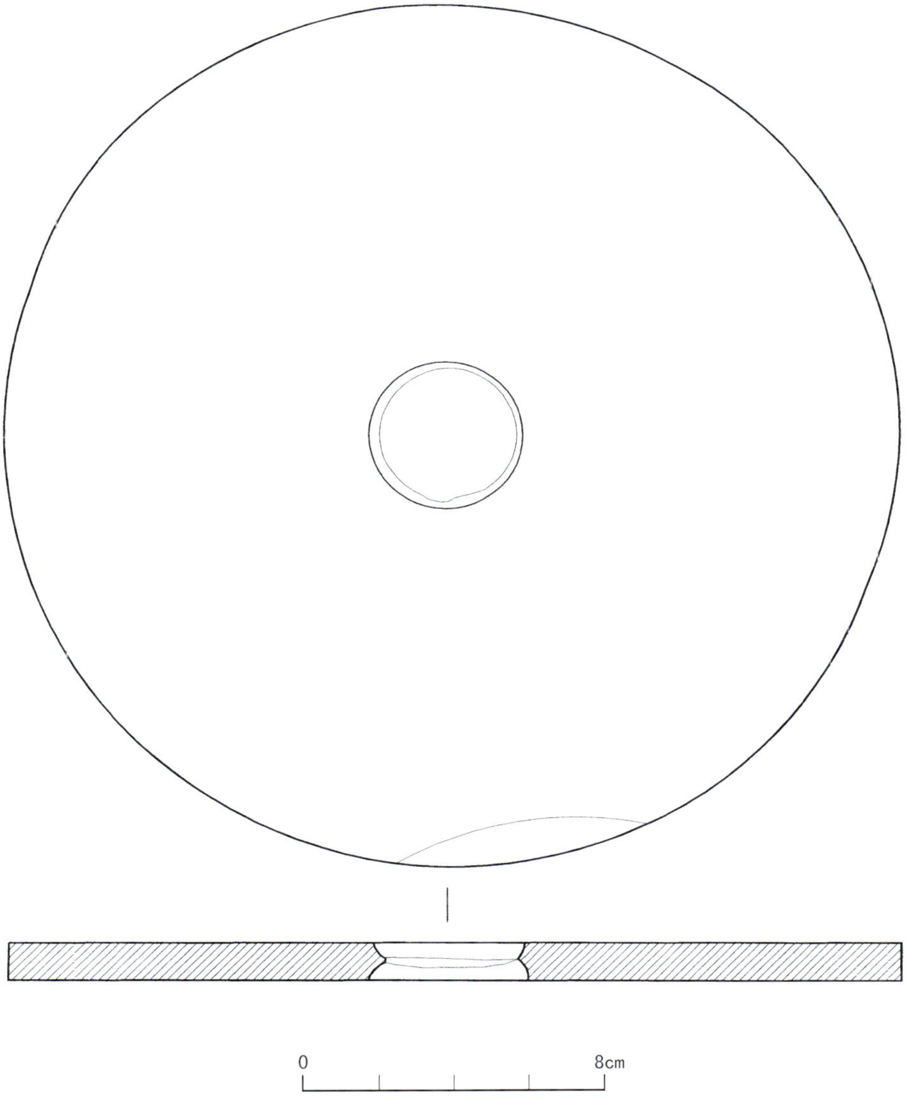

图三五五　玉璧（M5：31）

图三五六　玉璧（M5：29）

M5：29　青玉，玉色青绿，玉质晶莹，间有块状墨绿色和黄褐色花斑，沁色呈青白色条状，边缘微透明。圆形，边缘略有缺损，器形扁平、规整，形体硕大，素面，中有一圆孔，孔为两面对钻，孔内有管钻痕和台痕，通体抛光，器表光滑，一面均留有未打磨尽的弧线切割痕。肉径24.3～24.6、好外径4.6、好内径4.1～4.2、厚1.1厘米（图三五六，图三五七；图版三三，图版三四）。

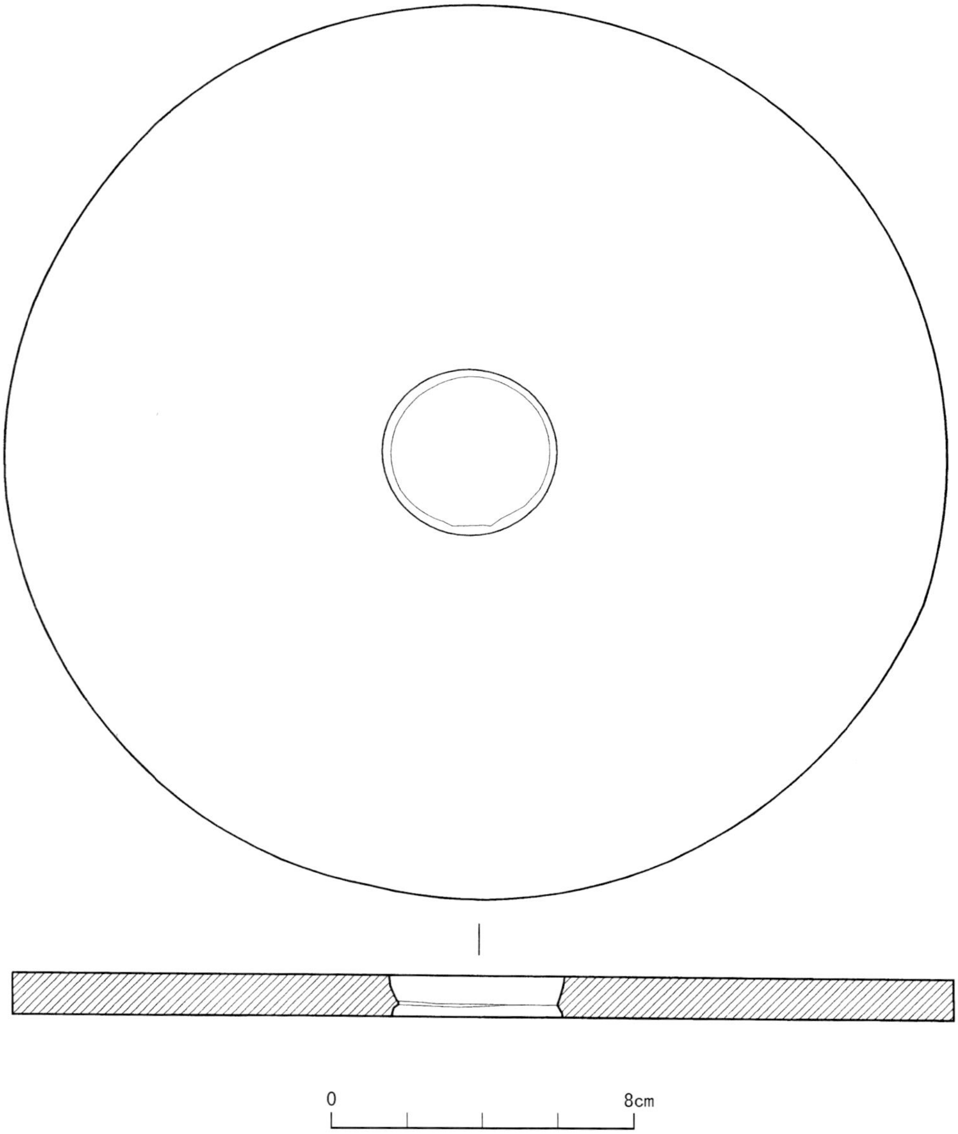

图三五七　玉璧（M5：29）

M5：25　青玉，玉色青绿，玉质晶莹，间有墨绿色花斑，条状青白色沁，微透明。圆形，边缘略有缺损，器形扁平、规整，形体硕大厚重，素面，中有一圆孔，孔为两面对钻，孔内有管钻痕和台痕，通体抛光，器表光滑。肉径26.1～26.4、好外径4.2、好内径3.4、厚1.5厘米（图三五八，图三五九；图版三五，图版三六）。

图三五八　玉璧（M5：25）

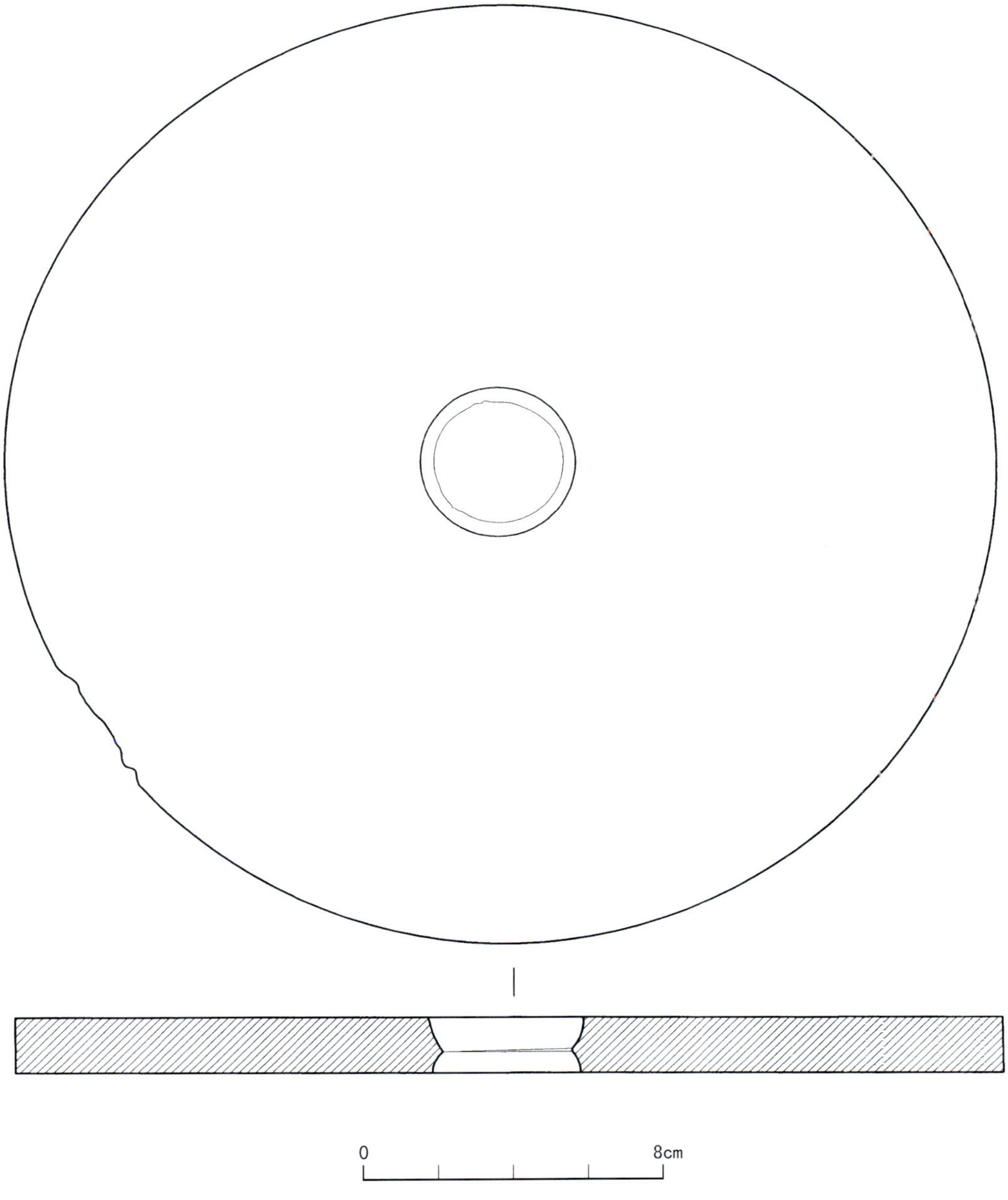

图三五九　玉璧（M5：25）

图三六〇　玉璧（M5：28）

M5：28　青玉，玉色青绿，玉质晶莹，间有块状墨绿色花斑，局部受沁，呈条状青白色沁，边缘局部呈铁红色和黄褐色，微透明。圆形，边缘略有缺损，器形扁平、规整，形体硕大，素面，中有一圆孔，孔为两面对钻，孔内有管钻痕和台痕，通体抛光，器表光滑，两面均留有未打磨尽的弧线切割痕。肉径26.4～26.8、好外径3.7、好内径3.2、厚1.2厘米（图三六〇，图三六一；图版三七，图版三八）。

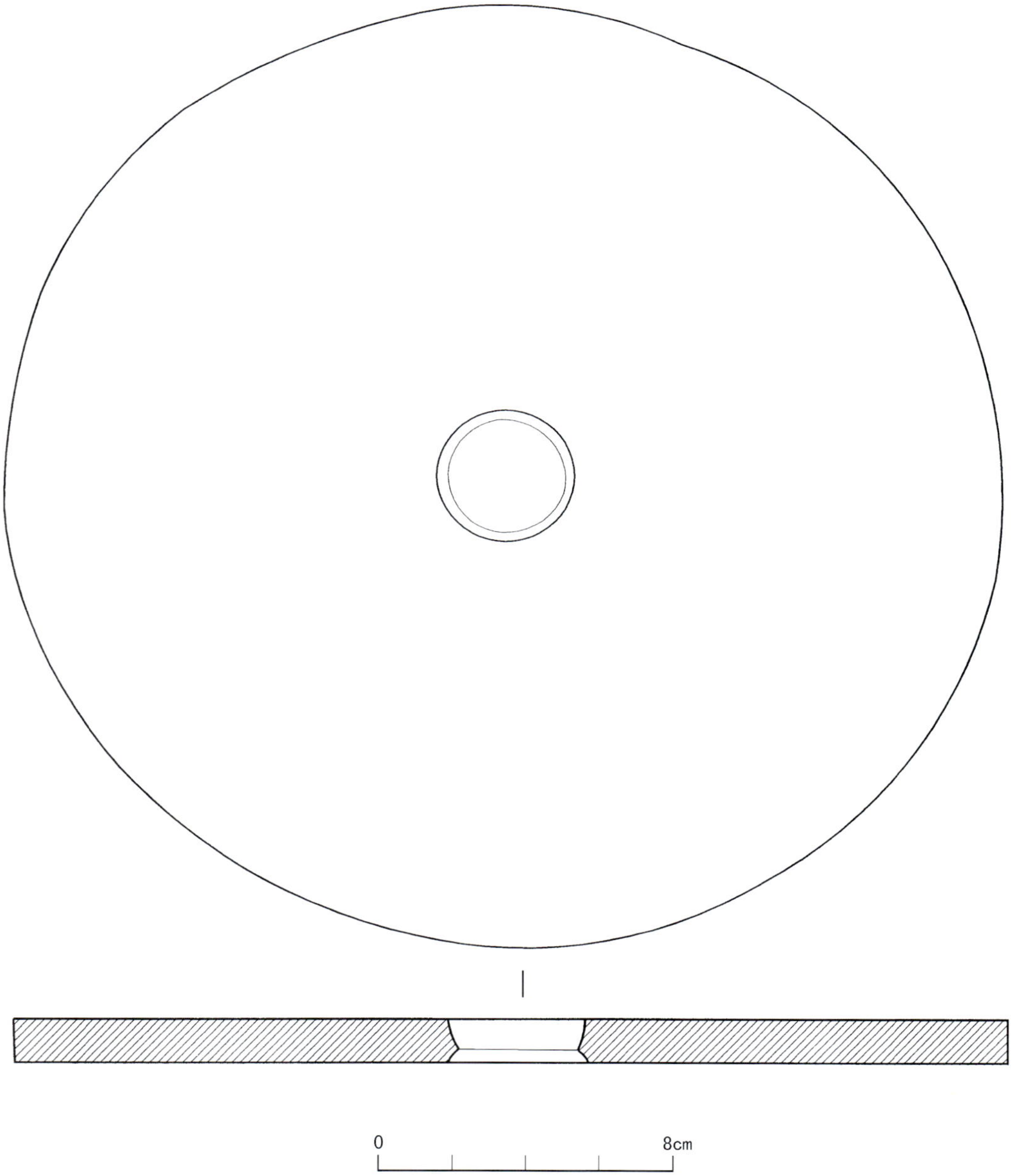

图三六一　玉璧（M5：28）

钺　3件。

M5：13　青玉，玉色泛绿，间有灰白色晶体，微透明。器形上窄下宽，呈“风”字形，弧顶，顶部未经打磨，两面平，两侧斜直，两侧与刃部有明显的转折，双面弧刃，两侧和刃部磨平，中部偏上处有一小圆孔，孔为双面管钻，内有台痕，通体抛光，一面仍留有未打磨尽的切割痕。顶宽9.0、刃宽11.6、高23.6、孔外径1.6、孔内径1.4、厚0.5厘米（图三六二，图三六三；图版四〇，1、2）。

M5：8　青玉，玉色泛绿，间有灰白色沁，沁多呈条状，局部呈块状，微透明。器形上窄下宽，呈“风”字形，顶部斜平，两面微弧，中部厚，两侧稍薄，两侧斜直，两侧与刃部有明显的转折，双面弧刃，两侧和刃部磨平，中部偏上处有一小圆孔，孔为双面管钻，内有台痕，通体抛光，仅在一面的上角留有数道弧线切割的痕迹。顶宽10.2、刃宽14.5、高23.8、孔外径1.7、孔内径1.3～1.4、厚0.6厘米（图三六四，图三六五；图版四〇，3、4）。

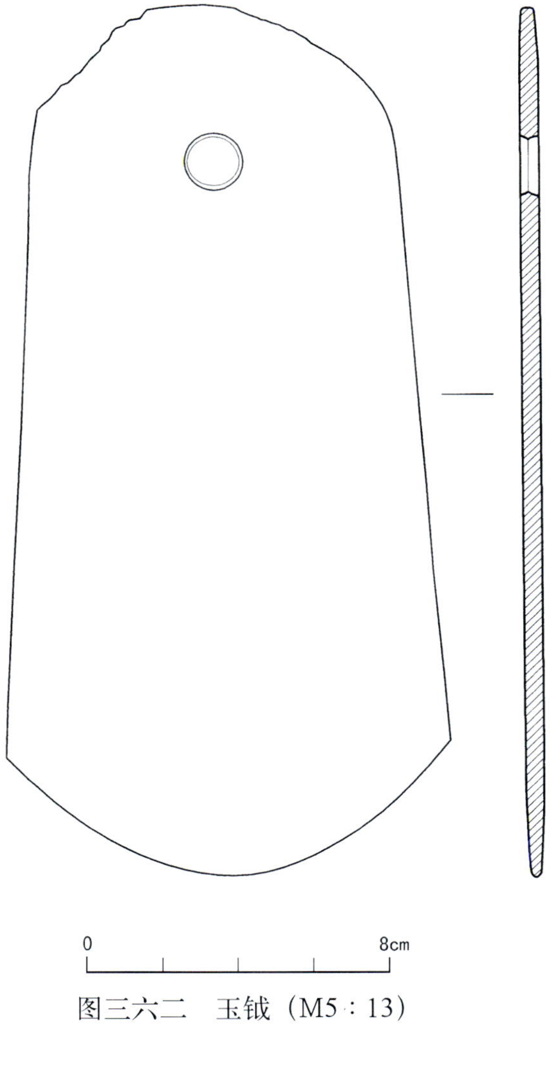

图三六二　玉钺（M5：13）

图三六三　玉钺（M5：13）

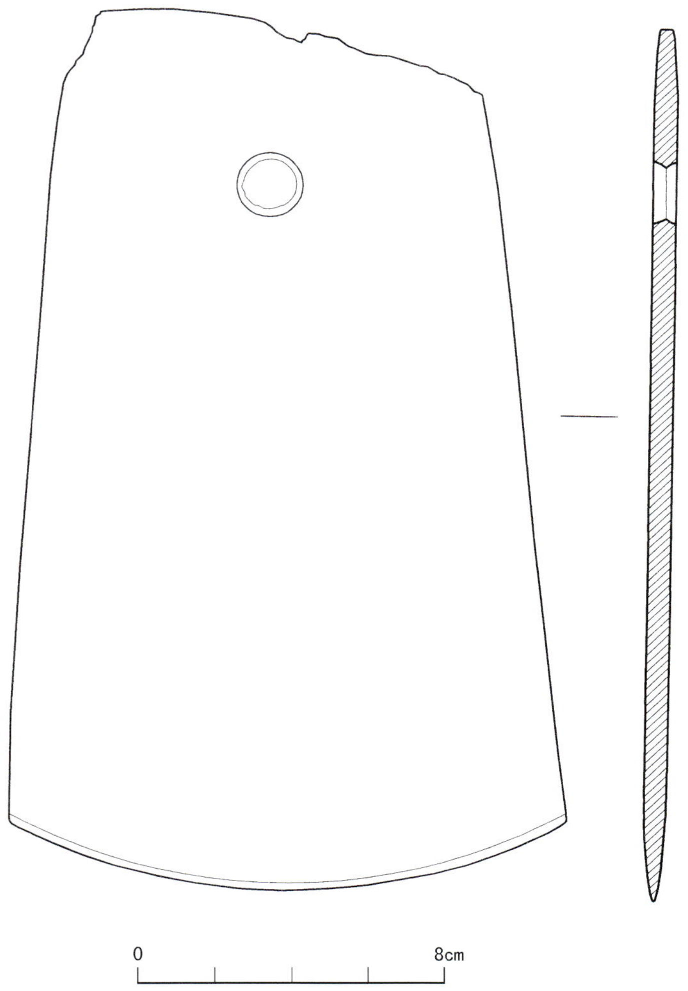

图三六四　玉钺（M5：8）

图三六五　玉钺（M5：8）

图三六六　玉钺（M5：6）

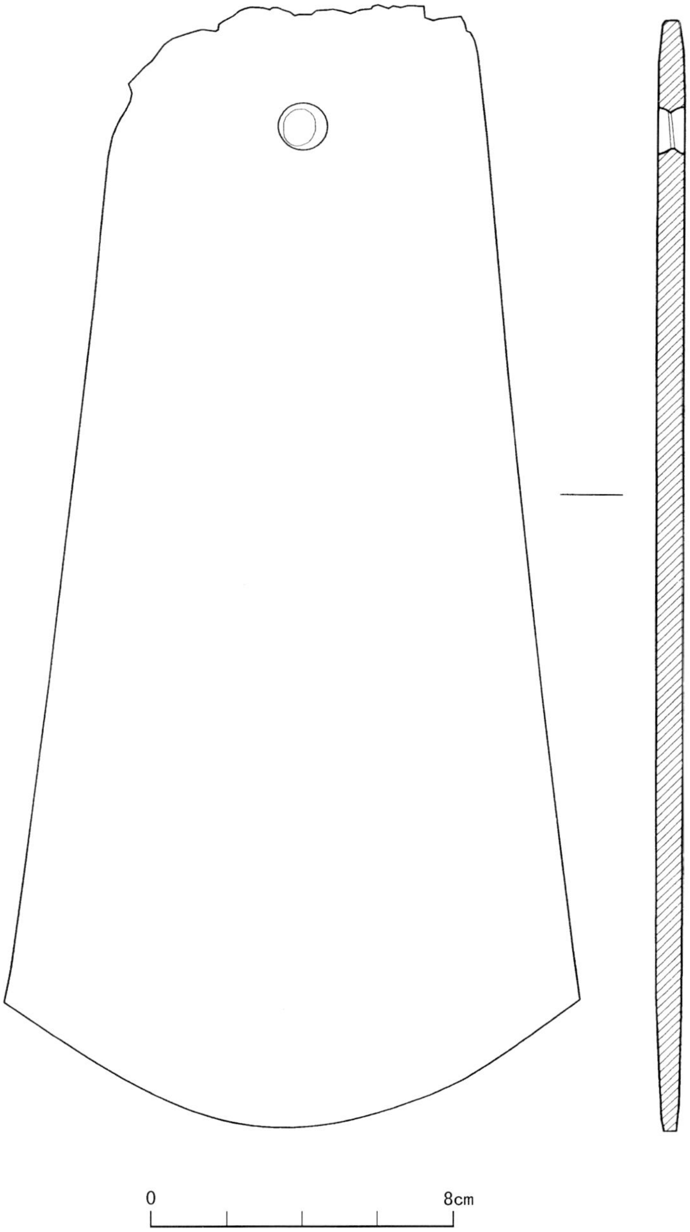

图三六七　玉钺（M5：6）

M5：6　青玉，玉色泛绿，间有灰白色或青黄色沁，一侧边缘呈铁红色，沁呈条状或花斑状，微透明。器形硕大，上窄下宽呈“风”字形，顶部凹凸不平，未经修整，两面微弧，中部厚，两侧稍薄、斜直，两侧与刃部有明显的转折，双面弧刃，刃部磨平，中部偏上处有一小圆孔，孔为双面管钻，内有台痕，通体抛光。顶宽8.4、刃宽15.0、高30.7、孔外径1.3、孔内径0.9～1.0、厚0.7厘米（图三六六，图三六七；图版四一，1、2）。

石器　8件。

锛　1件。

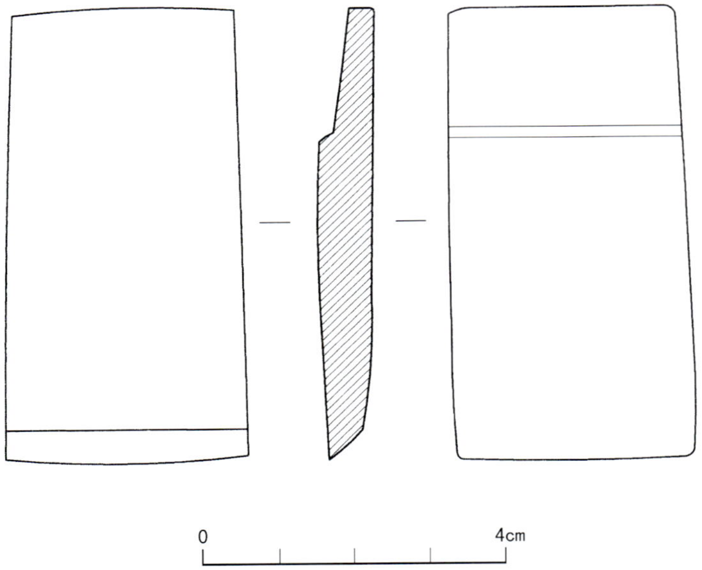

图三六八　石锛（M5：53）

图三六九　石锛（M5：53）

M5：53　浅灰色石料。长方形，薄体，顶部平，有段，两侧平直，单面斜刃，通体抛光。长6.2、宽3.2、厚0.7厘米（图三六八，图三六九）。

斧　3件。

M5：44　浅灰色石料，间有黄色花斑。平顶，两面微弧，两侧斜直，弧刃，中部偏上有一大圆孔，孔为两面管钻，通体抛光。顶宽9.2、刃宽12.2、高15.3、孔外径4.1、孔内径3.6、厚1.0厘米（图三七〇，图三七一）。

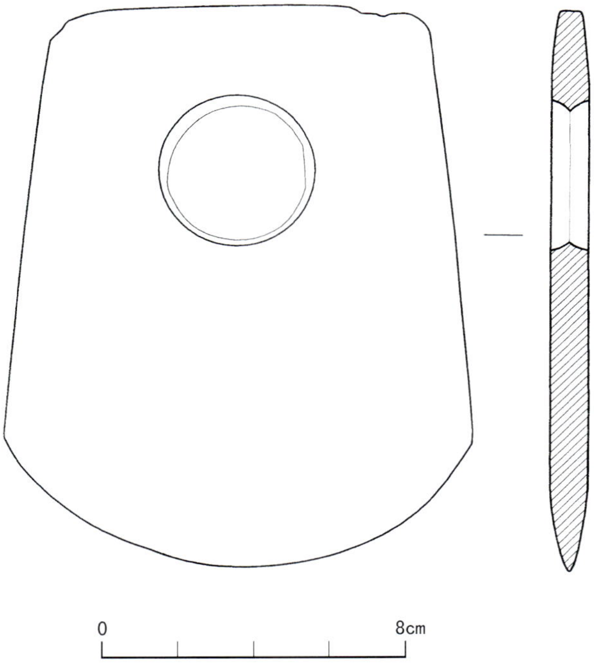

图三七〇　石斧（M5：44）

图三七一　石斧（M5：44）

M5：4　深灰色石料，间有黄色花斑。弧顶，两面微弧，两侧斜直，弧刃，中部偏上有一大圆孔，孔为两面管钻，通体抛光。顶宽5.6、刃宽8.3、高11.6、孔外径3.6、孔内径3.1、厚0.7厘米（图三七二，图三七三）。

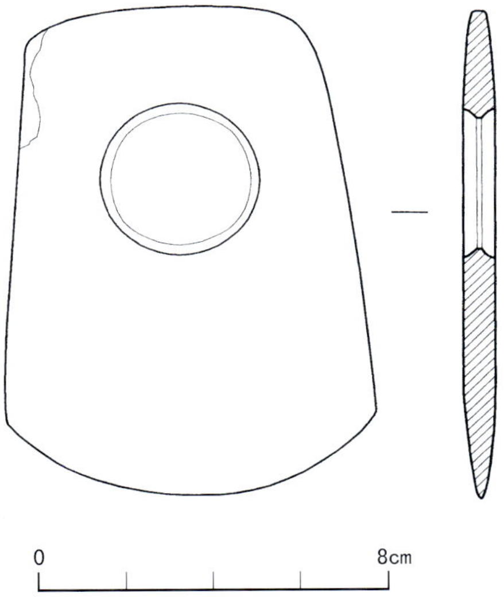

图三七二　石斧（M5：4）

图三七三　石斧（M5：4）

M5：26　浅灰色石料，表面泛黄。上窄下宽，平顶，两面微弧，两侧斜直，双面弧刃，两侧与刃部有明显的转折，中部偏上处有一孔，孔为双面管钻，通体磨光。顶宽4.8、刃宽7.0、高14.1、孔外径1.6、孔内径1.2～1.3、厚1.0厘米（图三七四，图三七五）。

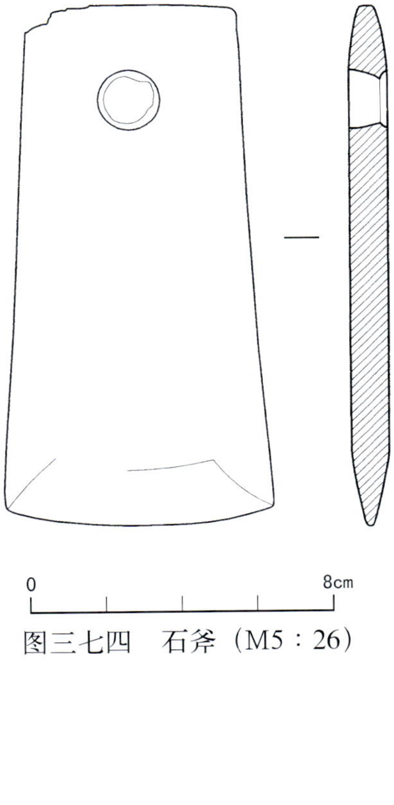

图三七四　石斧（M5：26）

图三七五　石斧（M5：26）

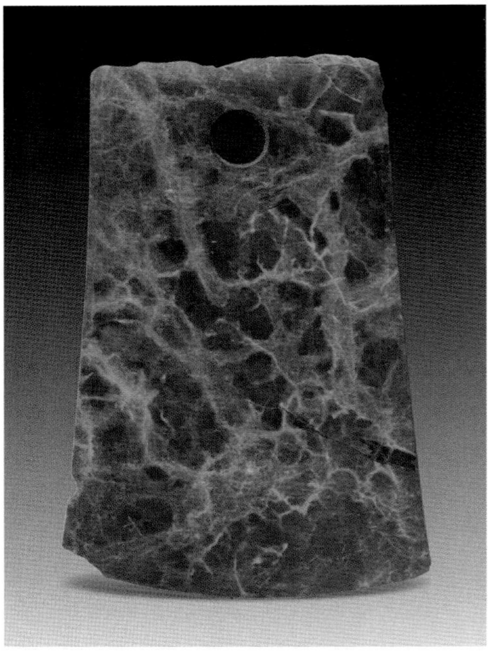

图三七六　石钺（M5：7）

钺　4件。

M5：7　黑色石料，间有浅灰色花斑。上窄下宽呈“风”字形，平顶，顶部未经打磨，两面平，两侧斜直，双面弧刃，两侧与刃部有明显的转折，中部偏上处有一孔，孔为双面管钻，通体磨光。顶宽11.9、刃宽15.9、高23.6、孔外径2.4、孔内径2.0、厚0.6厘米（图三七六，图三七七）。

M5：14　黑色石料，间有浅灰色花斑。上窄下宽呈“风”字形，弧顶，两面平，两侧斜直，双面弧刃，两侧与刃部有明显的转折，中部偏上处有一孔，孔为单面管钻，通体磨光。顶宽10.8、刃宽13.4、高18.9、孔外径1.8、孔内径1.4～1.5、厚

图三七七　石钺（M5：7）

1.0厘米（图三七八，图三七九）。

M5：16　深灰色石料，间有浅灰色花斑。上窄下宽呈“风”字形，弧顶，两面平，两侧斜直，双面弧刃，刃部平，两侧与刃部有明显的转折，中部偏上处有一孔，孔为双面管钻，通体磨光。顶宽12.7、刃宽16.3、高24.2、孔外径4.0、孔内径3.5、厚1.0厘米（图三八〇，图三八一）。

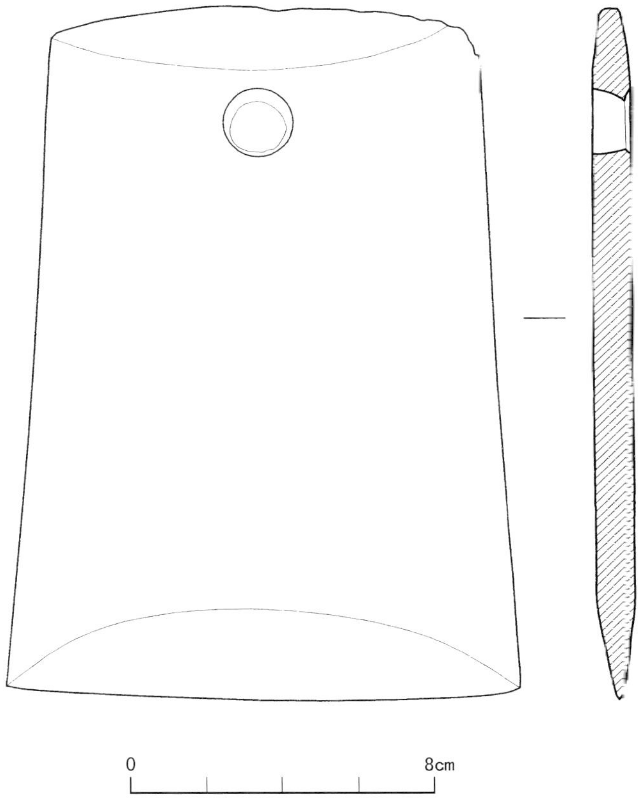

图三七八　石钺（M5：14）

图三七九　石钺（M5：14）

图三八〇　石钺（M5：16）

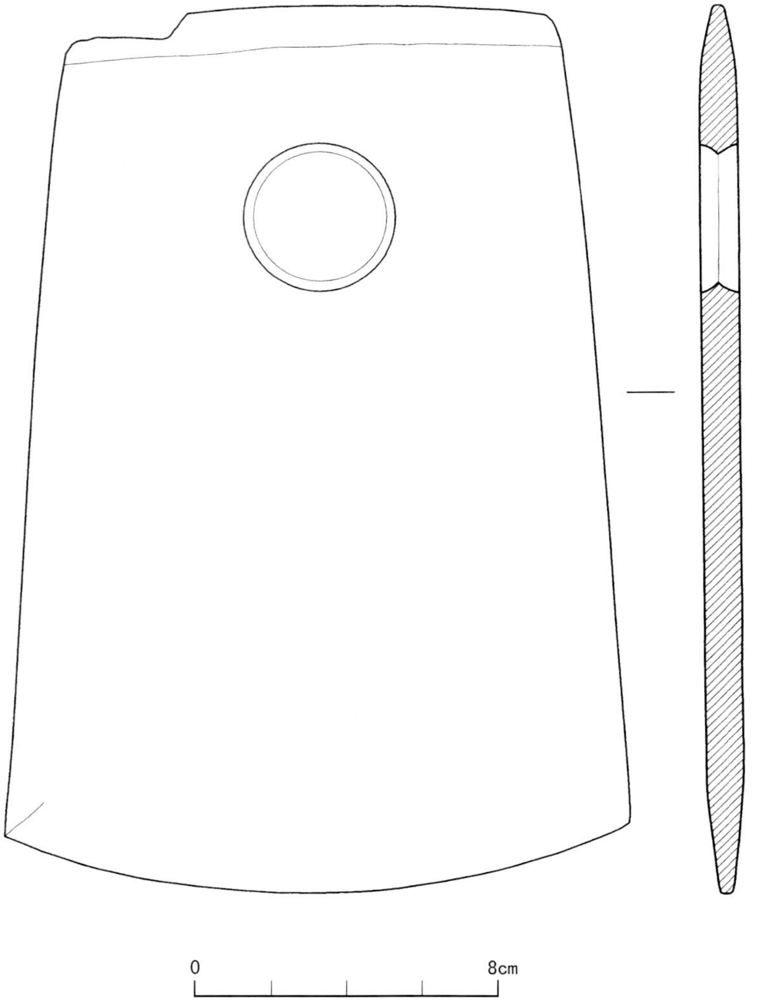

图三八一　石钺（M5：16）

图三八二　石钺（M5：9）

M5：9　深灰色石料，间有浅灰色花斑。上窄下宽呈“风”字形，平顶，顶部未经打磨，两面平，两侧斜直，双面弧刃，两侧与刃部有明显的转折，中部偏上处有一孔，孔为单面管钻，通体磨光。顶宽10.7、刃宽13.5、高18.4、孔外径2.4、孔内径1.7～1.8、厚0.7厘米（图三八二，图三八三）。

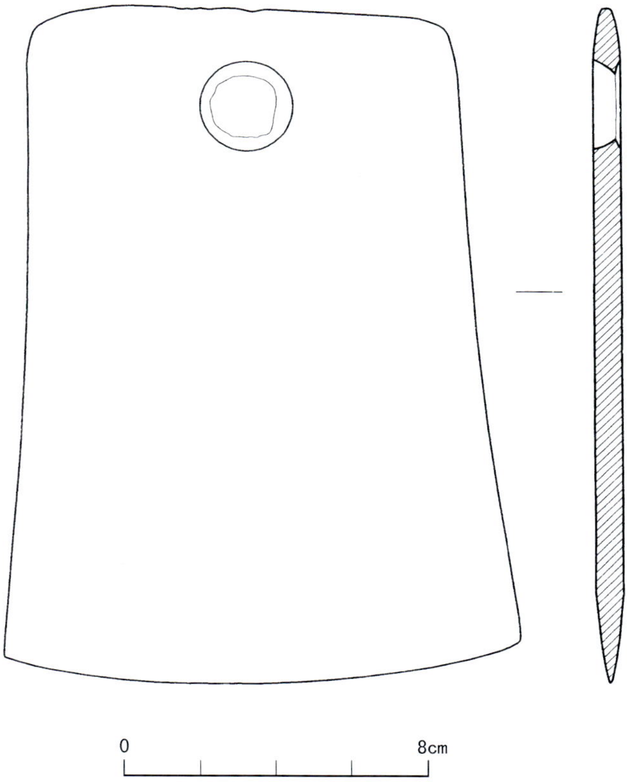

图三八三　石钺（M5：9）

5. M6

位于T0805西南部，竖穴浅坑墓，开口于第2层下，打破第3层。墓坑呈长方形，南部被M1打破，残长1.82、宽1.15、深0.21米，东北—西南向，墓向195°。人骨腐朽无存，亦无葬具痕迹，根据随葬器物推测，头向南。随葬器物10件，腹部置陶罐2件、陶甗2件、陶簋1件，足部置陶鼎3件、陶壶2件（图三八四，图三八五）。

图三八四　M6

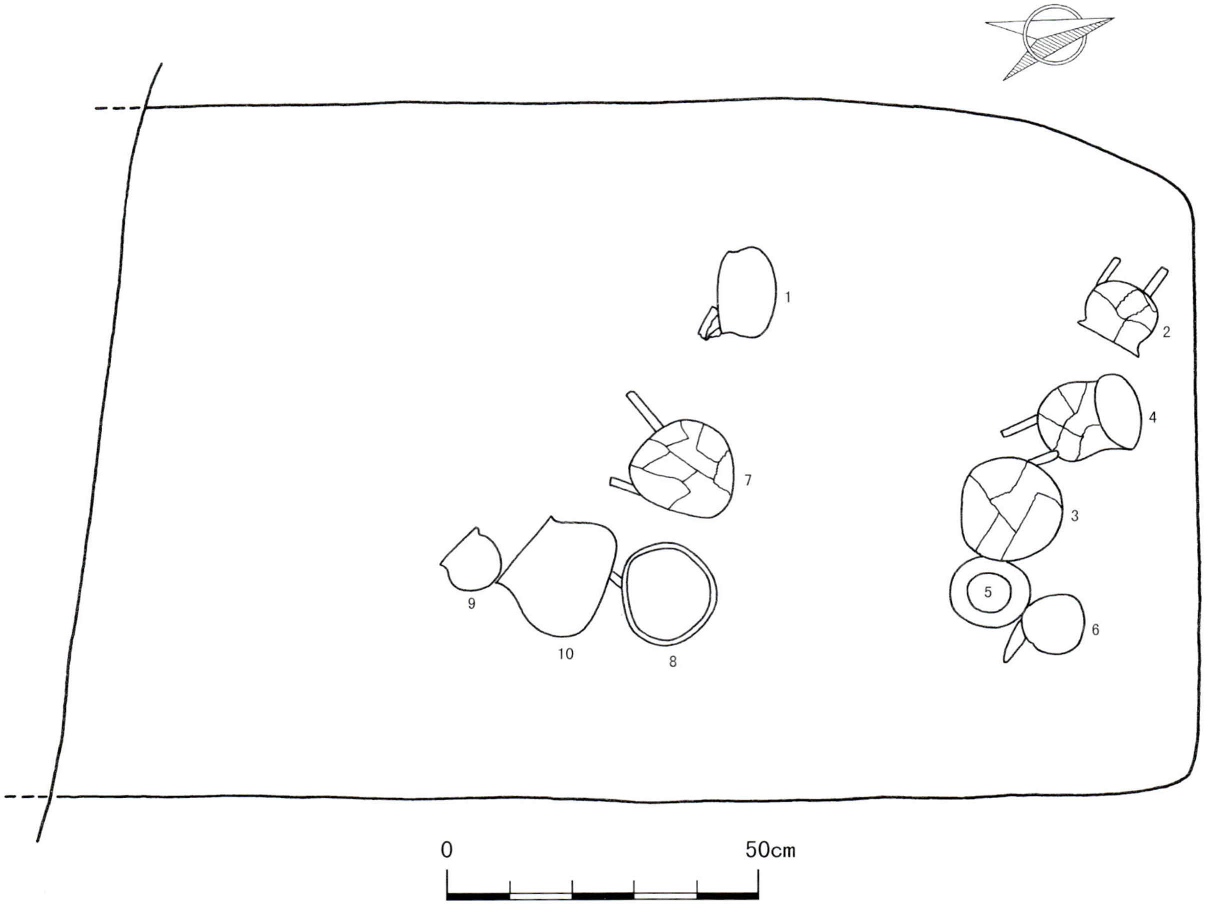

图三八五　M6墓葬平面图

1.陶罐　2.陶鼎　3.陶壶　4.陶鼎　5.陶壶　6.陶鼎　7.陶甗　8.陶甗　9.陶簋　10.陶罐

M6随葬器物有陶器10件。

鼎　3件。

M6：2　夹砂红陶。侈口，弧腹，圜底近平，三侧扁足，截面呈“T”字形，足向外撇，器型不规整。口径13.9、高14.9～15.8厘米（图三八六，图三八七）。

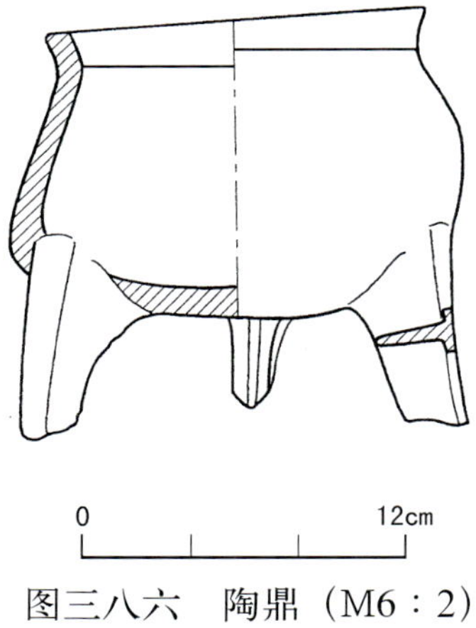

图三八六　陶鼎（M6：2）

图三八七　陶鼎（M6：2）

M6：4　夹砂红陶。大侈口，弧腹，圜底，三侧扁足，截面呈“T”字形，足向内收。口径12.4、高16.4厘米（图三八八）。

M6：6　夹砂红陶。陶质粗疏，无法修复。

甗　2件。

M6：7　夹砂红陶。形如陶鼎，侈口，弧腹，圜底，三角形侧扁足，截面呈“T”字形，足向外撇，足上有纵向刻划纹，腹内凸起一圈箅隔，　隔下有一注水的圆孔。口径15.2厘米（图三八九）。

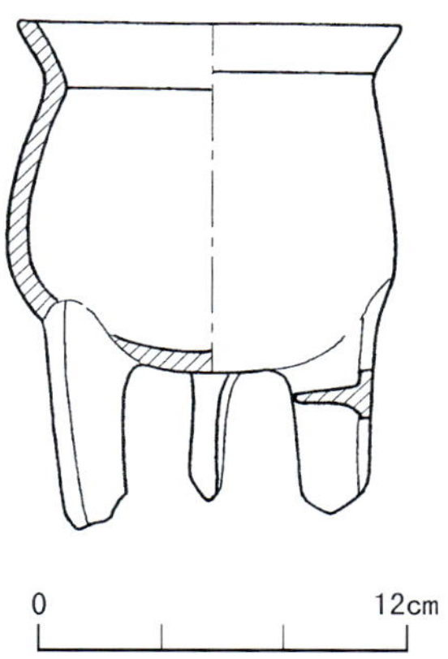

图三八八　陶鼎（M6：4）

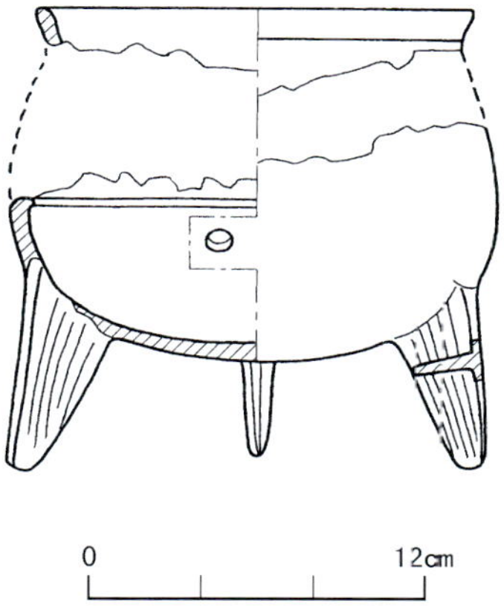

图三八九　陶甗（M6：7）

M6：8　夹砂红陶。形如陶鼎，上有盖，盖弧顶，圆圈形捉手。侈口，弧腹，圜底，三侧扁足，截面呈“T”字形，足微向外撇，上有纵向刻划纹，腹内凸起一圈箅隔，箅隔下有一注水的圆孔。盖径14.6、口径14.6、高19.6、通高24.2厘米（图三九〇，图三九一）。

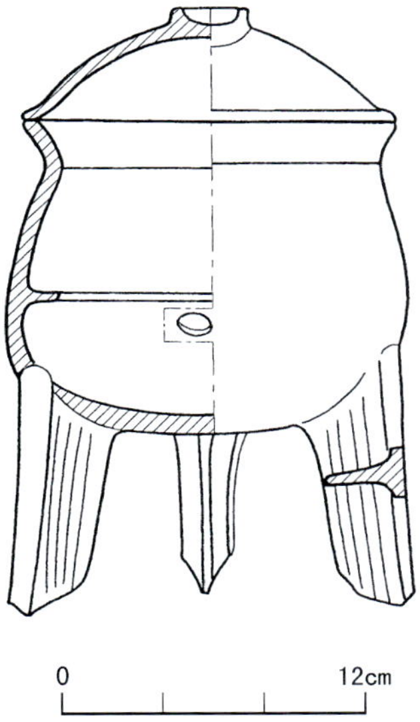

图三九〇　陶甗（M6：8）

图三九一　陶甗（M6：8）

簋　1件。

M6：9　泥质灰陶。直口微敛，弧腹，平底，大圈足微向外撇。口下有3个贯耳，上腹部有一道凹弦纹，圈足上有一道凸棱。口径10.8、足径8.0、高6.8厘米（图三九二，图三九三）。

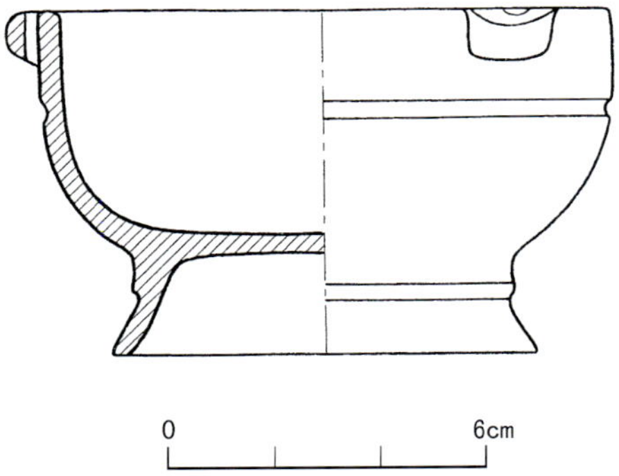

图三九二　陶簋（M6：9）

图三九三　陶簋（M6：9）

壶　2件。

M6：5　泥质灰陶。上有盖，盖面微弧，高喇叭形捉手，盖面有一小圆孔。壶高直口，微向外侈，弧腹，圜底，大圈足，腹中部和下部各有一道凸棱。盖径7.6、口径7.6、足径8.0、高12.9、通高16.1厘米（图三九四，图三九五）。

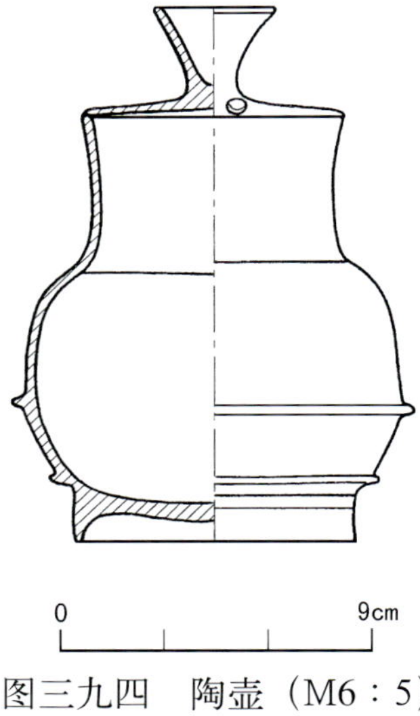

图三九四　陶壶（M6：5）

图三九五　陶壶（M6：5）

M6：3　泥质灰陶。陶质粗疏，无法修复。

罐　2件。

M6：10　泥质红陶。上有盖，盖面圆鼓，圆圈形捉手，罐侈口，溜肩，球腹，圜底。盖径10.7、口径9.0、高13.4、通高16.6厘米（图三九六，图三九七）。

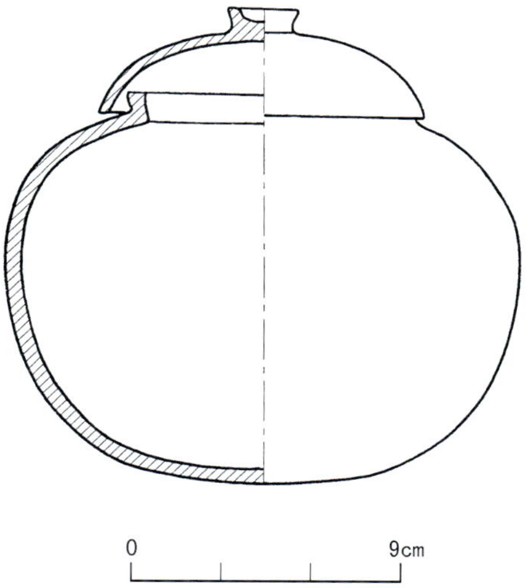

图三九六　陶罐（M6：10）

图三九七　陶罐（M6：10）

M6：1　泥质灰陶。陶质粗疏，无法修复。

6. M7

位于T0805东南部、T0804东北部，竖穴深坑墓，开口于第2层下，打破第3层。墓坑近似长方形，长1.79、宽0.59～0.80、深0.35米，东北—西南向，墓向121°。人骨腐朽无存，亦无葬具痕迹，根据随葬器物推测，头向南。随葬器物7件，头部置陶鼎、陶罐各1件，腹部有鱼形玉璜1件，腿部置陶壶、陶杯各1件，足部置陶鼎、陶圈足盘各1件（图三九八，图三九九）。

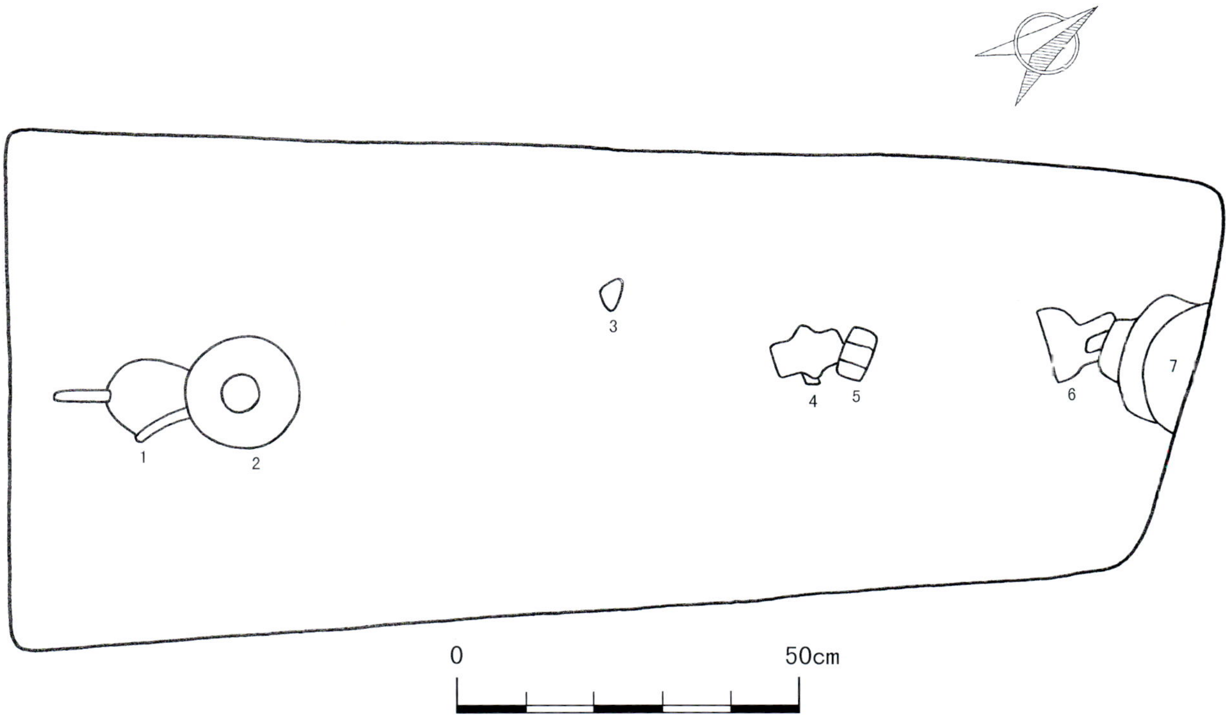

图三九八　M7墓葬平面图

1.陶鼎　2.陶罐　3.玉璜　4.陶壶　5.陶杯　6.陶鼎　7.陶圈足盘

棱，

图三九九　M7

M7随葬器物有陶器和玉器。

陶器　6件。

鼎　2件。

M7：6　夹砂红陶。侈口，腹微鼓，圜底，三圆足，足向外撇。口径11.0、高11.3厘米（图四〇〇，图四〇一）。

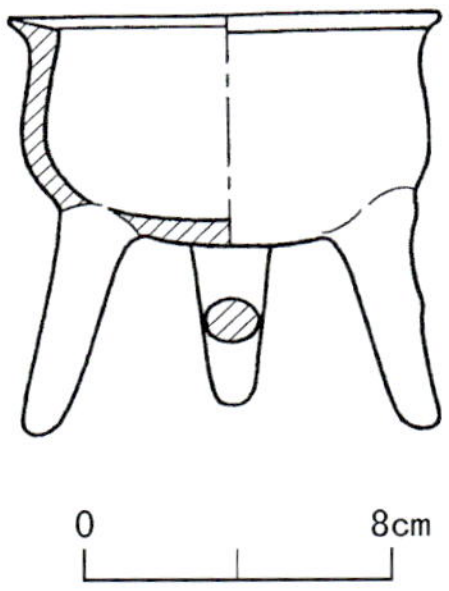

图四〇〇　陶鼎（M7：6）

图四〇一　陶鼎（M7：6）

M7：1　夹砂红陶。陶质粗疏，无法修复。

杯　1件。

M7：5　泥质灰陶。直口，直腹，大圈足剜出缺口呈四矮足，腹上部和下部各有一道凸棱，通体饰红彩。口径3.8、足径3.9、高6.9厘米（图四〇二，图四〇三）。

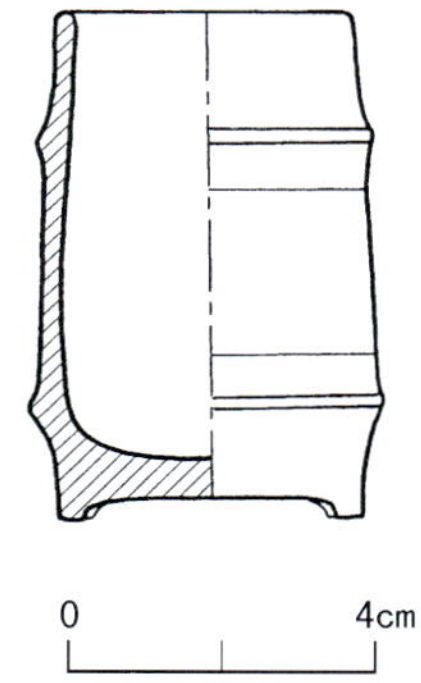

图四〇二　陶杯（M7：5）

图四〇三　陶杯（M7：5）

壶　1件。

M7：4　泥质灰陶。直口外侈，折领、折腹，大圈足微向外撇。口径7.0、足径5.0、高9.8厘米（图四〇四，图四〇五）。

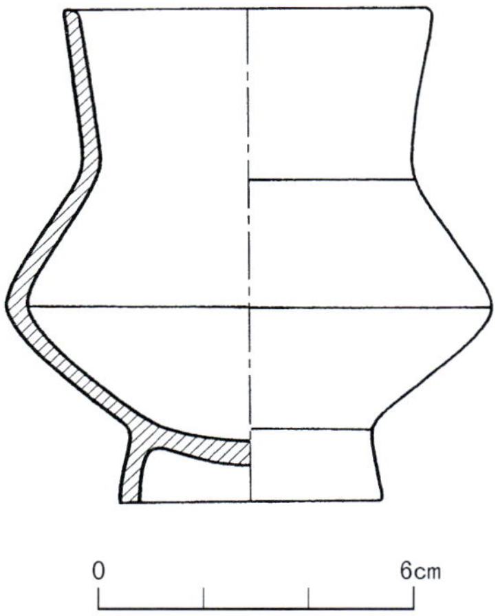

图四〇四　陶壶（M7：4）

图四〇五　陶壶（M7：4）

盘　1件。

M7：7　泥质灰陶。平沿，侈口，盘壁斜直，假腹，圜底，大圈足。口径17.4、足径11.2、高5.0厘米（图四〇六，图四〇七）。

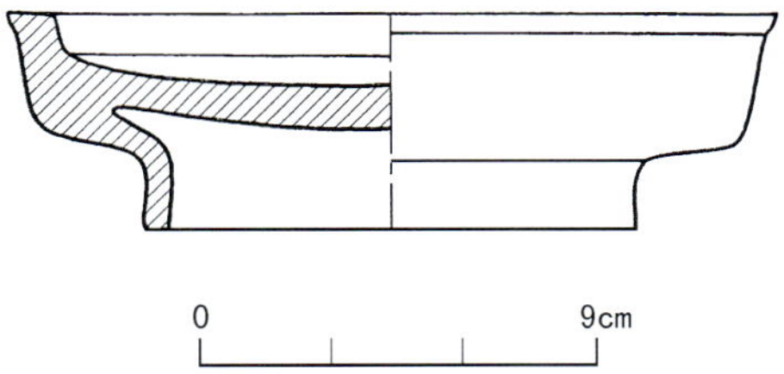

图四〇六　陶圈足盘（M7：7）

图四〇七　陶圈足盘（M7：7）

罐　1件。

M7：2　泥质灰陶。直口外侈，弧肩，弧腹，圜底，矮圈足。口径9.0、足径6.3、高11.0厘米（图四〇八）。

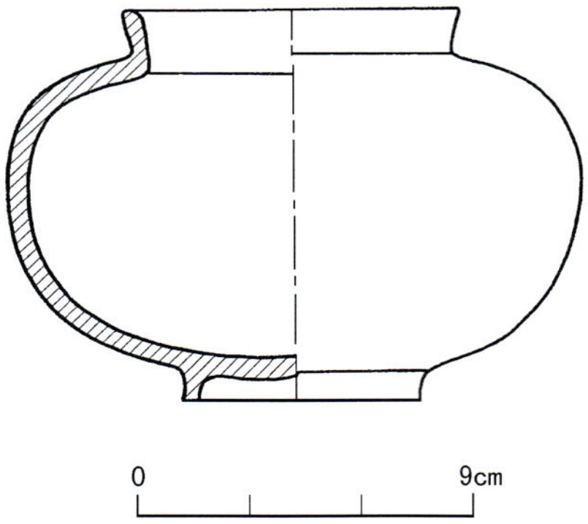

图四〇八　陶罐（M7：2）

玉器　1件。

璜　1件。

M7：3　青玉，间有黄灰色花斑，玉质细腻，受沁呈鸡骨白，玉色微泛黄，不透明。璜呈鱼形，上部圆弧，下部内凹，两侧微弧，中部偏上有一小孔，孔为两面对钻，一面留有弧形切割痕，通体抛光，表面光滑。长4.8、高2.8、厚0.1～0.9厘米（图四〇九，图四一〇；图版四一，3~5）。

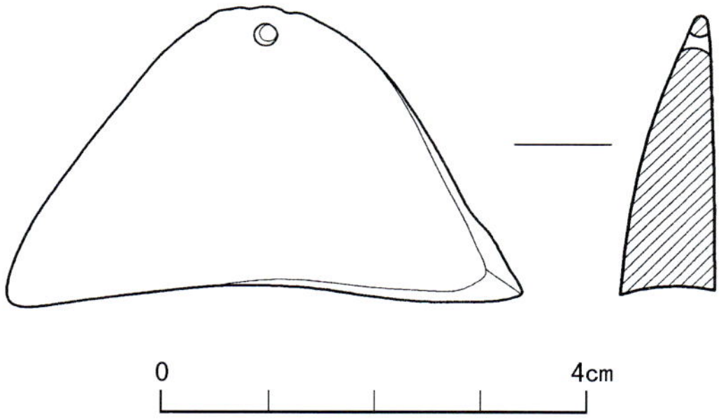

图四〇九　鱼形玉璜（M7：3）

图四一〇　鱼形玉璜（M7：3）

7. M8

位于T0804东北部，竖穴深坑墓，开口于第2层下，打破第3层。墓坑呈长方形，长1.89、宽0.70～0.80、深0.58米，南北向，墓向191°。人骨朽烂无存，亦无葬具痕迹，根据随葬器物的位置推测，头向南。随葬器物8件，陶鼎2件、陶簋1件、陶壶3件、陶罐1件、陶杯1件，均置于足部（图四一一，图四一二）。

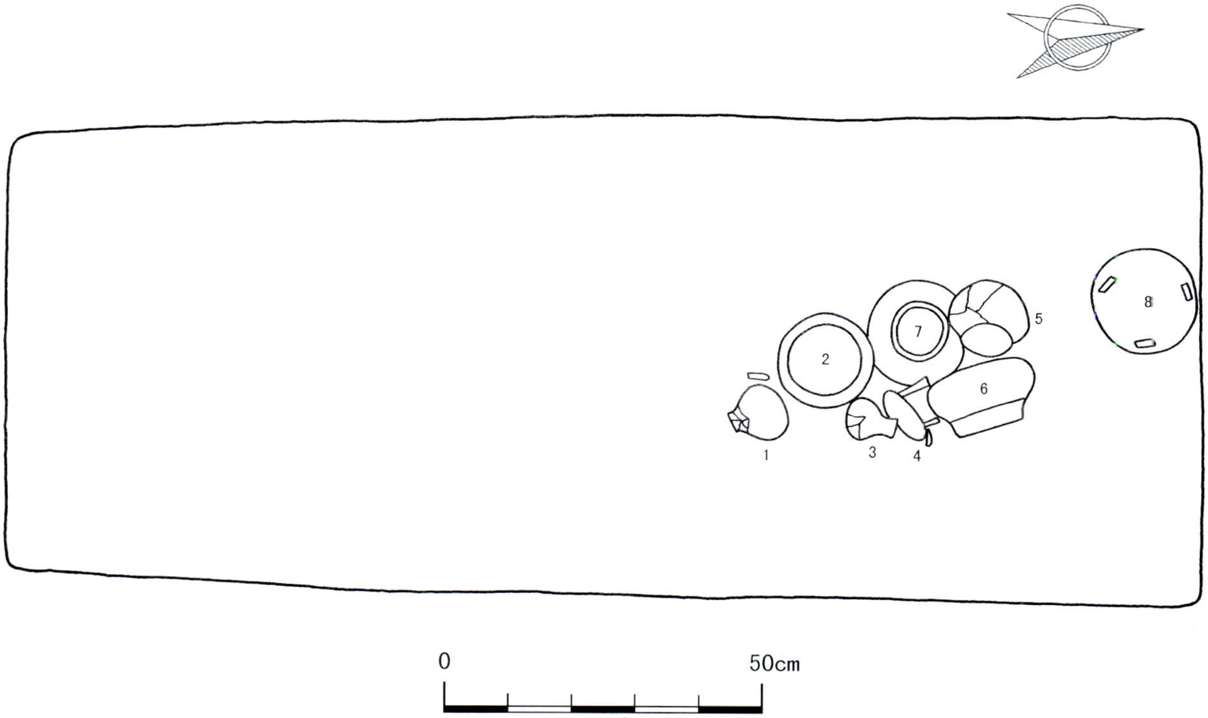

图四一一　M8墓葬平面图

1.陶杯　2.陶罐　3.陶壶　4.陶鼎　5.陶壶　6.陶壶　7.陶簋　8.陶鼎

图四一二A　M8

图四一二B　M8随葬陶器出土情况

M8随葬器物仅有陶器。

陶器　8件。

鼎　2件。

M8：8　夹砂红陶。侈口，弧腹，圜底，三扁足微向外撇。口径12.6、高12.6厘米（图四一三）。

M8：4　夹砂红陶。陶质粗疏，无法修复。

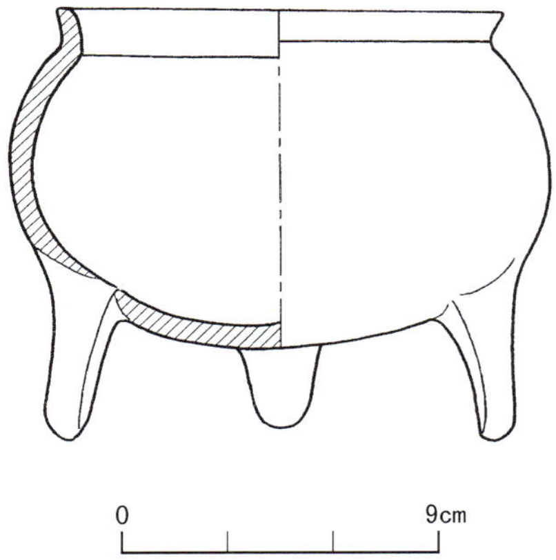

图四一三　陶鼎（M8：8）

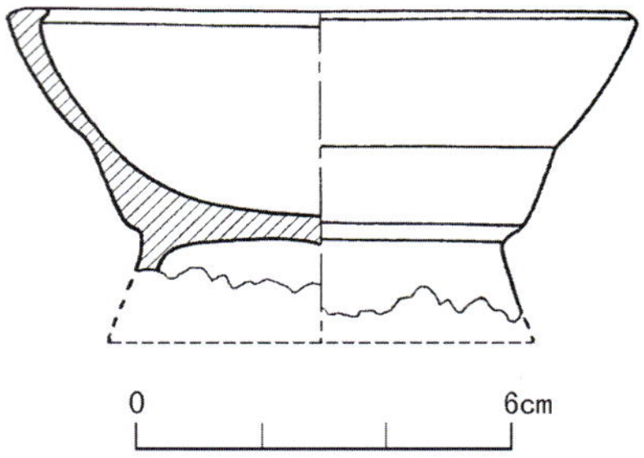

图四一四　陶簋（M8：7）

簋　1件。

M8：7　泥质灰陶。敛口，腹壁斜直内收，平底，大圈足外撇，腹中部有一道凹槽。口径15.2、残高7.4厘米（图四一四）。

壶　3件。

M8：3　泥质灰陶。口部残，上部圆弧，长颈，弧肩，腹中部圆鼓，下部内收，大平底，颈部与肩部饰四道凸弦纹。底径4.8、残高10.4厘米（图四一五，图四一六）。

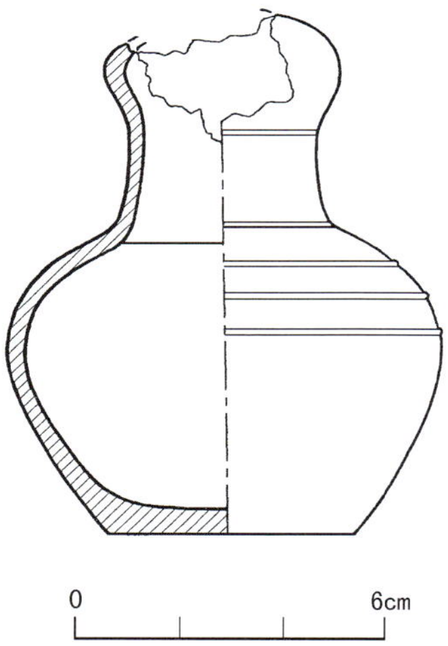

图四一五　陶壶（M8：3）

图四一六　陶壶（M8：3）

M8：5　泥质灰陶。陶质粗疏，无法修复。

M8：6　泥质灰陶。陶质粗疏，无法修复。

罐　1件。

M8：2　泥质灰陶。直口，溜肩，鼓腹，圜底。口径12.0、高8.7厘米（图四一七）。

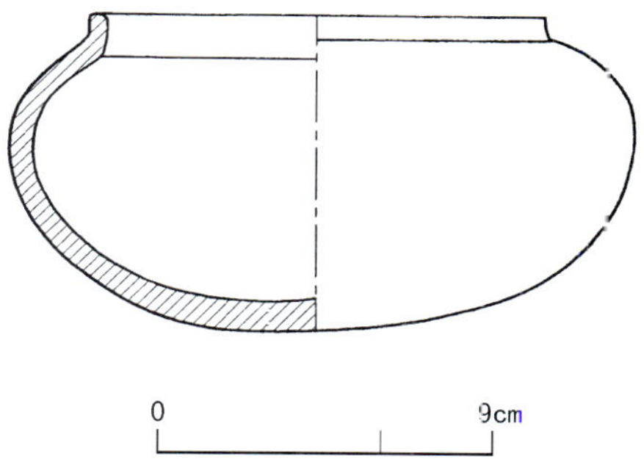

图四一七　陶罐（M8：2）

杯　1件。

M8：1　泥质灰陶。侈口，束颈，溜肩，鼓腹，大平底，宽扁把，上部与口沿相连。口径5.2、底径4.4、高8.5厘米（图四一八，图四一九）。

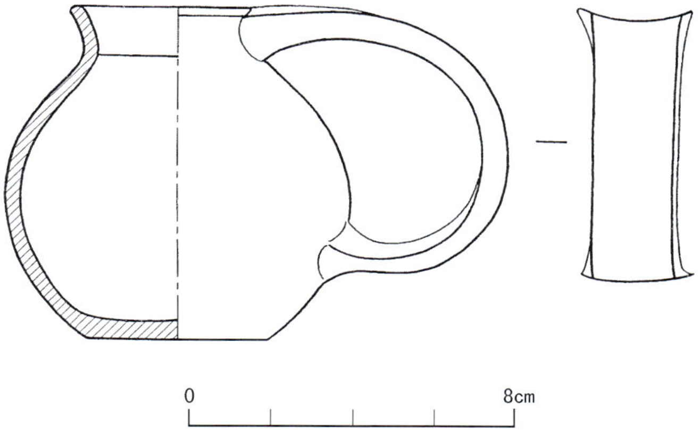

图四一八　陶杯（M8：1）

图四一九　陶杯（M8：1）

8. M9

位于T0904西北部，竖穴深坑墓，开口于第2层下，打破第3层。墓坑呈长方形，长1.68、宽0.54～0.64、深0.78米，南北向，墓向201°。人骨朽烂无存，亦无葬具痕迹，根据随葬器物的位置推测，头向南。随葬陶罐3件，1件置于腿部，2件置于足部（图四二〇，图四二一）。

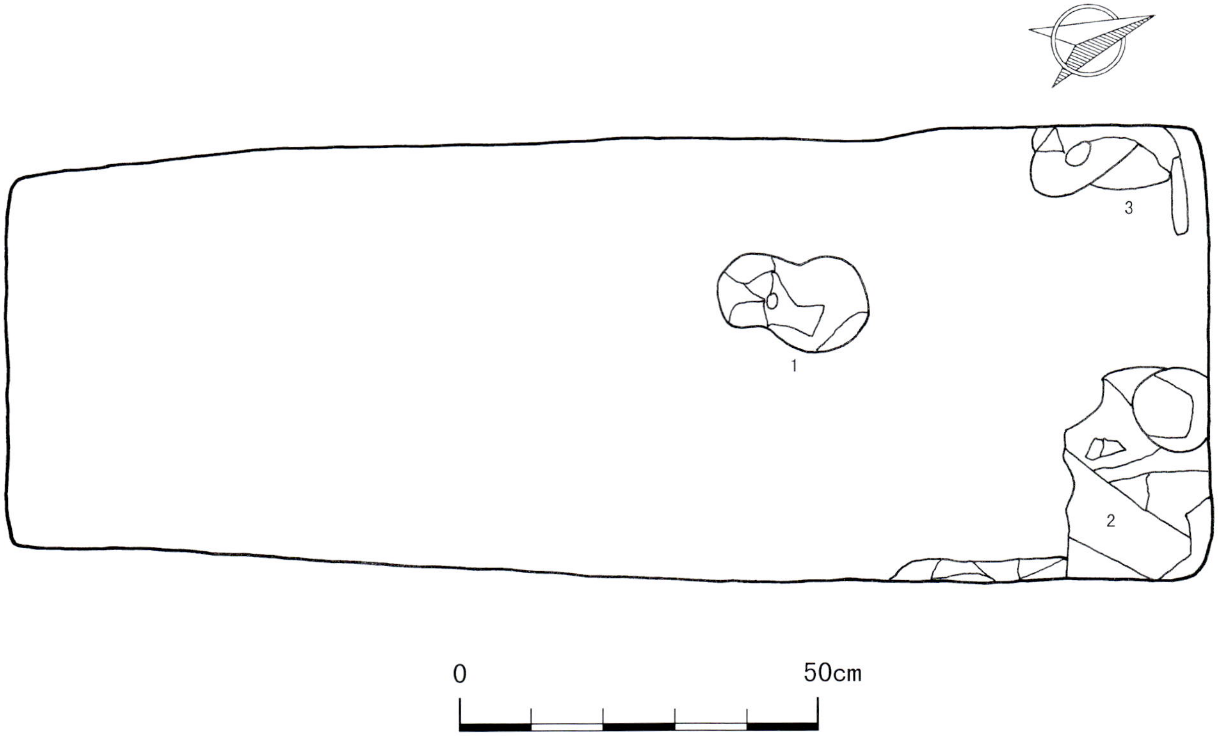

图四二〇　M9墓葬平面图

1~3陶罐

图四二一　M9

M9随葬器物仅有陶器。

罐　3件。

M9：1　泥质红陶。上部残，溜肩，鼓腹，大平底。底径7.2、残高6.3厘米（图四二二）。

M9：2　泥质红陶。陶质粗疏，无法修复。

M9：3　泥质红陶。直口外侈，弧肩，鼓腹，大平底。口径8.7、底径9.0、高8.4厘米（图四二三，图四二四）。

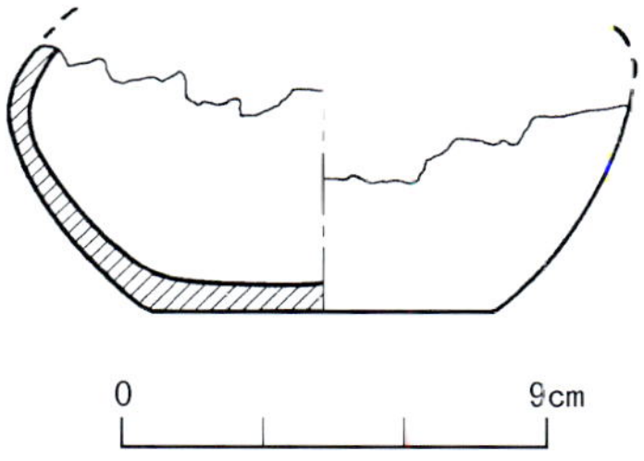

图四二二　陶罐（M9：1）

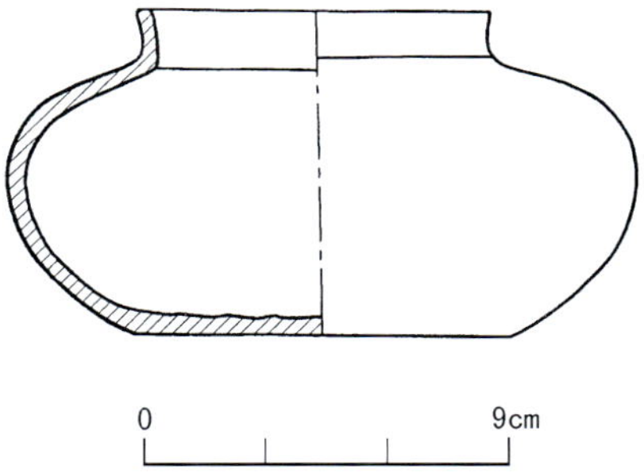

图四二三　陶罐（M9：3）

图四二四　陶罐（M9：3）

9. M10

位于T0904中部偏北，南部被M1打破。竖穴浅坑墓，开口于第2层下，打破第3层。墓坑呈长方形，长2.06、宽0.70、深0.35米，南北向，墓向198°。人骨朽烂无存，亦无葬具痕迹，根据随葬器物的位置推测，头向南。随葬器物6件，头部置石钺2件、石锛1件、玉环1件，腹部至大腿部置陶壶1件，另1件陶器破碎，器形不明（图四二五，图四二六）。

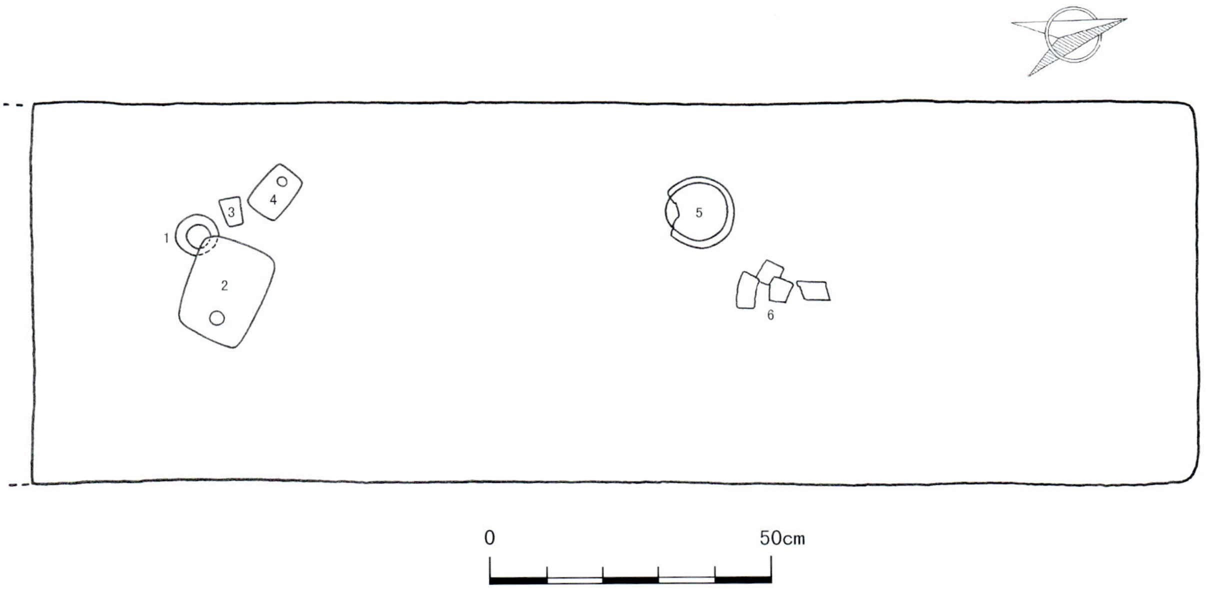

图四二五　M10墓葬平面图

1.玉环　2.石钺　3.石锛　4.石钺　5.陶壶　6.残陶器

图四二六A　M10

图四二六B　M10随葬石器、玉器出土情况

M10随葬器物有陶器、玉器和石器。

陶器　2件。

壶　1件。

M10：5　泥质灰陶。陶质粗疏，无法修复。

残器　1件。

M10：6　夹砂红陶。器形不明，陶质粗疏，无法修复。

玉器　1件。

环　1件。

M10：1　青玉，玉色泛黄，间有青色花斑，玉质细腻，不透明。环形，体较厚重，通体抛光，表面光滑。外径9.0、内径5.7、厚1.1厘米（图四二七，图四二八）。

图四二七　玉环（M10：1）

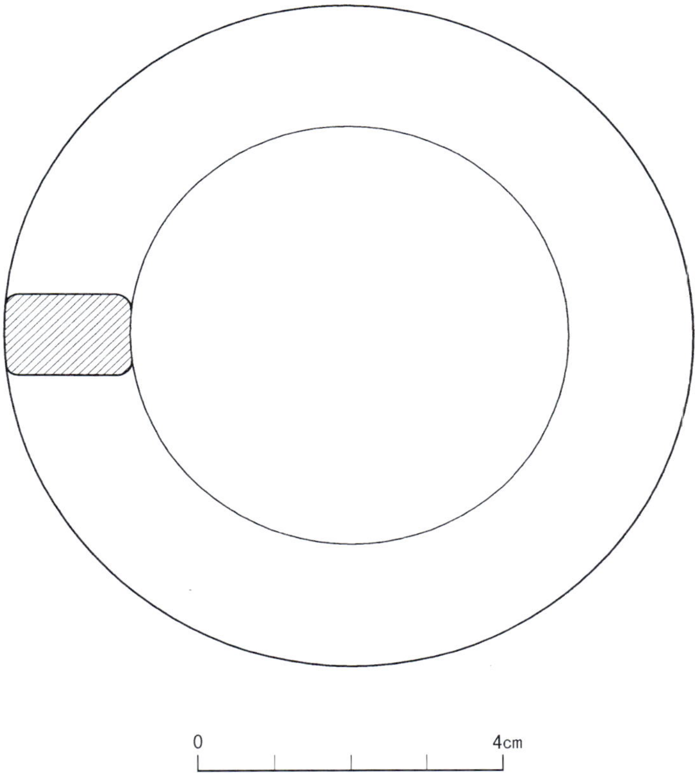

图四二八　玉环（M10：1）

石器　3件。

锛　1件。

M10：3　灰白色石料。长方形，薄体，顶部较平，正面有段，背面平，两侧斜直，单面斜刃。长5.1、宽3.4、厚1.0厘米（图四二九，图四三〇）。

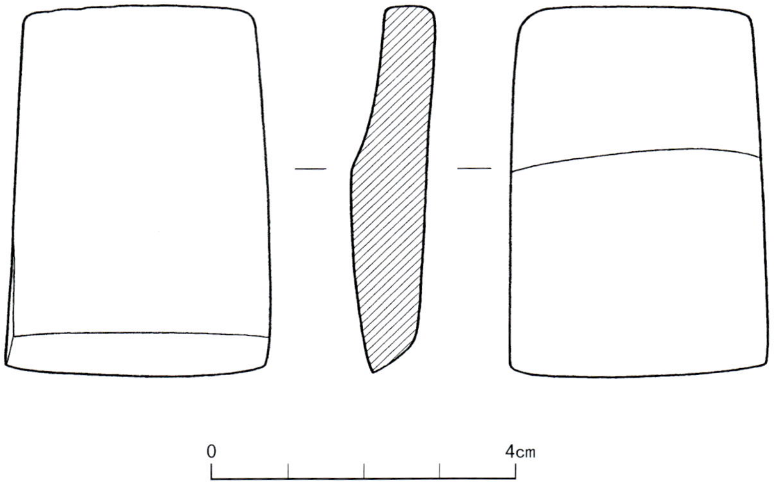

图四二九　石锛（M10：3）

图四三〇　石锛（M10：3）

钺　2件。

M10：4　青灰色石料，间有浅黄色条纹。上窄下宽呈“风”字形，平顶，两面平，两侧斜直，双面弧刃，两侧与刃部有明显的转折，中部偏上处有一孔，孔为双面管钻，腐蚀较严重。顶宽4.9、刃宽7.2、高11.2、孔外径1.8~2、孔内径1.5、厚0.7厘米（图四三一，图四三二）。

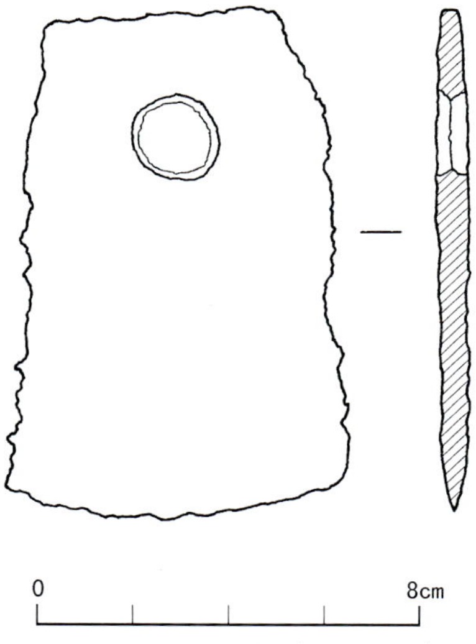

图四三一　石钺（M10：4）

图四三二　石钺（M10：4）

M10：2　灰白色石料。上窄下宽呈“风”字形，弧顶，两面平，两侧斜直，双面弧刃，两侧与刃部有明显的转折，中部偏上处有一孔，孔为双面管钻，通体磨光。顶宽11.8、刃宽14.1、高16.7、孔外径2.7、孔内径2.3、厚0.6厘米（图四三三，图四三四）。

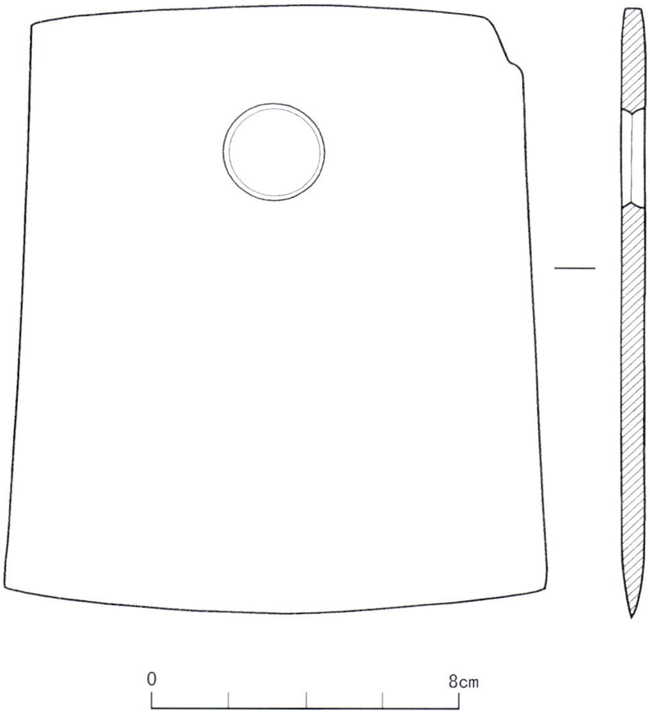

图四三三　石钺（M10：2）

图四三四　石钺（M10：2）

10. M11

位于T0504东部，大部在东隔梁内，西邻M5。竖穴土坑，开口于第2层下，打破第3层。墓坑呈长方形，南部被一晚期墓葬打破，墓坑长3.55、宽0.99、深0.45米，墓向194°。人骨已腐朽无存，似有圜底葬具痕迹，根据随葬器物的位置推测，可能为仰身直肢，头向南。

随葬器物共53件（组），其中玉器22件（组），石器14件，陶器17件。玉璧6件，1件置于头部上方，1件置于面部左侧，上有“V”字形石钺1件，另4件玉璧置于胸部两侧；玉钺2件，置于腹部左侧；石钺8件，2件置腹部左侧，6件置腿部右侧；头部有玉管、玉珠组成的头饰1组；胸部有玉管、玉珠、玉坠、琮形玉管组成的项饰1组，凿形玉饰、镦形玉饰等玉器也置于胸前；臂部有玉镯，腿部至足部堆置陶器，其中有陶鼎5件、陶豆4件、陶壶1件、陶簋5件、陶杯1件、器盖1件以及小石锛、小石刀等（图四三五，图四三六）。

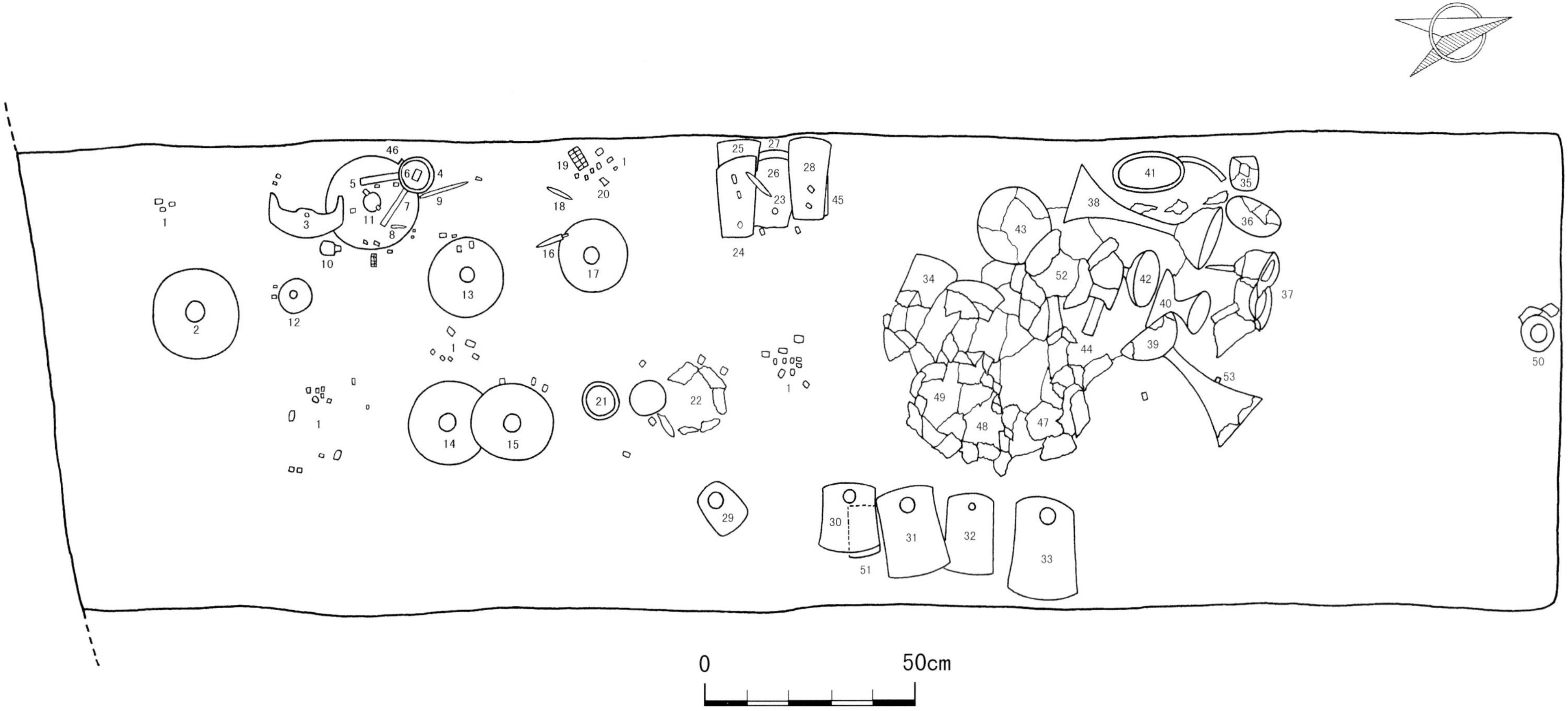

图四三五　M11墓葬平面图

1.玉项饰　2.玉璧　3.“V”字形石钺　4.玉镯　5.凿形玉饰　6.台形玉饰　7.凿形玉饰　8.玉坠　9.玉坠　10.玉镦　11.玉璧　12.陶器盖　13.玉璧　14.玉璧　15.玉璧　16.玉坠　17.玉璧　18.玉坠　19.玉琮形管　20.片状玉饰　21.玉镯　22.陶壶　23.玉坠　24.玉钺　25.石钺　26.石钺　27.石钺　28.玉钺　29.石斧　30.石钺　31.石钺　32.石钺　33.石钺　34.石钺　35.陶杯　36.陶鼎　37.陶鼎　38.陶豆　39.陶豆　40.陶豆　41.陶鼎　42.陶豆　43.陶簋　44.陶鼎　45.石斧　46.小石刀　47.陶簋　48.陶簋　49.陶簋　50.陶簋　51.石斧　52.陶鼎　53.石锛

图四三六　M11（西—东）

M11随葬的文化遗物有陶器、玉器和石器。

陶器　17件。

鼎　5件。

M11∶37　夹砂红陶。侈口，平折沿，弧腹，圜底，三侧扁足，足两侧有竖刻划纹，截面呈“T”字形。口径16.8、高14.5厘米（图四三七，图四三八）。

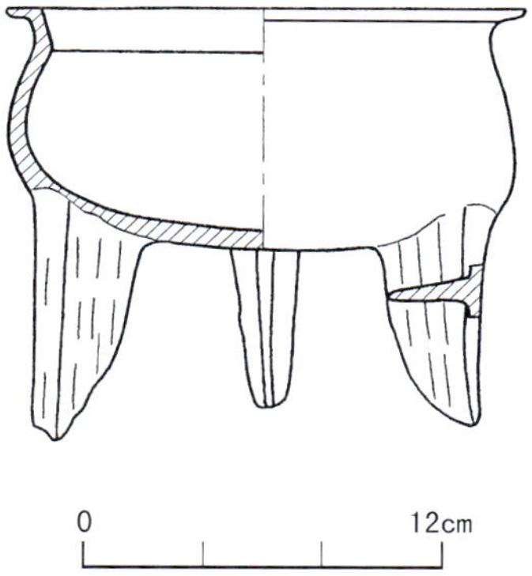

图四三七　陶鼎（M11∶37）

图四三八　陶鼎（M11∶37）

M11∶41　夹砂红陶。有盖，盖面圆鼓，顶部有一宽扁鋬，鋬上部内凹，鼎侈口，平折沿，弧腹，圜底，三侧扁足，足两侧有竖戳点纹，截面呈“T”字形。盖径15.8、口径15.8、高15.2、通高21.2厘米（图四三九，图四四〇）。

M11∶36　泥质黑陶。口部残。有盖，盖面圆鼓，顶部有一宽扁鋬，鋬上部内凹。鼎侈口，平折沿，弧腹，圜底，三侧扁足，足两侧有竖戳点纹，截面呈“T”字形。盖上部饰刻划的简化鸟纹，近缘处饰细刻划弦纹，内刻划细密的网纹，鼎腹部饰刻划弦纹，上下两组弦纹内刻划细密的网纹，足外侧上部刻划弧线组成的半月形纹，下部刻划弧线纹和三角纹，三角内刻斜线纹，足内侧饰半月形镂孔。盖径19.4、口径19.4、高16.0、通高22.4厘米（图四四一）。

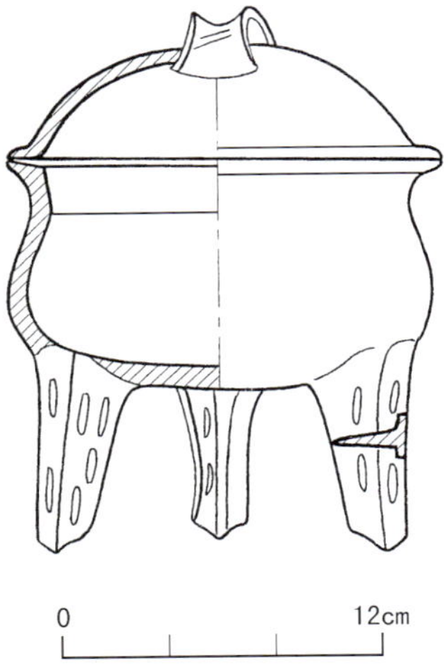

图四三九　陶鼎（M11：41）

图四四〇　陶鼎（M11：41）

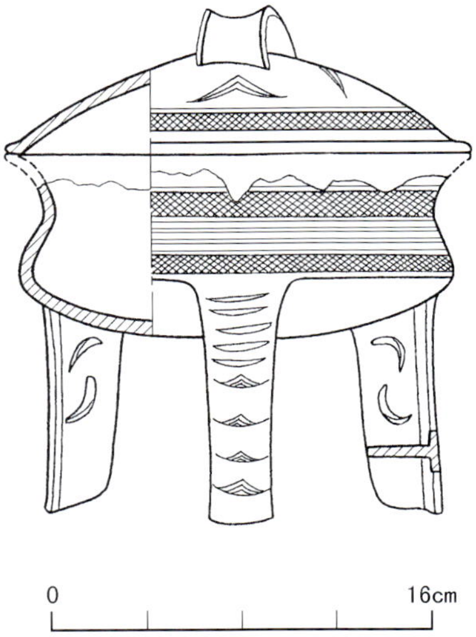

图四四一　陶鼎（M11：36）

M11：44　泥质黑陶。有盖，盖面圆鼓，顶部有一宽扁鋬，鋬上部内凹。鼎侈口，平折沿，弧腹，圜底，三侧扁足，足两侧有竖戳点纹，截面呈“T”字形，盖上部饰刻划的简化鸟纹，近缘处饰细刻划弦纹，内刻划细密的网纹，鼎腹部饰刻划弦纹，上下两组弦纹内刻划细密的网纹，足外侧上部刻划弧线组成的半月形纹，下部刻划弧线纹和三角纹，三角内刻斜线纹，足内侧饰半月形镂孔。盖径19.4、口径19.4、高16.0、通高22.4厘米（图四四二，图四四三；图版四二）。

M11：52　夹砂红陶。陶质粗疏，无法修复。

器盖　1件。

M11：12　夹砂红陶。陶质粗疏，无法修复。

豆　4件。

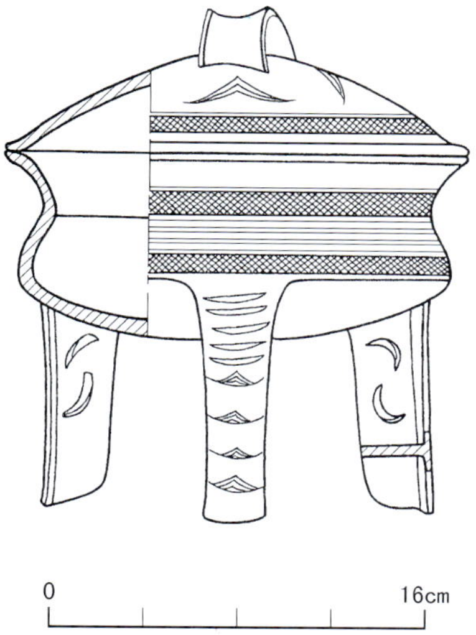

图四四二　陶鼎（M11：44）

图四四三　陶鼎（M11：44）

M11：38　泥质黑陶。侈口，斜壁，深盘，下部内折，圜底，高直柄，下部外撇呈大喇叭形，盘上部刻划两道细弦纹，内刻划斜“十”字形花瓣纹，下部刻划五道双弦纹，柄部刻划十一道双弦纹，内刻划斜“十”字形花瓣纹，柄下部刻划五道细弦纹。盘径17.7、足径17.4、高31.5厘米（图四四四，图四四五）。

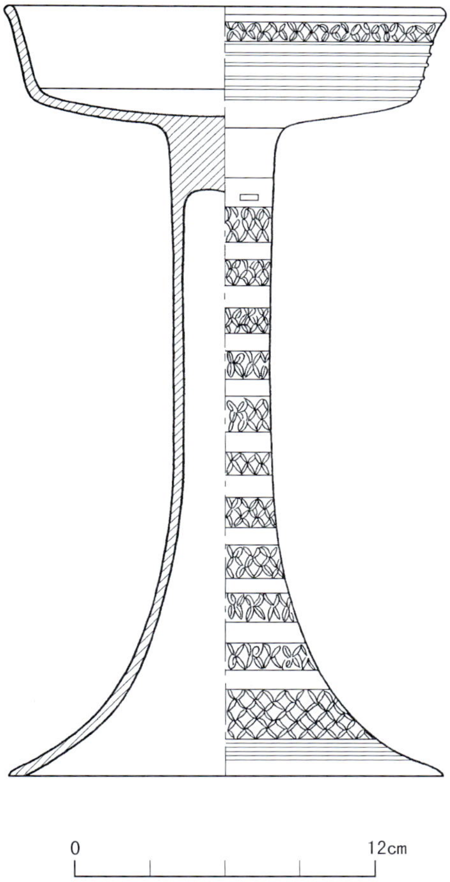

图四四四　陶豆（M11：38）

图四四五　陶豆（M11：38）

M11：39　泥质黑陶。侈口，斜壁，深盘，下部内折，圜底，高直柄，下部外撇呈大喇叭形，盘上部刻划两道细弦纹，内刻划斜“十”字形花瓣纹，下部刻划五道双弦纹，柄部刻划十一道双弦纹，内刻划斜“十”字形花瓣纹，柄下部刻划六道细弦纹。盘径17.4、足径16.2、高31.5厘米（图四四六，图四四七）。

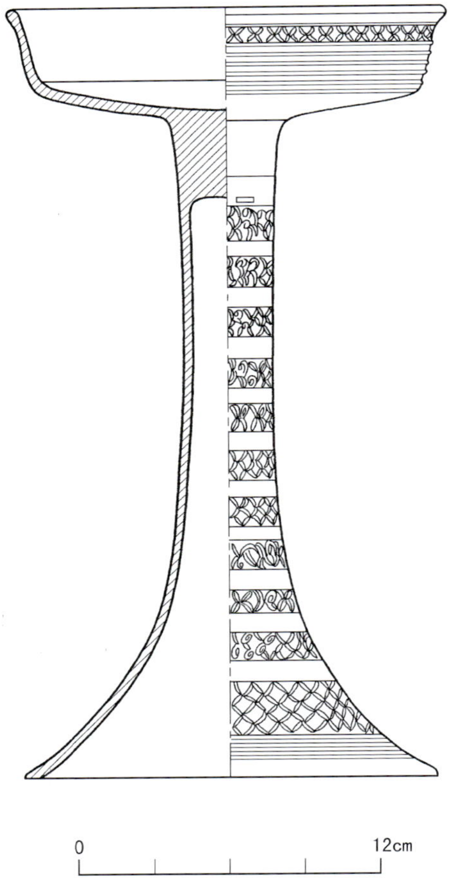

图四四六　陶豆（M11：39）

图四四七　陶豆（M11：39）

M11：40　泥质灰陶。侈口，平折沿，弧壁，圜底，矮柄，下部外撇呈大喇叭形。盘径16.5、足径8.7、高9.0厘米（图四四八，图四四九）。

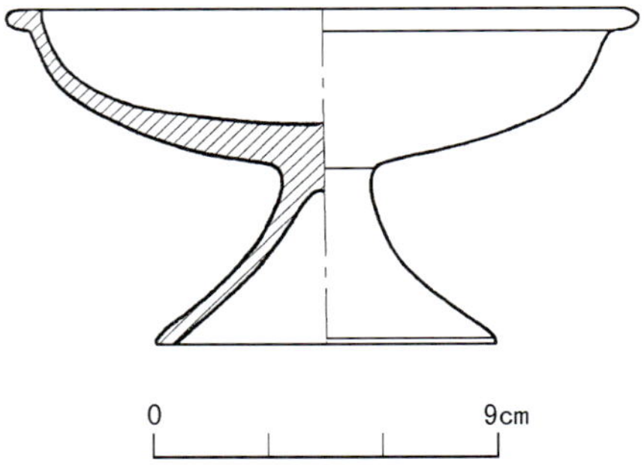

图四四八　陶豆（M11：40）

图四四九　陶豆（M11：40）

M11：42　泥质灰陶。有盖，盖面圆鼓，顶部有喇叭形捉手。豆侈口，平折沿，沿面内凹呈子母口，弧壁，圜底，矮柄，下部外撇呈大喇叭形。盖径16.2、盘径14.7、足径8.6、高10.9厘米、通高17.0厘米（图四五〇，图四五一）。

簋　5件。

M11：49　泥质灰陶。敛口，斜壁，圜底，大圈足外撇。圈足上刻划组弦纹，弦纹内分段饰戳点纹。盘径16.3、足径13.3、高7.6厘米（图四五二，图四五三）。

M11：43　泥质灰陶。敛口，斜壁，圜底，大圈足外撇。圈足上刻划组弦纹，弦纹内分段饰戳点纹。盘径16.8、足径12.7、高7.6厘米（图四五四，图四五五）。

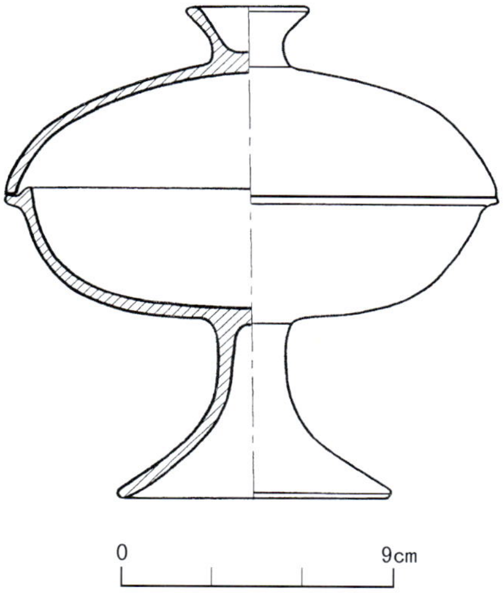

图四五〇　陶豆（M11：42）

图四五一　陶豆（M11：42）

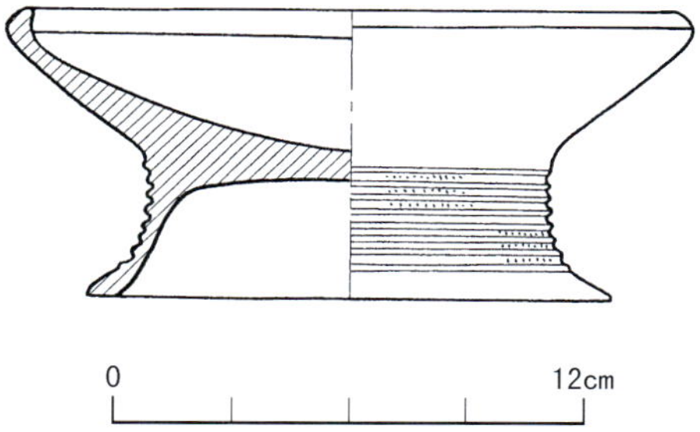

图四五二　陶簋（M11：49）

图四五三　陶簋（M11：49）

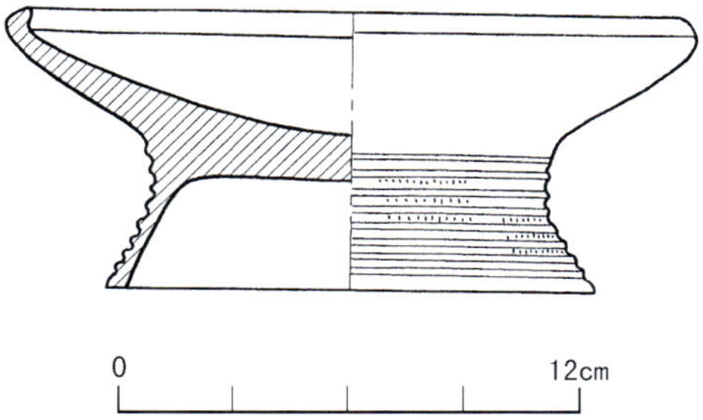

图四五四　陶簋（M11：43）

图四五五　陶簋（M11：43）

M11：48　泥质黑陶。有盖，盖面圆弧，上有喇叭形捉手。簋敛口，沿面内凹呈子母口，弧腹，圜底，大圈足外撇，口下有一对贯耳。盖径10.6、口径9.3、足径8.6、高6.4、通高10.2厘米（图四五六，图四五七）。

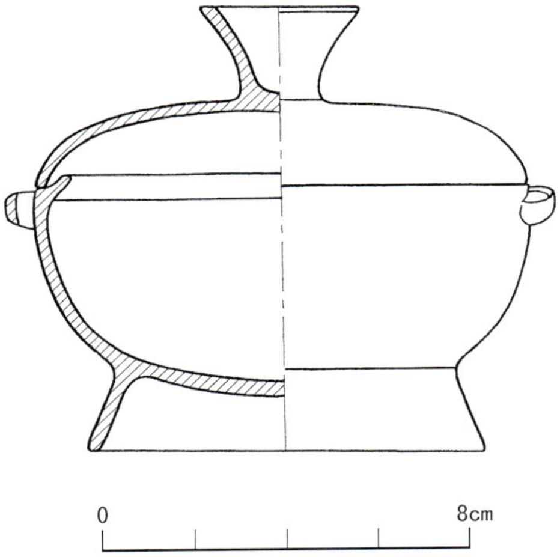

图四五六　陶簋（M11：48）

图四五七　陶簋（M11：48）

M11：47　泥质黑陶。有盖，盖面圆弧，上有喇叭形捉手。簋敛口，沿面内凹呈子母口，弧腹，圜底，大圈足外撇，口下有一对贯耳。盖径11.4、口径10.0、足径9.0、高7.0、通高11.2厘米（图四五八，图四五九）。

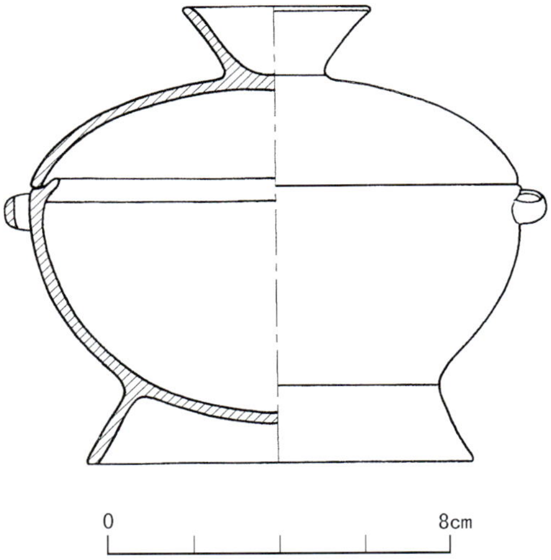

图四五八　陶簋（M11：47）

图四五九　陶簋（M11：47）

M11：50　泥质黑陶，残。敛口，沿面内凹呈子母口，弧腹，圜底，大圈足外撇，口下有一对贯耳。口径9.3、足径8.6、高6.4厘米（图四六〇）。

壶　1件。

M11：22　夹砂红陶。陶质粗疏，无法修复。

杯　1件。

M11：35　夹砂红陶。陶质粗疏，无法修复。

器盖　1件。

M11：12　夹砂红陶。陶质粗疏，无法修复。

玉器　22件（组）。

项饰　1串。

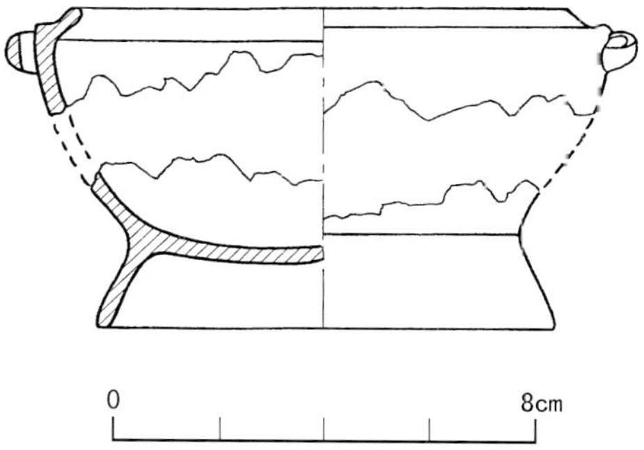

图四六〇　陶簋（M11：50）

M11：1　青玉，大多玉质疏松，玉色受沁泛白，侵蚀严重呈石灰状，极易破碎，少量玉质坚硬，玉色泛黄，大多不透明，玉质较好者微透明，原通体抛光，受沁后表面粗疏。完整、基本完整和可复原者123件（破碎者未统计）。按器形可分为球形、台形、珠形和鼓形（图版四三，1）。

球形　21件。

M11：1-1　圆球形，上有两个斜向贯穿的小孔，孔为单面钻。径0.3～1.7厘米（图四六一A）。

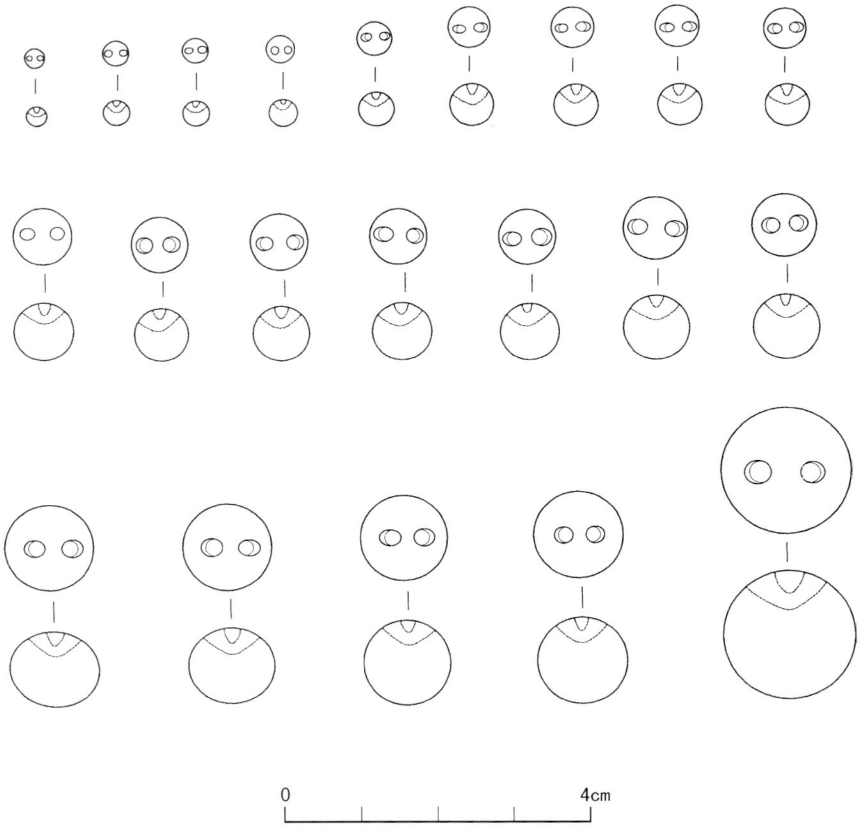

图四六一A　球形玉项饰（M11：1-1）

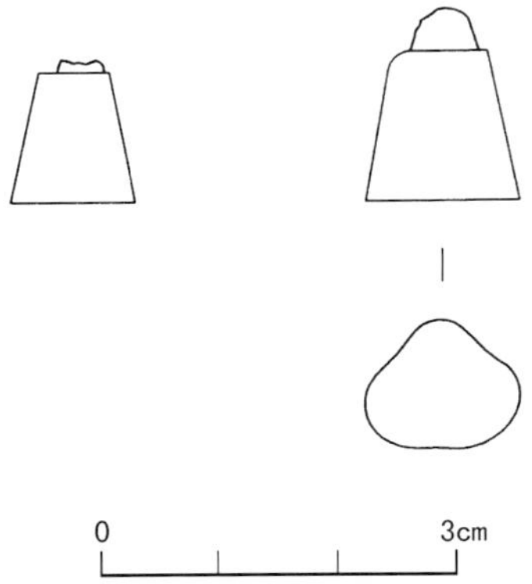

图四六一B　圆台形玉项饰（M11：1–2）

台形　2件。

M11：1–2　圆台形或近似圆台形，上面和下面平，顶部凸起半圆形，穿已残。较大的一件上径0.8、下径1.3、高1.7厘米（图四六一B）。

珠形　36件。

M11：1–3　圆珠形，形体较小，一孔上下贯穿，孔既有单面钻，也有双面对钻。径0.4～0.9、高0.3～0.9厘米（图四六一C）。

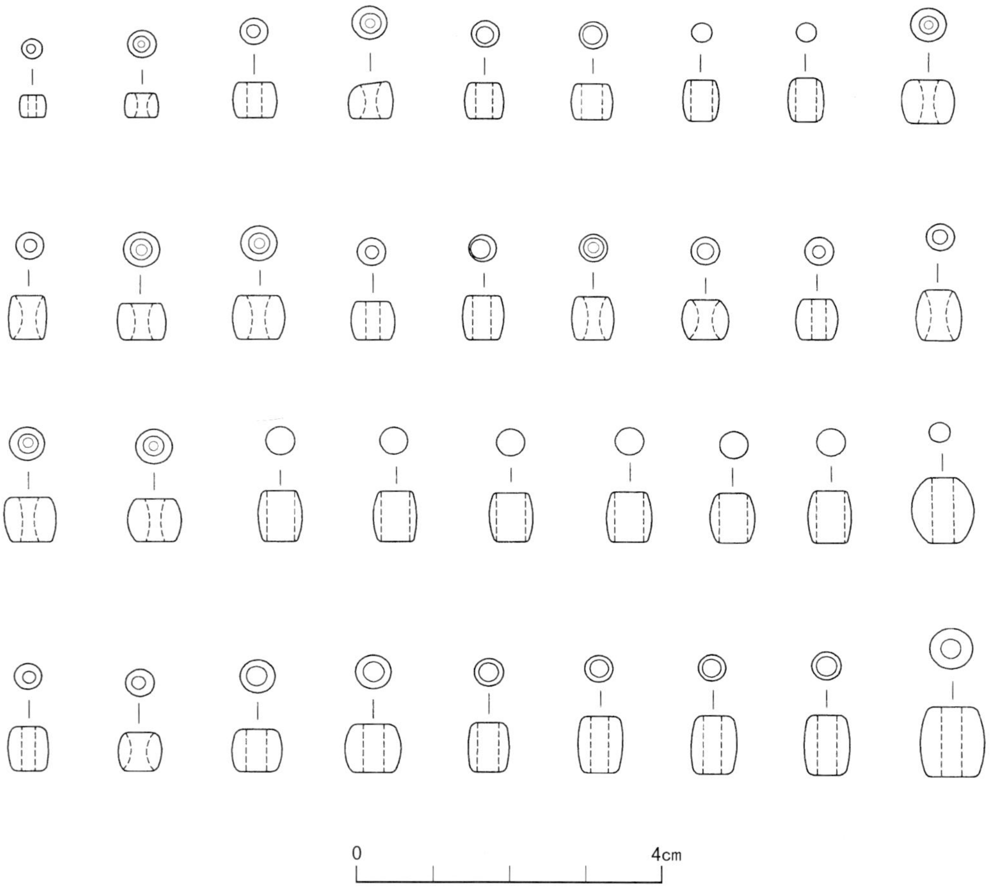

图四六一C　珠形玉项饰（M11：1–3）

鼓形　64件。

M11：1–4　圆鼓形，上下径相同，中部圆鼓，一孔上下贯穿，孔既有单面钻，也有双面对钻。径0.8～1.6、高1.0～2.3厘米（图四六一D，图四六一E）。

图四六一-D　鼓形玉项饰（M11：1—4a）

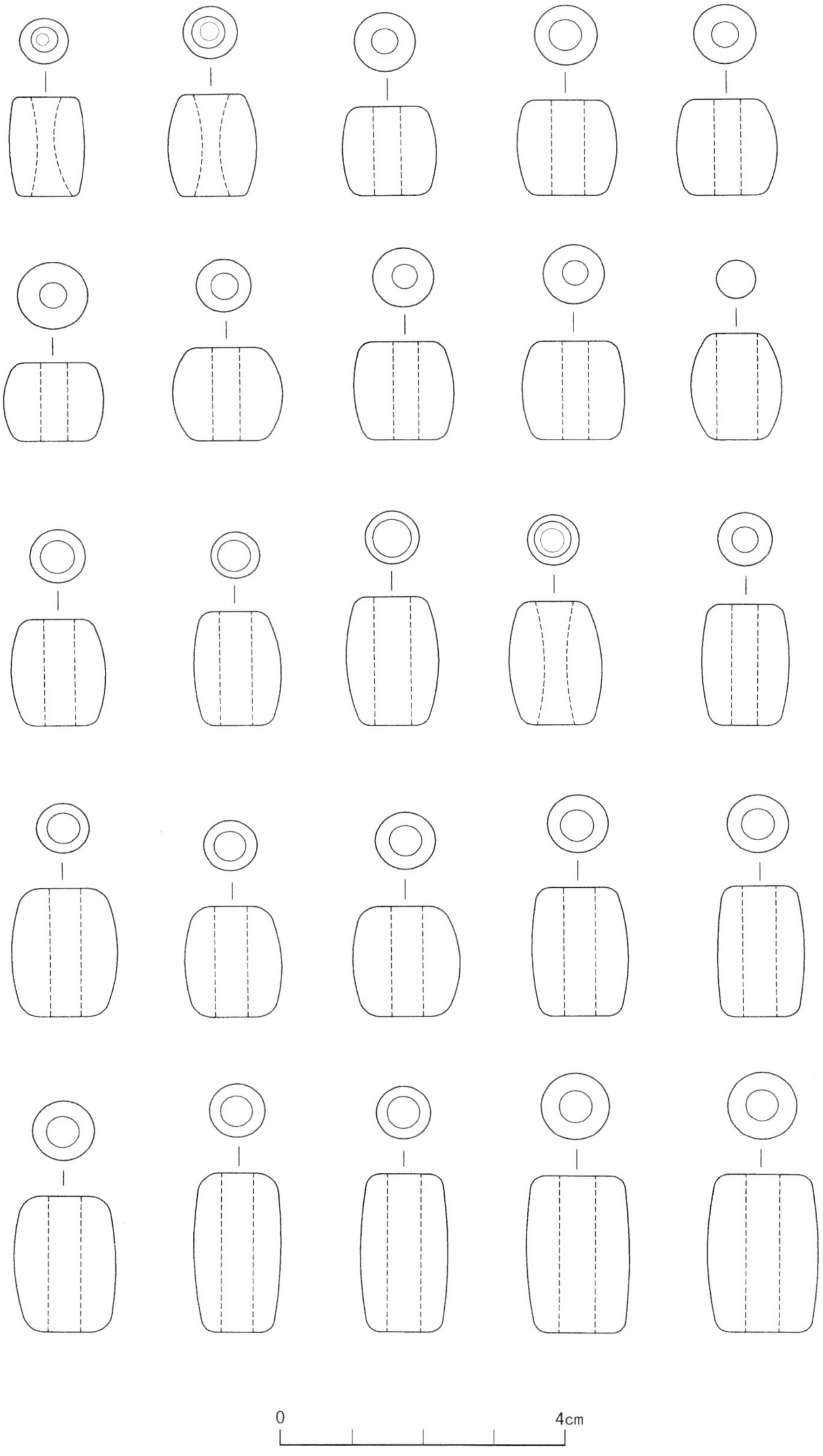

图四六一E　鼓形玉项饰（M11：1—4b）

图四六二　M11玉坠出土情况

坠　5件。坠应为项饰的组成部分，因其器形有别于珠、管，故单独编号（图四六二）。

M11：8　青玉，玉质疏松，受沁严重，玉色发白，不透明。上端呈圆锥形，有一穿，穿为两面对钻。坠近似圆柱形，中部圆弧，截面呈椭圆形，下端内收成尖锥形，通体抛光。通长4.1、最大径0.8厘米（图四六三）。

M11：18　青玉，玉质疏松，受沁严重，玉色发白，不透明。上端近似圆锥形，有一穿，穿为两面对钻。坠近似圆柱形，中部圆弧，截面呈椭圆形，下端内收成尖锥形，原通体抛光，受沁后表面粗疏。通长6.2、最大径0.7厘米（图四六四，图四六五）。

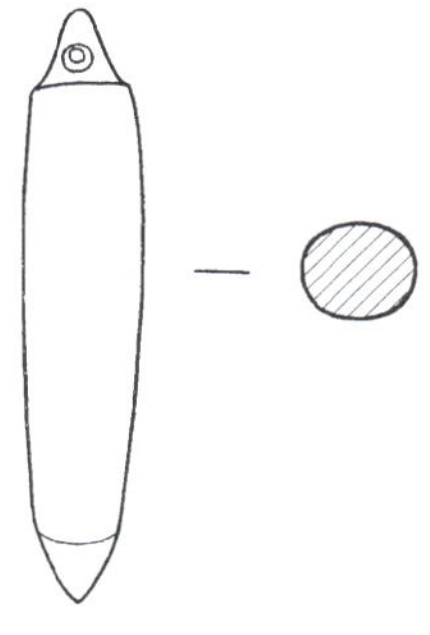

图四六三　玉坠（M11：8）

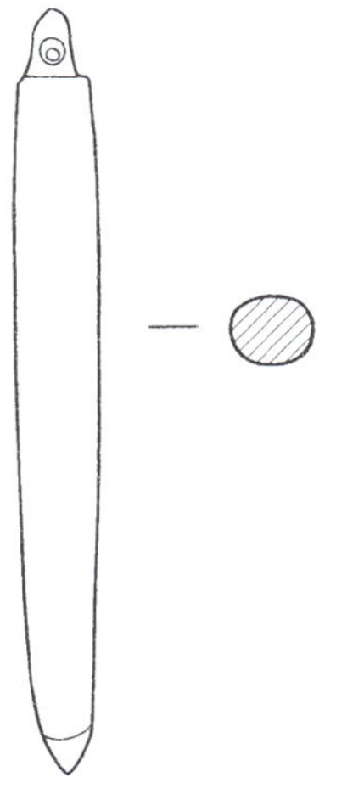

图四六四　玉坠（M11：18）

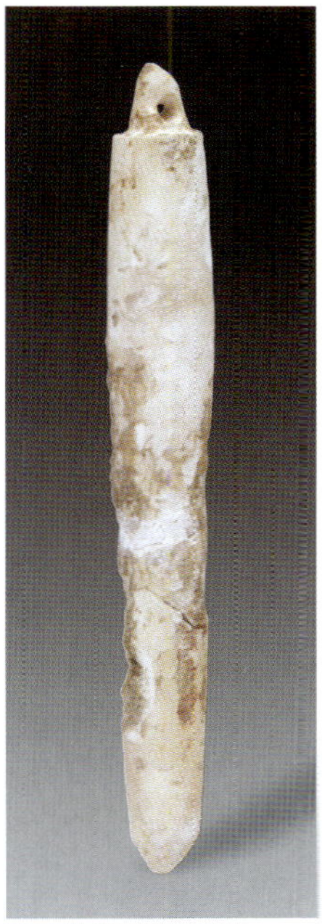

图四六五　玉坠（M11：18）

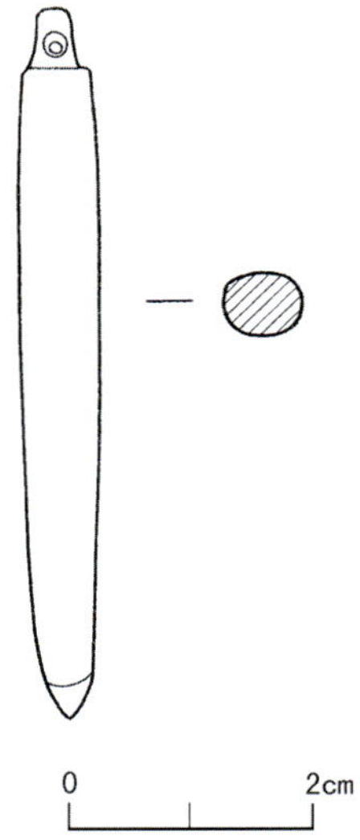

图四六六　玉坠（M11：16）

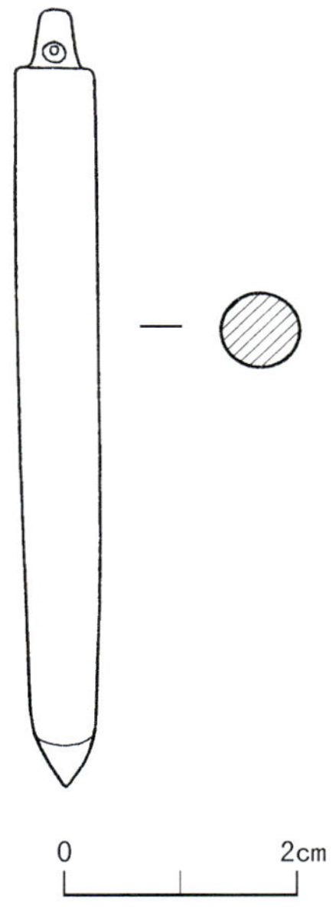

图四六七　玉坠（M11：23）

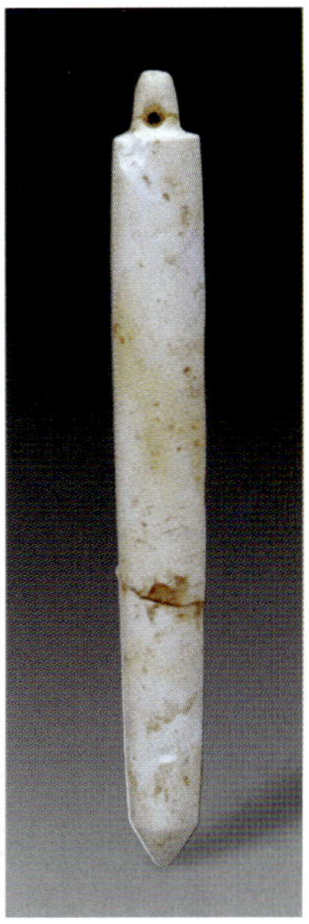

图四六八　玉坠（M11：23）

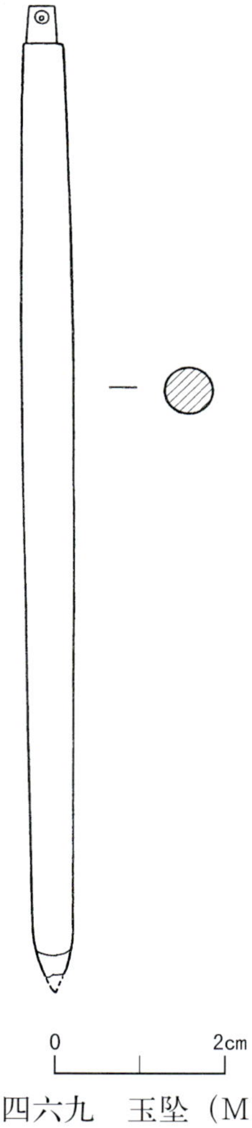

图四六九　玉坠（M11：9）

图四七〇　玉坠（M11：9）

M11：16　青玉，受沁呈鸡骨白，表面较粗糙，不透明。上端呈圆台形，有一穿，穿为单面钻。坠近似圆柱形，中部圆弧，截面呈圆形，下端内收成尖锥形，通体抛光。通长6.2、最大径0.7厘米（图四六六）。

M11：23　青玉，玉质疏松，受沁严重，基本白化，玉色微泛黄，不透明。上端呈圆台形，有一穿，穿为两面对钻。坠近似圆柱形，中部圆弧，截面呈圆形，下端内收成尖锥形，原通体抛光，受沁后表面较粗疏。通长7.0、最大径0.7厘米（图四六七，图四六八）。

M11：9　青玉，间有绿色花斑，玉质细腻，局部受沁呈鸡骨白，玉色泛青，微透明。上端呈圆台形，有一穿，穿为两面对钻。坠近似圆柱形，中部圆弧，截面呈圆形，下端内收成尖锥形，通体抛光，表面光滑。通长11.8、最大径0.6厘米（图四六九，图四七〇）。

台形饰　1件。台形饰应为项饰的组成部分，因其器形有别于珠、管，故单独编号。

M11：6　青玉，受沁严重，完全白化，玉质疏松，玉色发白，有褐斑，不透明。圆台形，上部小，下部略大，顶部凸起，中钻一大孔，两侧斜钻两小孔与大孔相通，原通体抛光，受沁后表面较粗疏。上径1.5、下径1.9、通高2.9厘米（图四七一，图四七二）。

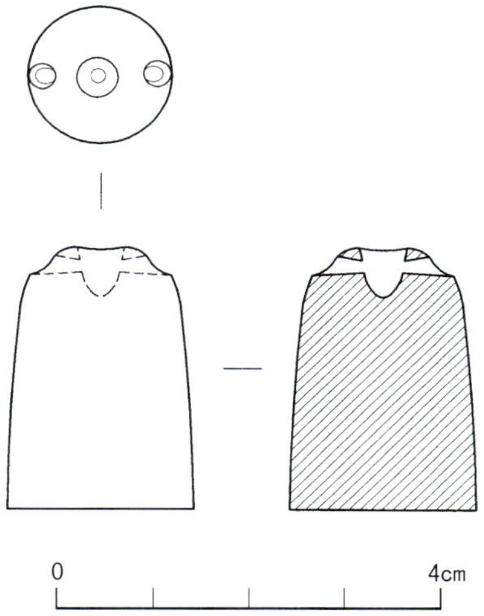

图四七一　台形玉饰（M11：6）

图四七二　台形玉饰（M11：6）

琮形管　1件。琮形管应为项饰的组成部分，因其器形有别于珠、管，故单独编号。

M11：19　青玉，受沁严重，完全白化，玉质疏松，玉色微泛黄，不透明。方柱形，一端大，一端小，一端略残，上下射抹角呈圆形，器身以粗凹弦纹分为2节，每节上部饰两组阴刻的细弦，中部转折处阴刻圆圈形眼，下部转角处减地成弧端长条形嘴，原通体抛光，受沁后表面粗疏。射上径1.6、下径1.4厘米，孔上径0.7、下径0.5～0.6厘米，高3.8厘米（图四七三，图四七四；图版四三，2、3）。

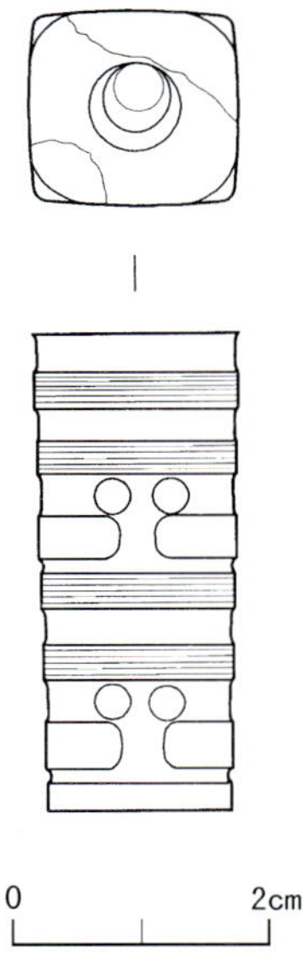

图四七三　琮形玉管（M11：19）

图四七四　琮形玉管（M11：19）

片状饰　1件。片状饰应为项饰的组成部分，因其器形有别于珠、管，故单独编号。

M11：20　青玉，玉质疏松，受沁严重，完全白化，玉色微泛黄，不透明。两端平，侧面微弧，一面平，一面圆弧，一孔上下贯穿，左右下角与底面之间各有一斜向对穿的小孔，通体抛光。上边长1.8、边宽0.6、孔径0.5厘米；下边长1.4、边宽0.5、孔径0.4厘米；高1.6、厚0.6厘米（图四七五）。

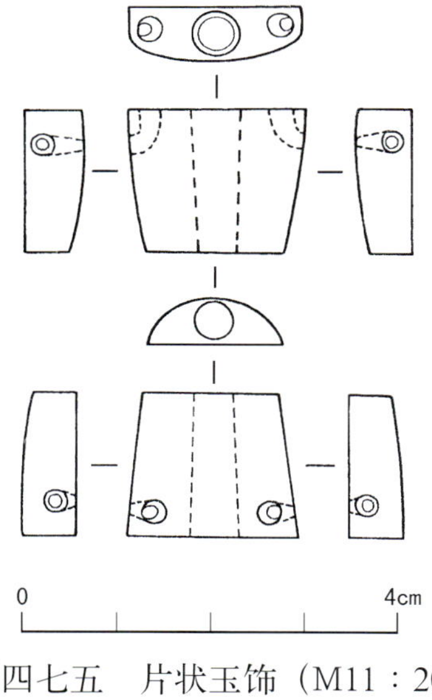

图四七五　片状玉饰（M11：20）

镯　2件。

M11：4　青玉，玉质疏松，受沁严重，表面白化，玉色微泛黄，不透明。圆箍状，上下径较大，中部向内弧，原通体抛光，受沁后表面较粗疏。外径7.6、内径5.8、高2.4、厚0.9厘米（图四七六，图四七七）。

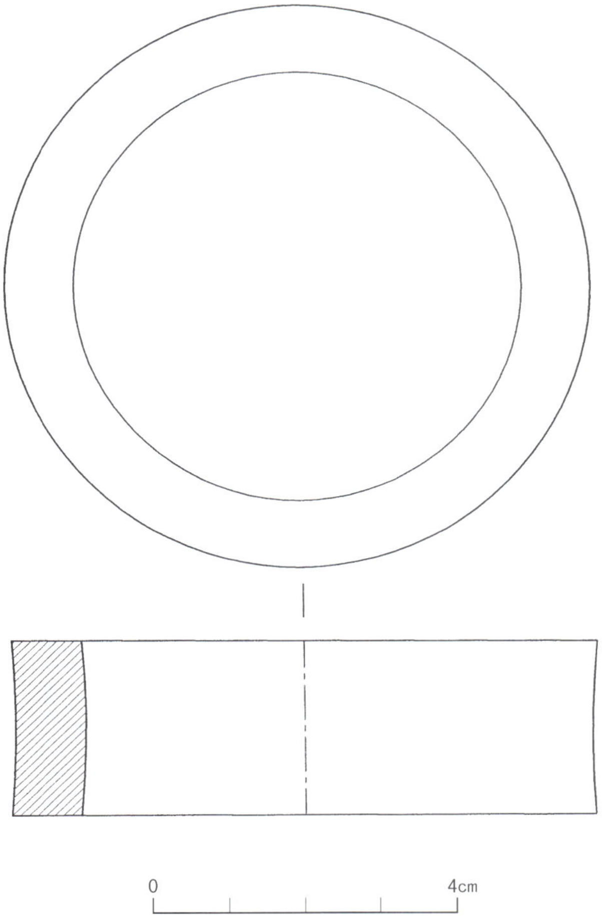

图四七六　玉镯（M11：4）

图四七七　玉镯（M11：4）

M11：21　青玉，玉质疏松，受沁严重，完全白化，玉色泛黄，不透明。圆箍状，上下径较大，中部向内弧，截面近似正圆，原通体抛光，受沁后表面较粗疏。外径7.2～7.5、内径6.0～6.3、高2.8、厚0.6厘米（图四七八，图四七九）。

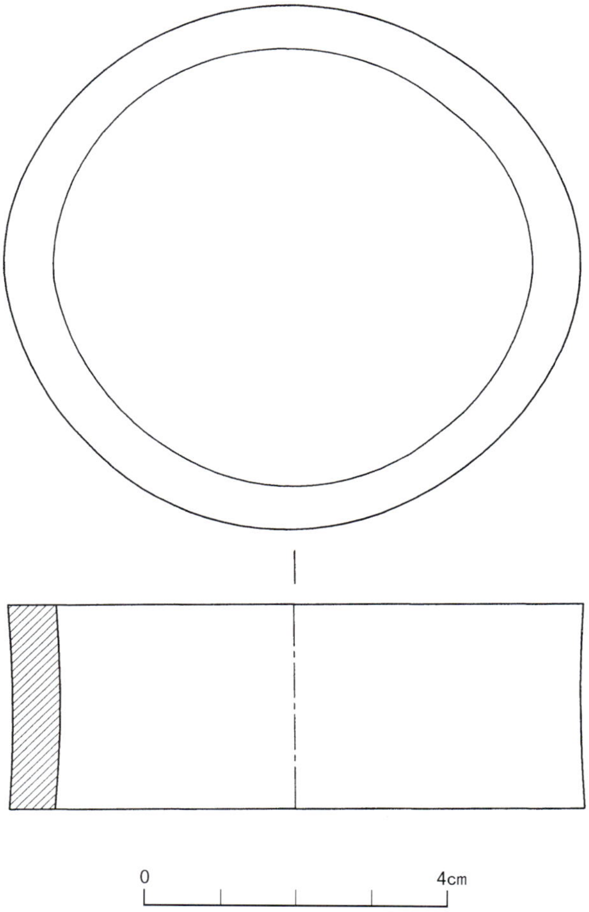

图四七八　玉镯（M11：21）

图四七九　玉镯（M11：21）

凿形饰　2件（图版四四）。

M11：5　青玉，玉质疏松，受沁严重，完全白化，玉色微泛黄，不透明。圆柱体，下部磨成扁凿形，原通体抛光，受沁后表面粗疏。高12.7、最大径1.0厘米（图四八〇，图四八二）。

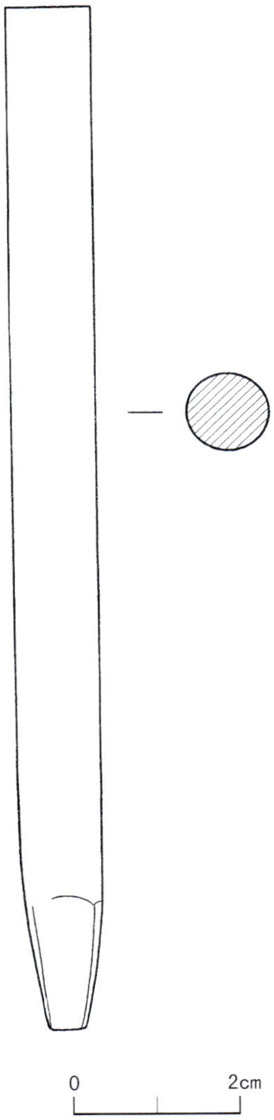

图四八〇　凿形玉饰
（M11：5）

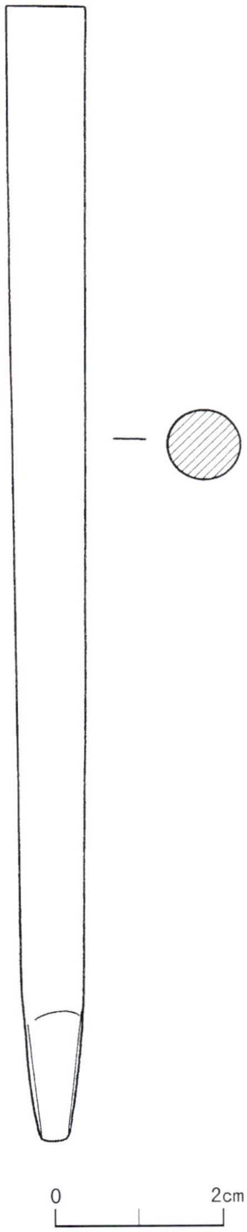

图四八一　凿形玉饰
（M11：7）

图四八二　凿形玉饰
（M11：5、M11：7）

M11：7　青玉，玉质疏松，受沁严重，完全白化，玉色微泛黄，不透明。圆柱体，下部磨成扁凿形，原通体抛光，受沁后表面粗疏。高14.0、最大径0.9厘米（图四八一，图四八二）。

镦　1件。

M11：10　青玉，玉质疏松，受沁严重，完全白化，玉色微泛黄，不透明。镦呈圆台形，截面近似圆形，下部圆鼓，上部有凸起的榫，榫近似圆台形，略残，中有一销孔，原通体抛光，受沁后表面较粗疏。上径2.1、下径2.6～3.0、榫残高1.8、通高残4.3厘米。根据出土位置，应为玉钺的端饰（图四八三，图四八四）。

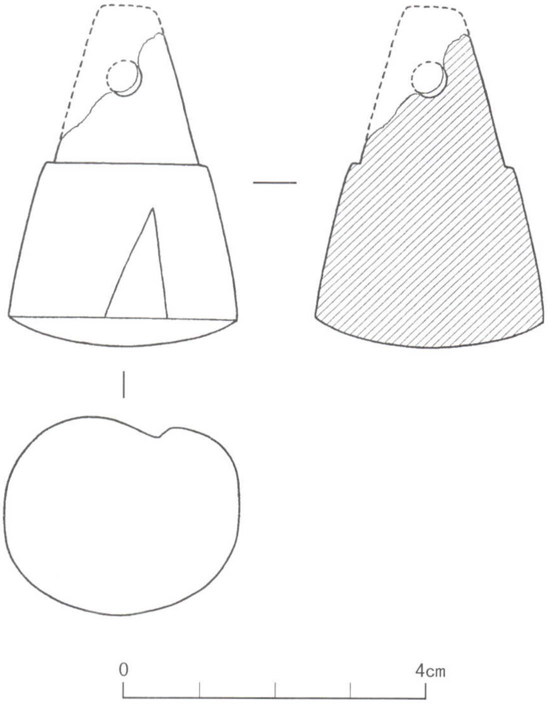

图四八三　玉镦（M11：10）

图四八四　玉镦（M11：10）

璧　6件（图版四五，1）。

M11：17　青玉，玉色青绿，玉质晶莹，间有墨绿色条纹，受沁不明显，微透明。圆形，边缘略有缺损，器形扁平、规整，形体较小，素面，中有一圆孔，孔为单面钻。通体抛光，器表光滑，一面有未打磨尽的弧线切割痕。肉径14.6～15.0、好外径4.4、好内径4.1、厚1.0厘米（图四八五，图四八六；图版四五，2、3）。

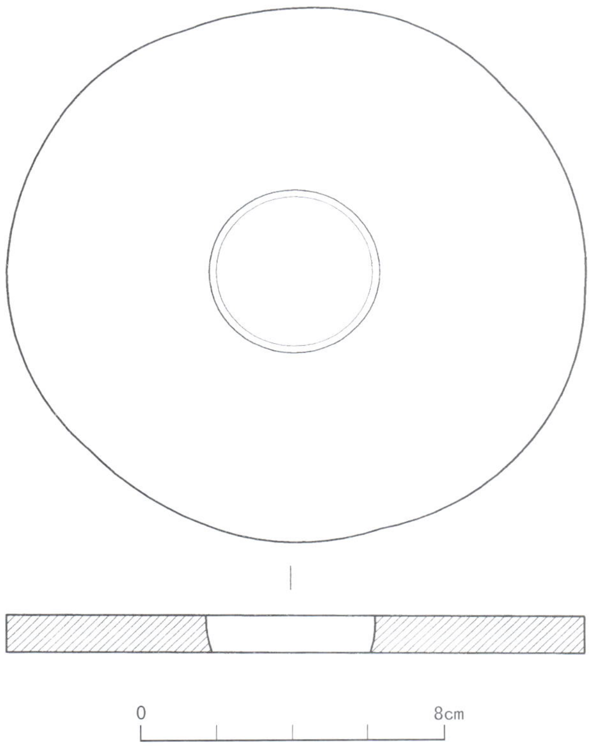

图四八五　玉璧（M11：17）

图四八六　玉璧（M11：17）

M11：13　青玉，玉色青黄，间有块状墨绿色斑点，受沁严重，沁呈青白色，不透明。圆形，边缘略有缺损，器形扁平、规整，形体较小，素面，中有一圆孔，孔为单面钻。通体抛光，器表较光滑。肉径14.7~15.4、好径3.2、厚1厘米（图四八七，图四八八；图版四五，4、5）。

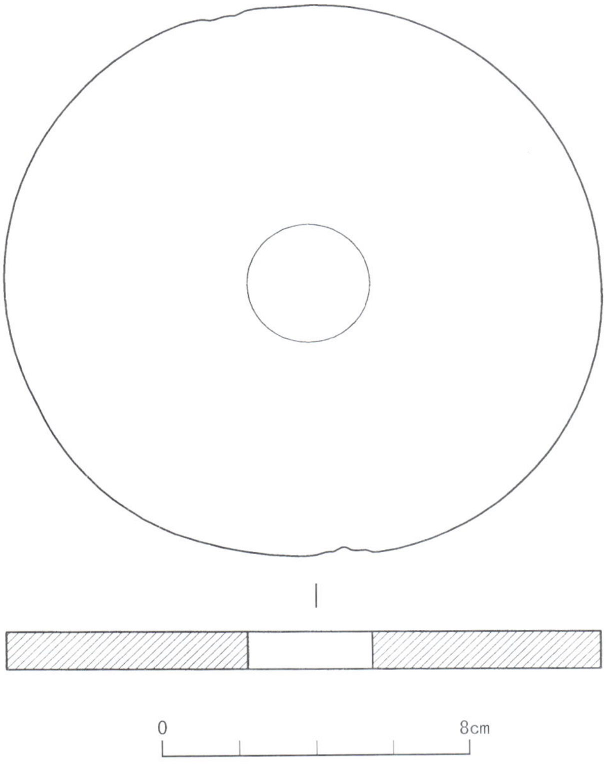

图四八七　玉璧（M11：13）

图四八八　玉璧（M11：13）

图四八九　玉璧（M11：15）

M11：15　青玉，玉色青绿，玉质晶莹，间有块状墨绿色花斑，沁色呈青白色，微透明。圆形，边缘略有缺损，器形扁平、规整，素面，中有一圆孔，孔为两面对钻，孔内留有未打磨尽的管钻痕和台痕。通体抛光，器表光滑。肉径19.9、好外径4.6、好内径4.0～4.1、厚1.3厘米（图四八九，图四九〇；图版四六，1、2）。

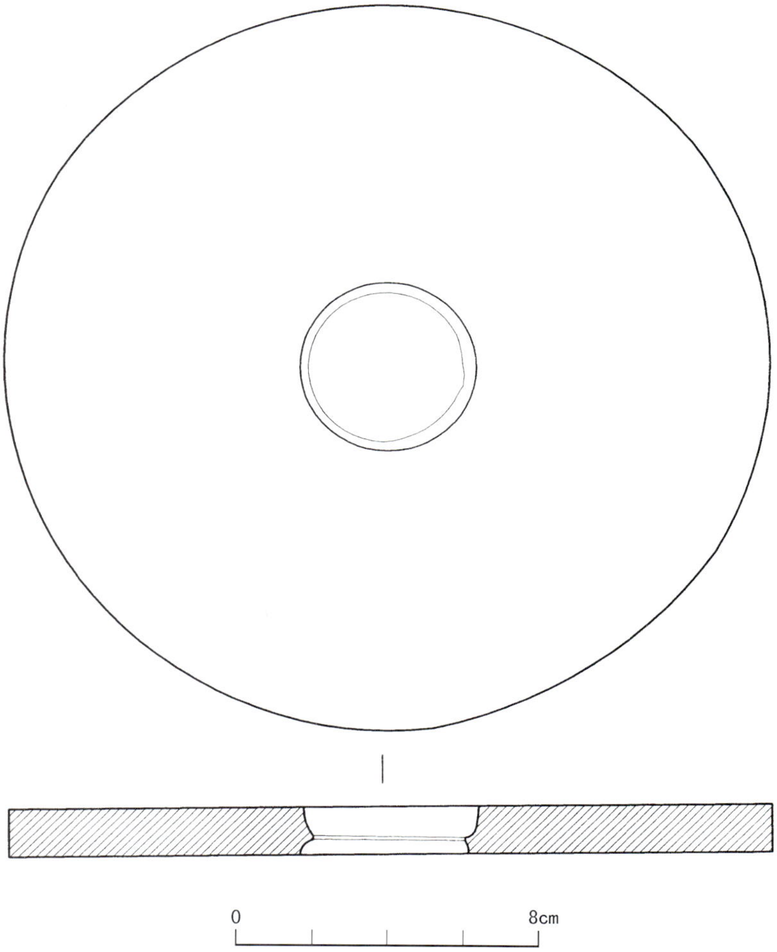

图四九〇　玉璧（M11：15）

M11：11　青玉，玉色泛黄，玉质晶莹，间有块状墨绿色花斑，沁色呈青白色，微透明。圆形，边缘略有缺损，器形扁平、规整，素面，中有一圆孔，孔为两面对钻，孔内有未打磨尽的管钻痕和台痕。通体抛光，器表光滑，两面均留有未打磨尽的弧线切割痕。肉径19.8～20.0、好外径3.8、好内径3.1～3.2、厚1.2厘米（图四九一，图四九二；图版四六，3、4）。

图四九一　玉璧（M11：11）

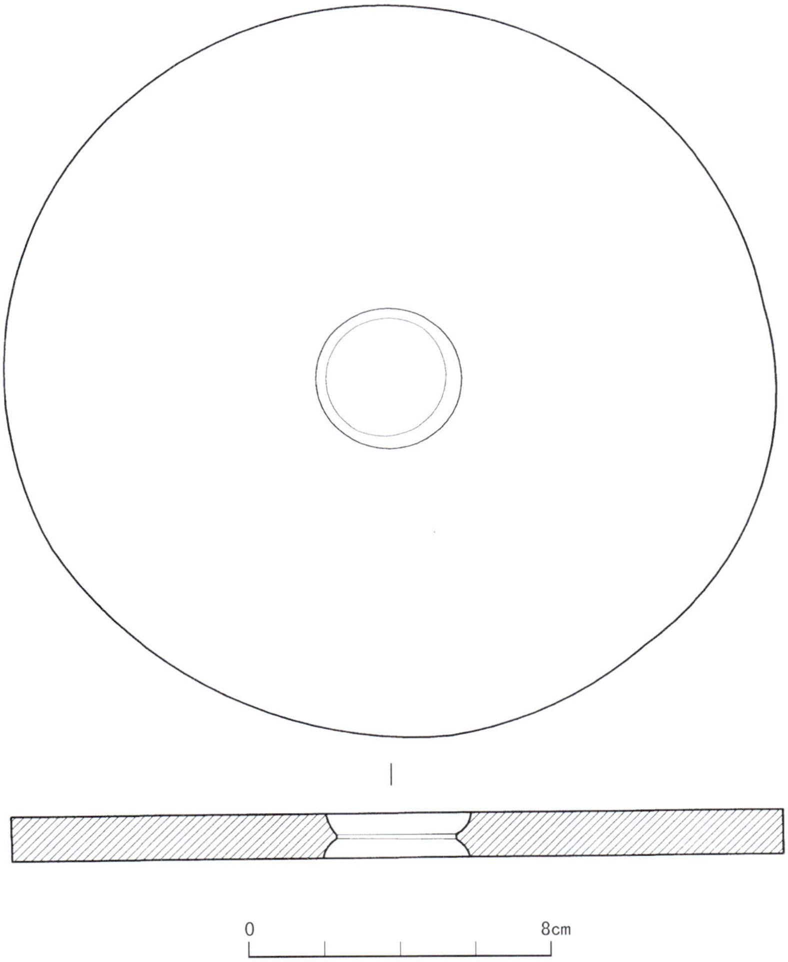

图四九二　玉璧（M11：11）

图四九三　玉璧（M11：14）

M11：14　青玉，玉色深绿，近似碧玉，玉质晶莹，间有块状墨绿色花斑，沁色呈青白色条状，微透明。圆形，边缘略有缺损，器形扁平、规整，素面，中有一圆孔，孔为两面对钻，孔内留有未打磨尽的管钻痕和台痕。通体抛光，器表光滑。肉径19.5～20.2、好外径4.4、好内径4.0、厚1.0厘米（图四九三，图四九四；图版四七，1、2）。

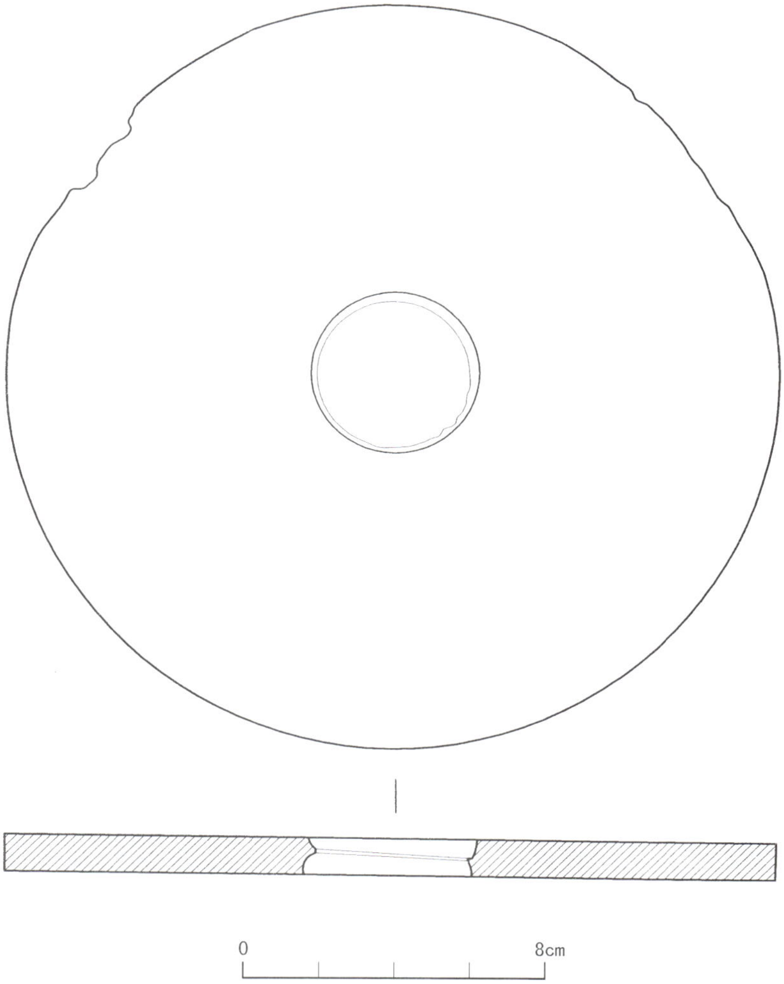

图四九四　玉璧（M11：14）

M11：2　青玉，玉色深绿，近似碧玉，玉质晶莹，间有块状墨绿色花斑，沁色呈青白色条状，微透明。圆形，器形扁平、规整，形体较大，素面，中有一圆孔，孔为两面对钻，孔内有未打磨尽的管钻痕和台痕。通体抛光，器表光滑。肉径20.6～20.7、好外径4.8、好内径4.2、厚1.1厘米（图四九五，图四九六；图版四七，3、4）。

图四九五　玉璧（M11：2）

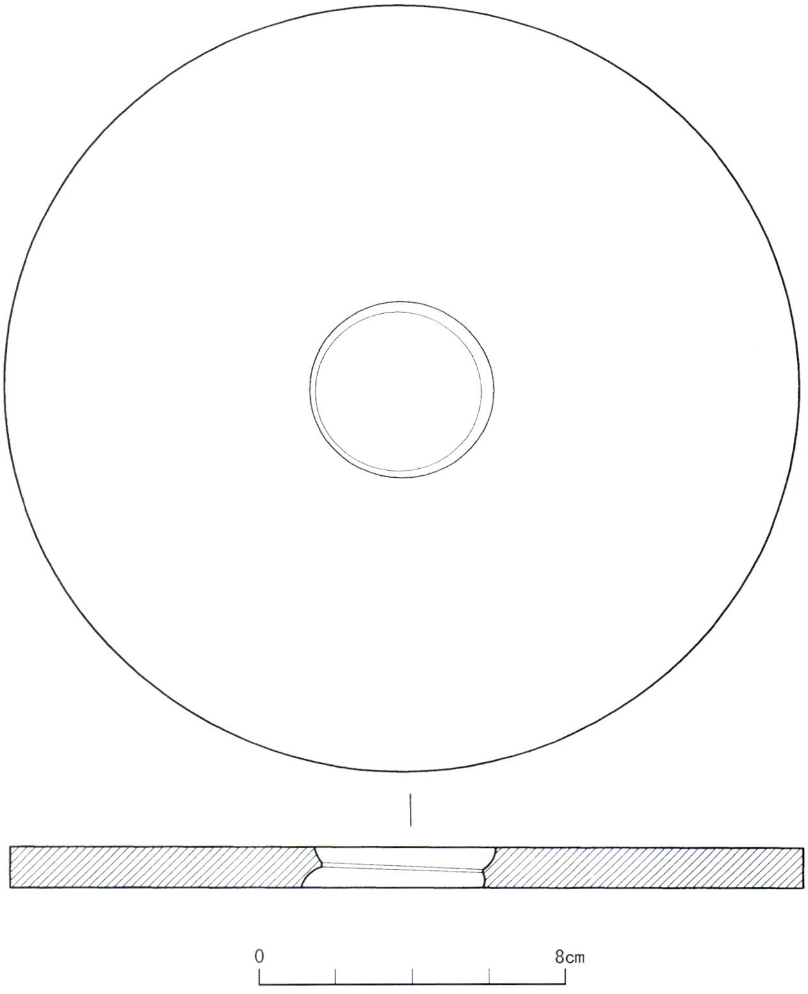

图四九六　玉璧（M11：2）

钺　2件。

M11：24　青玉，玉色泛绿，间有深绿色花斑，灰白色条状沁，局部呈块状，微透明。器形规整，上窄下宽呈“风”字形，平顶，两面微弧，中部厚，两侧稍薄，两侧斜直，边缘磨圆，两侧与刃部有明显的转折，双面弧刃，圆刃，中部偏上处有一小圆孔。孔为单面管钻，一面略大，一面略小。通体抛光，顶部留有切割痕和敲断痕，单面片形切割，切割至一半后敲断。顶宽8.6、刃宽11.0、高16.3、孔外径1.3、孔内径1.1、厚0.6厘米（图四九七，图四九八；图版四八，1、2）。

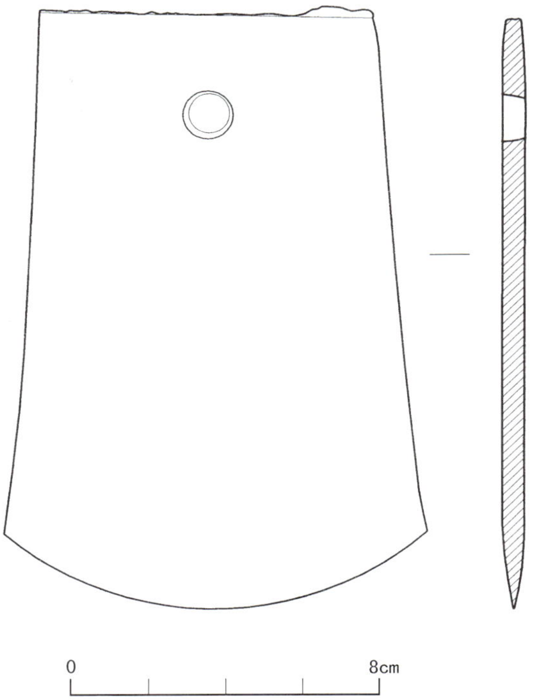

图四九七　玉钺（M11：24）

图四九八　玉钺（M11：24）

M11：28　青玉，玉色泛绿，间有灰白色沁，沁呈条状，局部有褐色斑点，微透明。器形规整，上窄下宽呈“风”字形，平顶，两面微弧，中部厚，两侧稍薄，两侧斜直，两侧与刃部有明显的转折，双面弧刃，顶部、两侧与刃部磨平，中部偏上处有一小圆孔。孔为双面管钻，内有台痕，通体抛光。顶宽9.0、刃宽11.6、高19.5、孔外径1.7、孔内径1.2～1.4、厚0.9厘米（图四九九，图五〇〇；图版四八，3、4）。

石器　14件。

刀　1件。

M11：46　青灰色石料，上有浅灰色花斑。形体较小，斜直柄，刀背部内弧，弧刃，通体磨光。刃长3.8、宽0.5～1.1、厚0.2厘米，柄长1.9、宽0.6、厚0.3厘米，通长5.7厘米（图五〇一，图五〇二）。

图四九九　玉钺（M11：28）

图五〇〇　玉钺（M11：28）

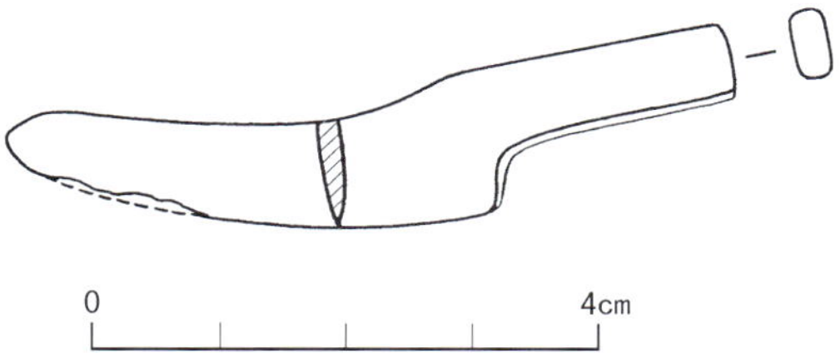

图五〇一　小石刀（M11：46）

图五〇二　小石刀（M11：46）

锛　1件。

M11：53　青灰色石料。长条形，薄体，平顶，有段，正面微弧，背面平，两侧平直，单面斜刃，通体抛光。长6.2、宽1.8、厚0.7厘米（图五〇三，图五〇四）。

斧　3件。

M11：51　青灰色石料，表面泛黄。平顶，两面微弧，两侧斜直，弧刃，中部偏上有一大圆孔，孔为两面管钻，通体抛光。顶宽6.1、刃宽7.0、高10.5、孔外径1.6、孔内径1.4、厚0.6厘米（图五〇五，图五〇六）。

M11：29　深灰色石料，间有黄色花斑。弧顶，两面微弧，两侧斜直，弧刃，中部偏上有一大圆孔，孔为两面管钻，通体抛光。顶宽5.2、刃宽9.6、高11.7、孔外径3.3、孔内径3.1、厚0.5厘米（图五〇七，图五〇八）。

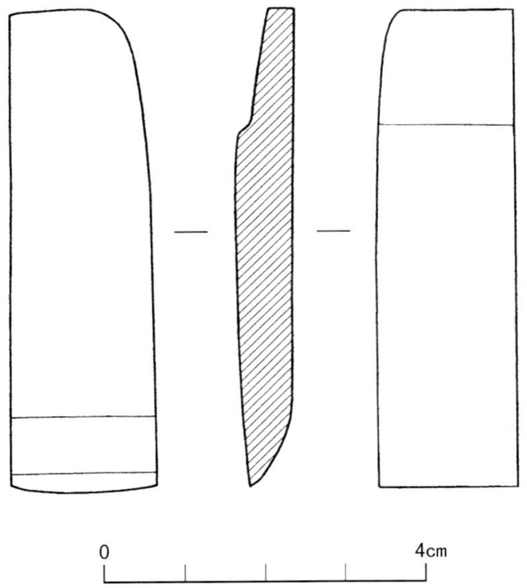

图五〇三　石锛（M11：53）

图五〇四　石锛（M11：53）

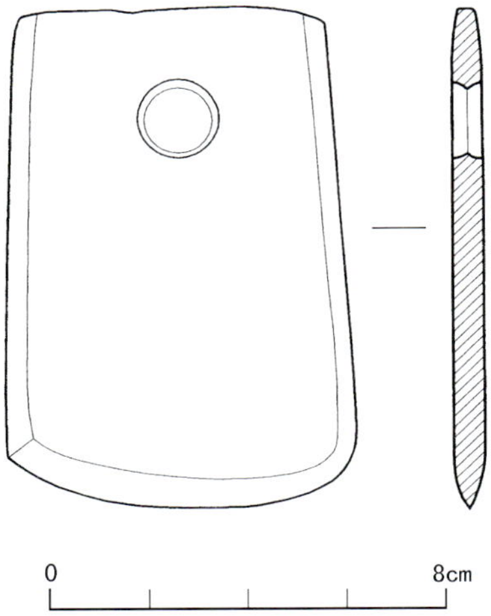

图五〇五　石斧（M11：51）

图五〇六　石斧（M11：51）

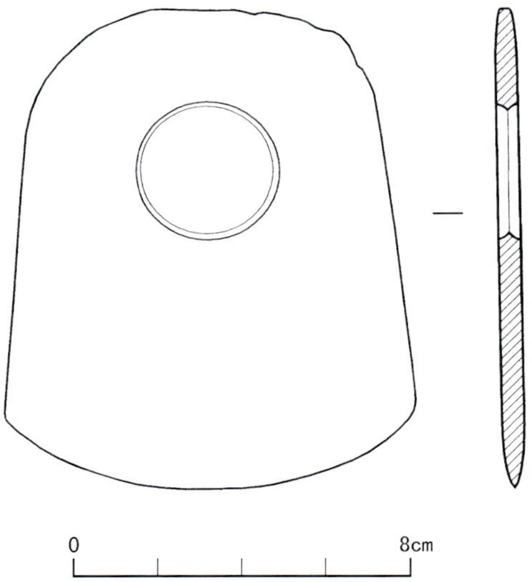

图五〇七　石斧（M11：29）

图五〇八　石斧（M11：29）

M11：45　深灰色石料，间有黄色花斑。平顶，两面微弧，两侧斜直，弧刃，刃与两侧无明显的转折，中部偏上有一小圆孔和一大圆孔，小圆孔下部被大圆孔钻破，小孔为单面管钻，大孔为两面管钻，通体抛光。顶宽9.5、刃宽12.7、高14.9、小孔外径1.4、小孔内径1.0、大孔外径4.3、大孔内径4.0、厚1.0厘米（图五〇九，图五一〇）。

"V"字形钺　1件。

M11：3　青灰色石料，上有几道黄褐色条纹。器形呈"V"字形，顶部内凹，两侧平直向内倾斜，中部呈矮梯形凸起，背部及两侧平，近似三角形，弧刃，中部偏上有一孔，孔为两面管钻，通体磨光。宽17.3、高10.0、孔外径0.9、孔内径0.8、厚0.3厘米（图五一一；图版四九）。

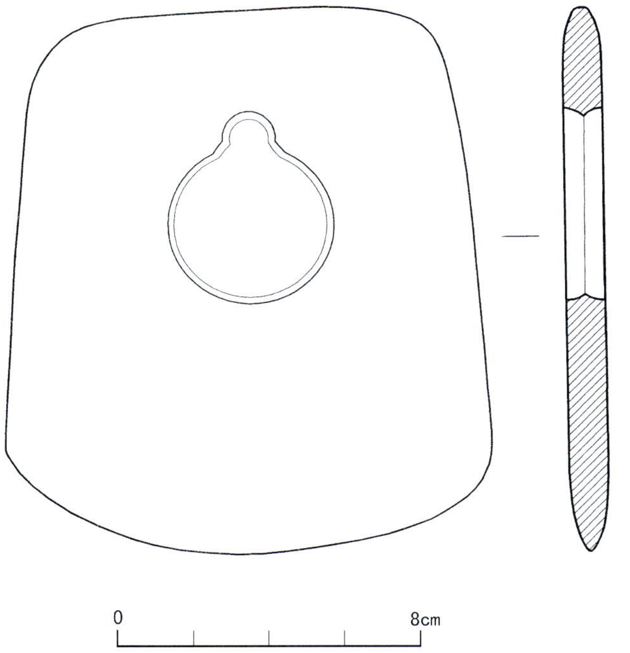

图五〇九　石斧（M11：45）

图五一〇　石斧（M11：45）

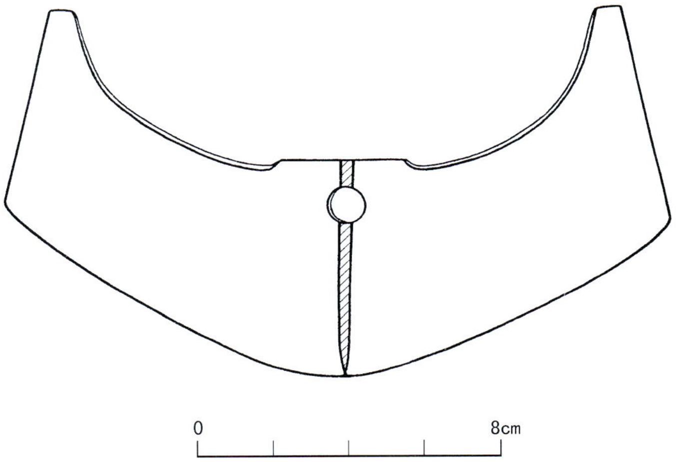

图五一一　"V"字形石钺（M11：3）

钺　8件。

M11∶34　青灰色石料，间有浅灰色花斑。上窄下宽呈“风”字形，平顶，未经打磨，两面平，两侧斜直，双面弧刃，两侧与刃部有明显的转折，中部偏上处有一孔，孔为双面管钻，通体磨光。顶宽8.8、刃宽9.5、高13.3、孔外径1.6、孔内径1.3、厚0.6厘米（图五一二，图五一三）。

M11∶26　黑色石料，间有深灰色花斑。上窄下宽呈“风”字形，平顶，两面平，两侧斜

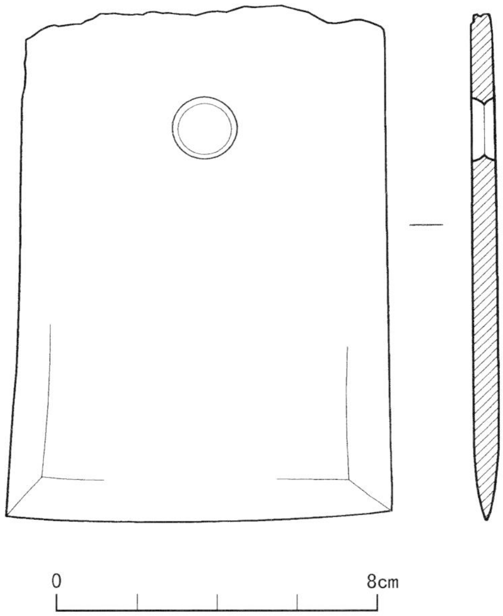

图五一二　石钺（M11∶34）

图五一三　石钺（M11∶34）

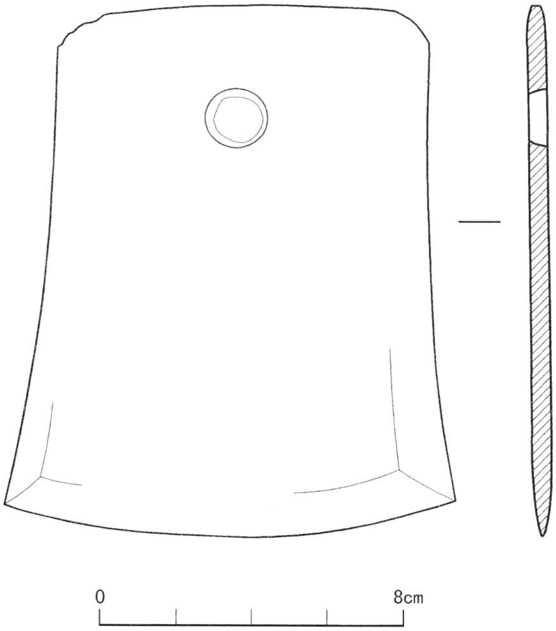

图五一四　石钺（M11∶26）

图五一五　石钺（M11∶26）

直，双面弧刃，两侧与刃部有明显的转折，中部偏上处有一孔，孔为单面管钻，通体磨光。顶宽7.6、刃宽11.7、高14.4、孔外径1.6、孔内径1.3、厚0.5厘米（图五一四，图五一五）。

M11：32　深灰色石料，间有浅灰色花斑。上窄下宽呈“风”字形，平顶，两面平，两侧斜直，双面弧刃，两侧与刃部有明显的转折，中部偏上处有一孔，孔为双面管钻，通体磨光。顶宽9.3、刃宽11.1、高16.4、孔外径1.4、孔内径1.1、厚0.6厘米（图五一六，图五一七）。

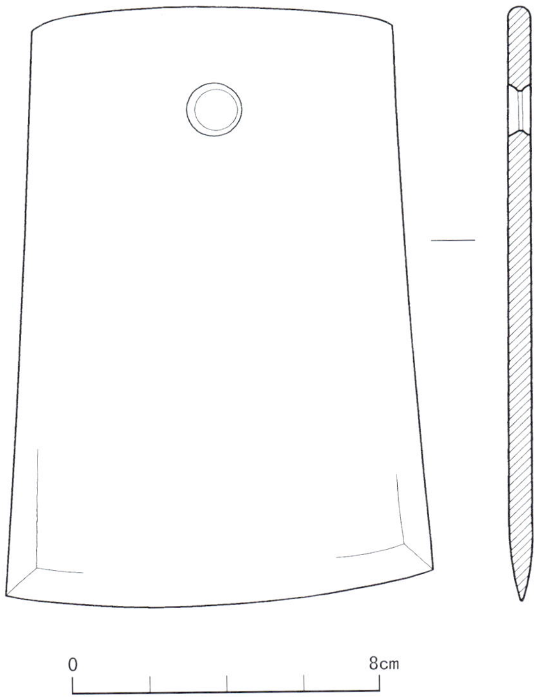

图五一六　石钺（M11：32）

图五一七　石钺（M11：32）

M11：25　黑色石料，间有深灰色花斑。上窄下宽呈“风”字形，顶部内凹，未经打磨，两面平，两侧斜直，双面弧刃，两侧与刃部有明显的转折，中部偏上处有一孔，孔为双面管钻，通体磨光。顶宽10.8、刃宽13.7、高17.2、孔外径3.4、孔内径3.1、厚0.5厘米（图五一八，图五一九）。

M11：27　黑色石料，间有浅灰色花斑。上窄下宽呈“风”字形，平顶，顶部未经打磨，两面平，两侧斜直，双面弧刃，两侧与刃部有明显的转折，中部偏上处有一孔，孔为双面管钻，通体磨光。顶宽10.0、刃宽13.3、，高18.1、孔外径3.4、孔内径3.0～3.1、厚0.5厘米（图五二〇，图五二一）。

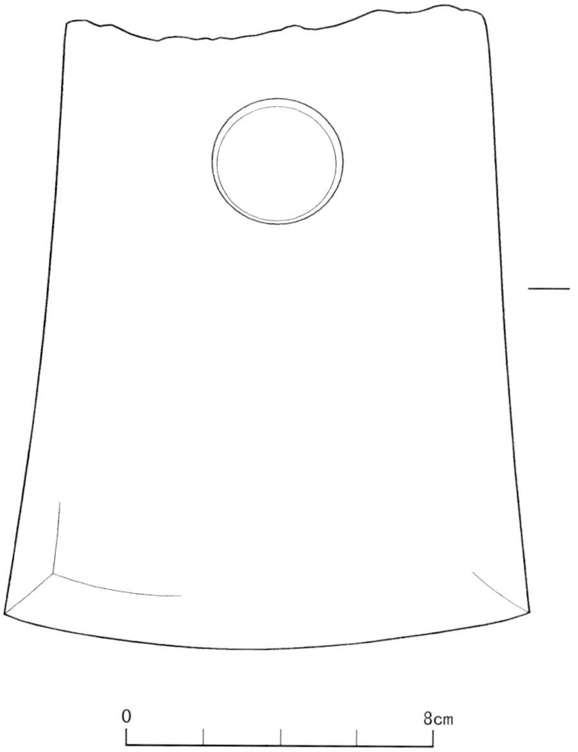

图五一八　石钺（M11：25）

图五一九　石钺（M11：25）

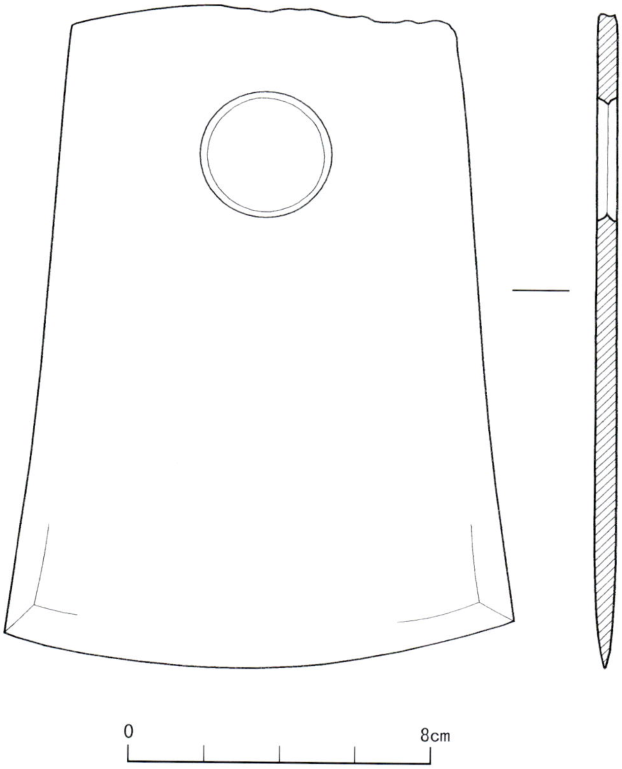

图五二〇　石钺（M11：27）

图五二一　石钺（M11：27）

M11：30　深灰色石料，间有浅灰色花斑。上窄下宽呈“风”字形，弧顶，顶部未经打磨，两面平，两侧斜直，双面弧刃，两侧与刃部有明显的转折，中部偏上处有一孔，孔为单面管钻，通体磨光。顶宽13.2、刃宽14.7、高16.2、孔外径3.6、孔内径3.3、厚0.3厘米（图五二二，图五二三）。

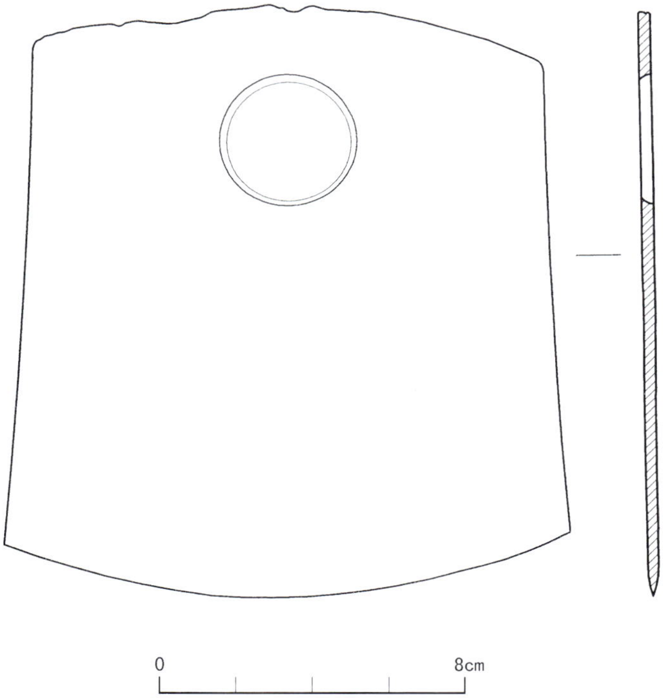

图五二二　石钺（M11：30）

图五二三　石钺（M11：30）

M11：31　深灰色石料，间有浅灰色花斑。上窄下宽呈“风”字形，平顶，两面平，两侧斜直，双面弧刃，两侧与刃部有明显的转折，中部偏上处有一孔，孔为双面管钻，通体磨光。顶宽11.3、刃宽14.4、高18.7、孔外径2.1、孔内径1.7、厚0.5厘米（图五二四，图五二五）。

M11：33　深灰色石料，间有浅灰色花斑。上窄下宽呈“风”字形，弧顶，两面平，两侧斜直，双面弧刃，两侧与刃部有明显的转折，中部偏上处有一孔，孔为双面管钻，通体磨光。顶宽11.2、刃宽15.5、高19.4、孔外径3.4、孔内径3.1、厚0.5厘米（图五二六，图五二七）。

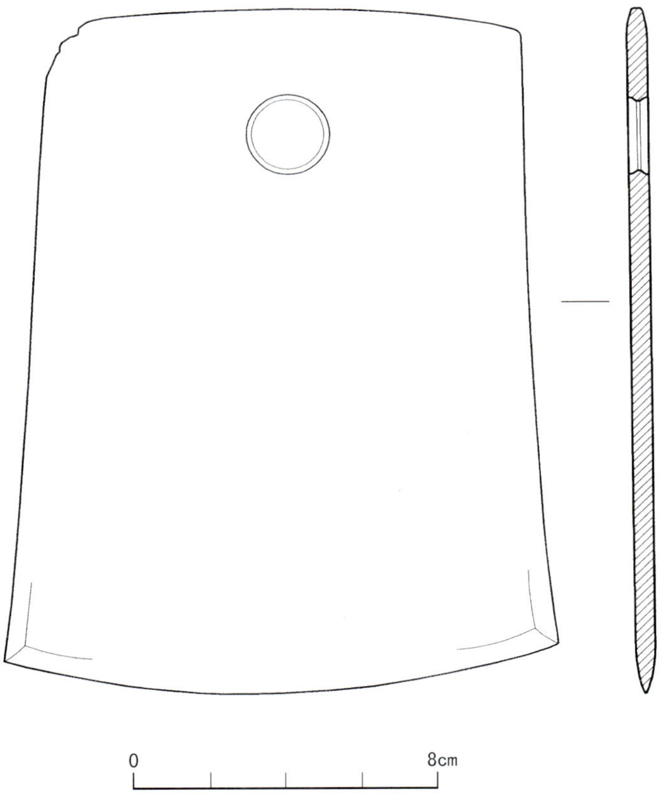

图五二四　石钺（M11：31）

图五二五　石钺（M11：31）

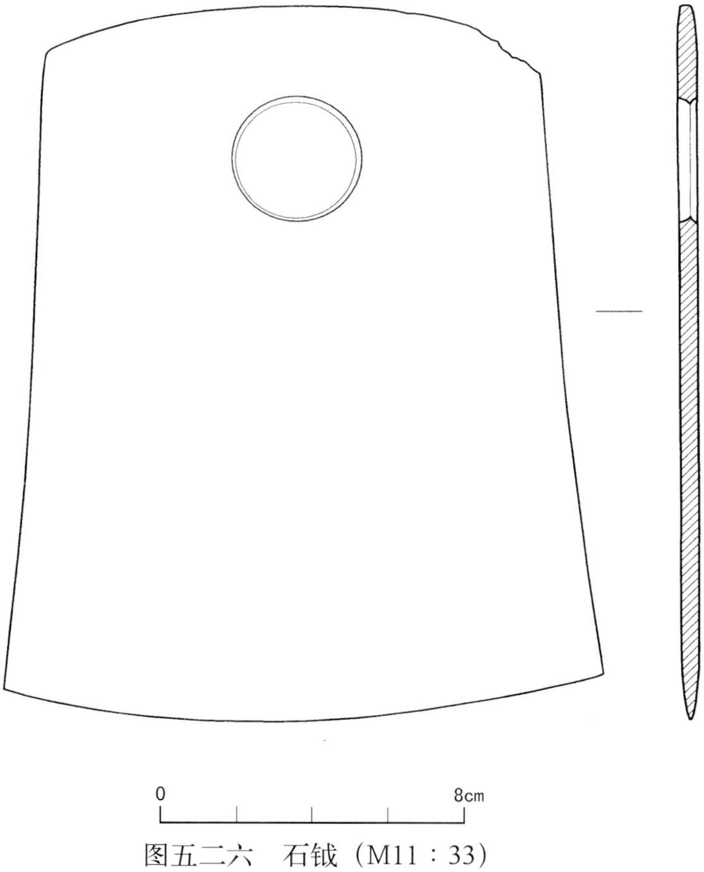

图五二六　石钺（M11：33）

图五二七　石钺（M11：33）

三　地层出土的文化遗物

文化遗物出土于遗址的第3层，即高台内，多为残破的石器。

石器　5件。

锛　2件。

T0406③：1　深灰色石料。残，长条形，厚体，上部残，正面微弧，背面平，两侧斜平，单面斜刃，通体磨光。残长6.8、宽2.8、厚3.2厘米（图五二八）。

T0905③：1　灰白色石料。长条形，厚体，顶部较平，正面微弧，背面平，两侧微弧，单面斜刃，通体磨光。长9.6、宽3.2、厚3.6厘米（图五二九，图五三〇）。

斧　1件。

T0905③：2　深灰色石料，间有黄色花斑。梯形，顶部微弧，侧面微弧，中部偏上处有一

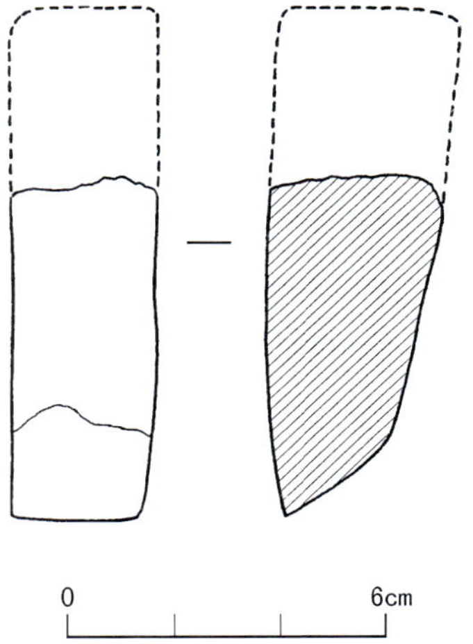

图五二八　石锛（T0406③：1）

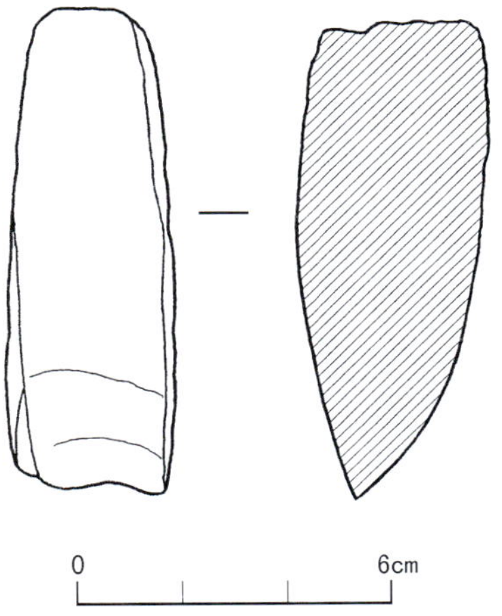

图五二九　石锛（T0905③：1）

图五三〇　石锛（T0905③：1）

孔，孔为两面管钻，通体磨光。顶宽4.4、刃宽6.0、高11.2、孔外径1.6、孔内径1.2～1.3、厚1.7厘米（图五三一，图五三二）。

钺　2件。

T0306③：1　深灰色石料。残，长方形（？），顶部平，侧面平直，刃部残，中部偏上处有一孔，孔为两面管钻，通体磨光。顶部残宽3.5、残高16.3、孔径2.0、厚0.8厘米（图五三三）。

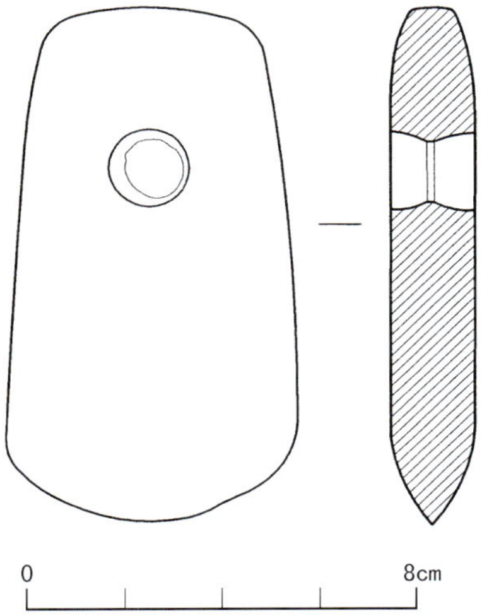

图五三一　石斧（T0905③：2）

图五三二　石斧（T0905③：2）

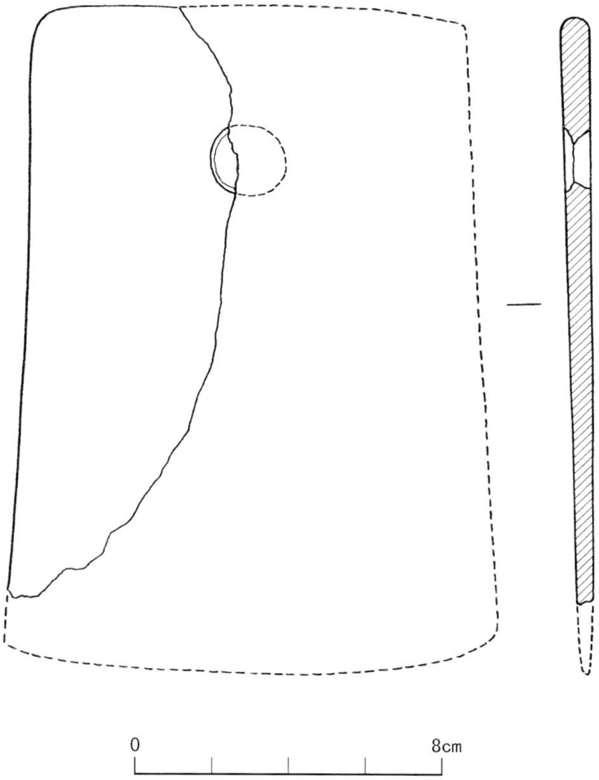

图五三三　石钺（T0306③：1）

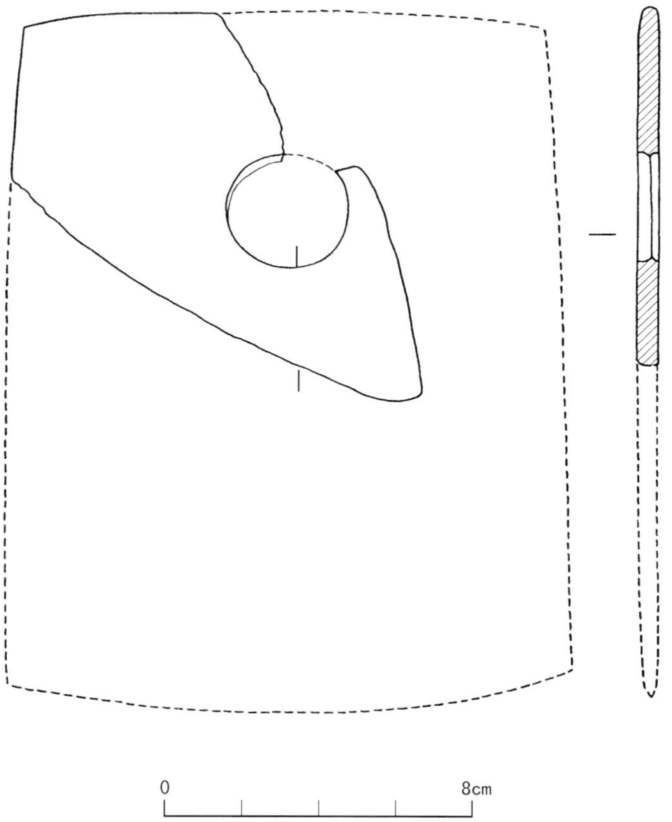

图五三四　石钺（T0306③：2）

T0306③：2　深灰色石料。残，长方形（？），顶部微弧，侧面平直，中部偏上处有一孔，孔为两面管钻，通体磨光。顶部残宽5.0、残高10.6、孔径3.2、厚0.6厘米（图五三四）。

四　M1填土内出土的文化遗物

清理战国墓M1时，在墓坑填土的上部发现有堆放的玉器，经清理，计出土了玉璜、三镯、玉璧、玉管、玉坠等玉器。推测是在遗址上开挖东西向战国墓的大型墓坑时损毁了若干南北向的新石器时代的墓葬，于是将玉器收集后集中堆放在战国墓坑的上部。

由于文化遗物虽然在M1的填土中出土，然并非战国墓M1的随葬器物，将其视作第三期的采集文化遗物，编号为CJ。

填土内出土的玉器与M3、M5、M11出土的玉器相似，亦应为中区墓葬的随葬器物。

M1填土内出土的文化遗物皆为玉器，计12件。

璜　4件。

CJ：1　青玉，玉质细腻，受沁呈鸡骨白，玉色微泛黄，不透明。半环形，两面平，两侧略向内倾，两端各有一小孔，孔为单面钻，通体抛光，表面光滑。长8.0、高4.7、宽1.1～1.4、厚0.5厘米（图五三五，2；图五三六，中）。

CJ：2　青玉，玉质细腻，受沁呈鸡骨白，玉色微泛黄，不透明。半环形，两面平，两侧略向内倾，两端各有一小孔，孔为单面钻，通体抛光，表面光滑。长7.9、高3.7、宽1.1～1.4、厚0.6厘米（图五三五，1；图五三六，上）。

两璜可合为一环（图五三五，3；图五三六，下）。

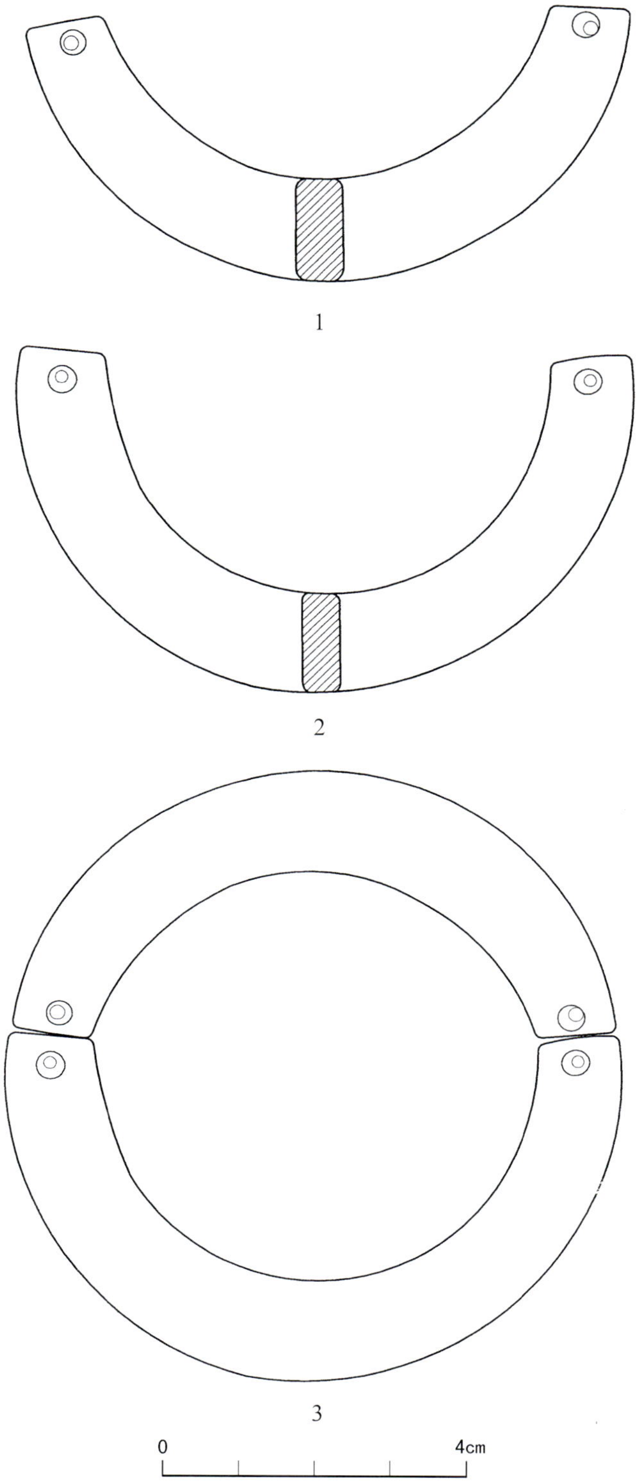

图五三五　玉璜

1.CJ：2　2.CJ：1　3.CJ：1、CJ：2

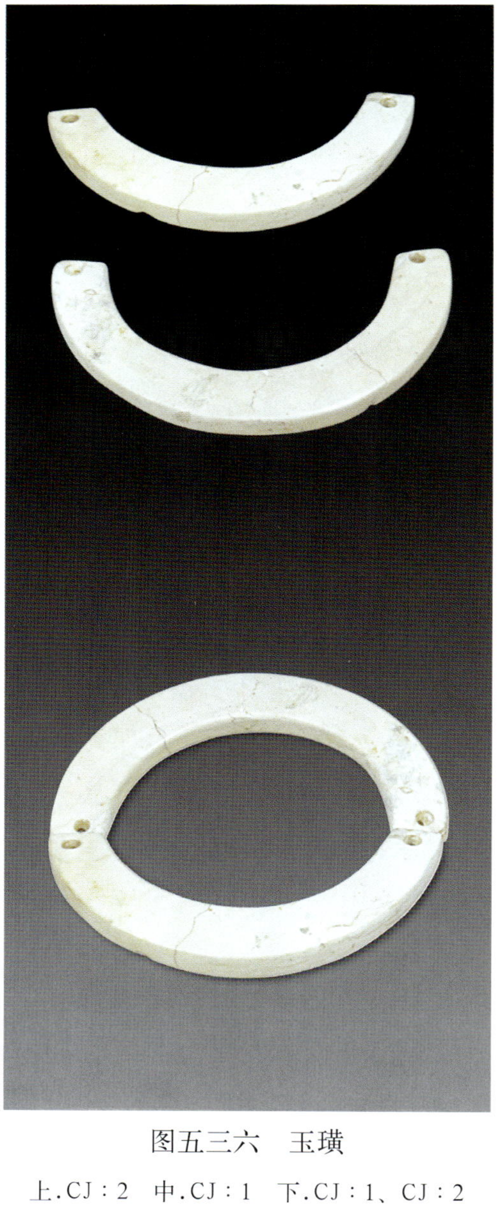

图五三六　玉璜

上.CJ：2　中.CJ：1　下.CJ：1、CJ：2

CJ：9　青玉，玉质细腻，受沁呈鸡骨白，玉色微泛黄，不透明。条状弧形，一端略残两面平，两侧平，近端部内凹，两端各有一小孔，孔为单面钻，通体抛光，表面光滑。长7.6、高3.3、宽1.3～1.5、厚0.7厘米（图五三七，图五三八）。

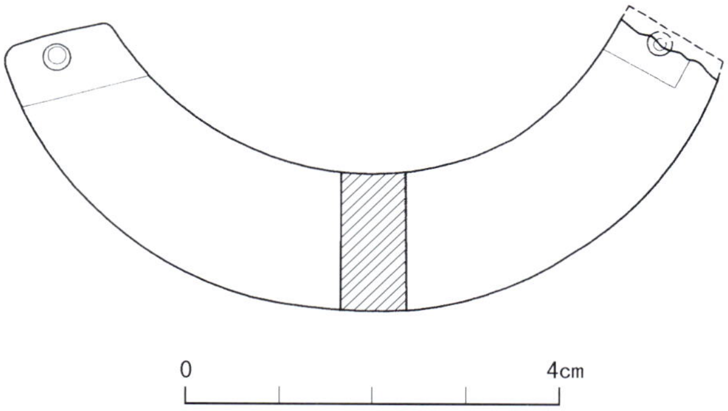

图五三七　玉璜（CJ：9）

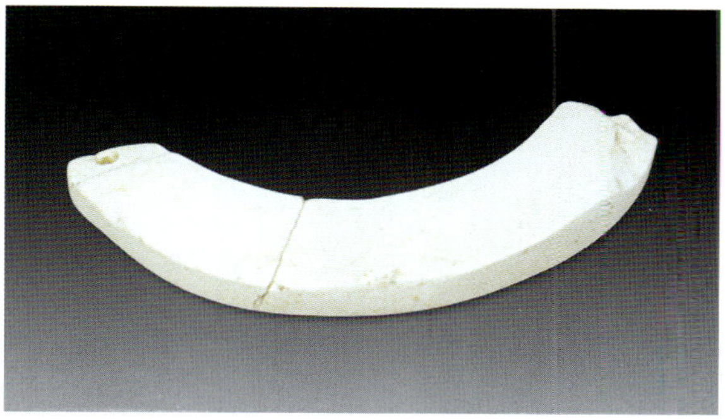
图五三八　玉璜（CJ：9）

CJ：10　青玉，玉质细腻，受沁呈鸡骨白，玉色微泛黄，不透明。条状弧形，两面平，两侧平，上侧内弧，下侧略平，两端各有一小孔，孔为单面钻，通体抛光，表面光滑。长7.3、高2.5、宽1～1.3、厚0.6厘米（图五三九，图五四〇）。

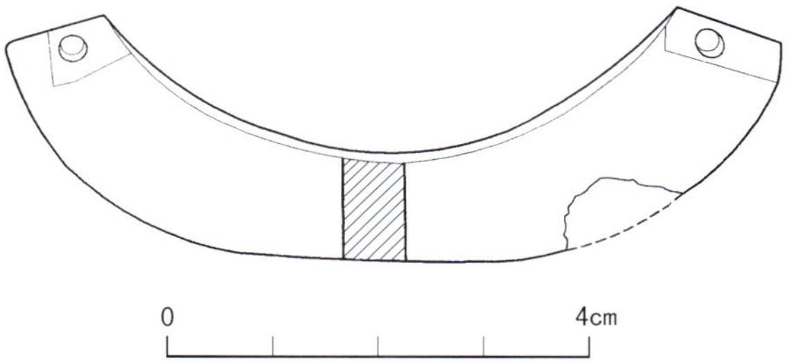

图五三九　玉璜（CJ：10）

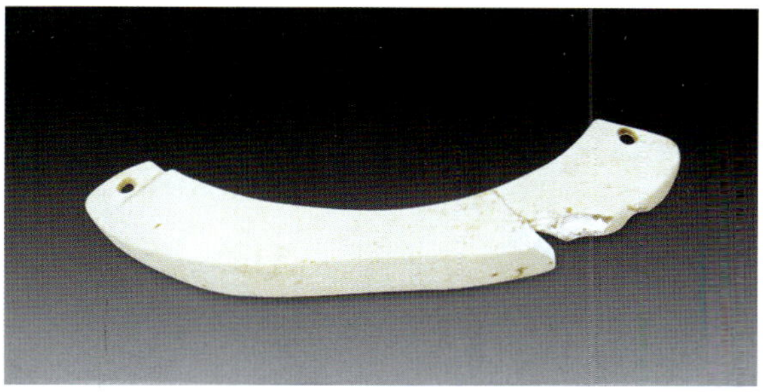
图五四〇　玉璜（CJ：10）

坠　1件。

CJ：6　青玉，受沁呈鸡骨白，玉质细腻，玉色泛黄，不透明。上端呈圆台形，有一穿，穿为两面对钻，坠近似圆柱形，中部圆弧，截面呈圆形，下端内收成尖锥形，通体抛光。通长5.4、最大径0.8厘米（图五四一，图五四二）。

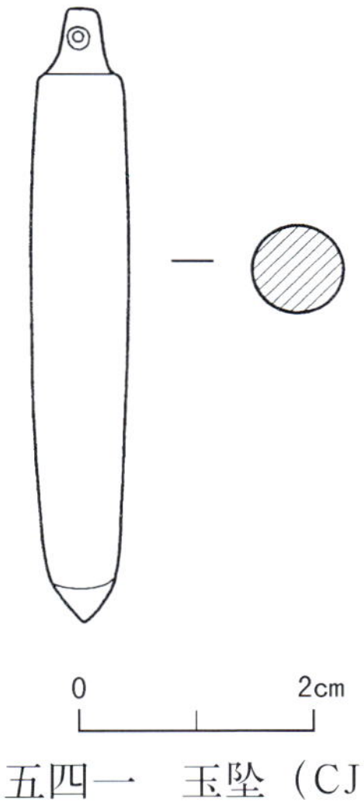

图五四一　玉坠（CJ：6）

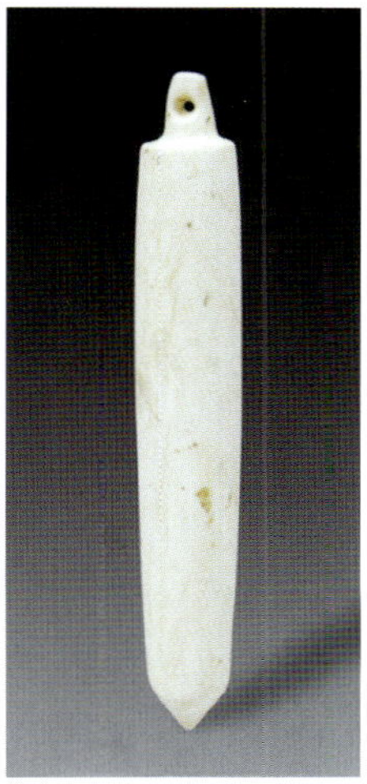
图五四二　玉坠（CJ：6）

坠形管　1件。

CJ：5　玉质疏松，受沁严重，完全白化，玉色呈灰白色，不透明。分为上中下三部，上部为圆柱形，弧顶，顶部有一深圆孔，侧面微凹，一周阴刻4只大眼和数道细弦纹；中部内收，较细，阴刻一周波浪纹；下部为圆柱形，微向外弧，截面呈圆形，下端内收成圆锥形，原通体抛光，受沁后器表较粗疏。通高10.0、最大径1.7、孔径0.6厘米（图五四三，图五四四；图版五〇）。

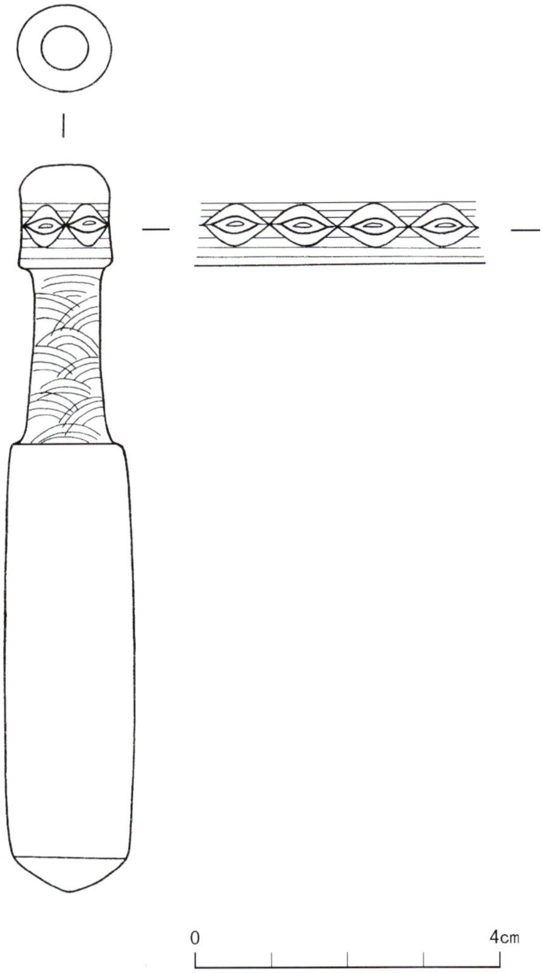

图五四三　人面纹坠形玉管（CJ：5）

图五四四　人面纹坠形玉管（CJ：5）

镯　3件。

CJ：8　青玉，间有深绿色花斑，玉质细腻，受沁局部呈鸡骨白，玉色青黄，微透明。圆圈形，外侧圆弧，通体抛光，表面光滑。外径7.0、内径5.7、高1.2、厚0.7厘米（图五四五，图五四六）。

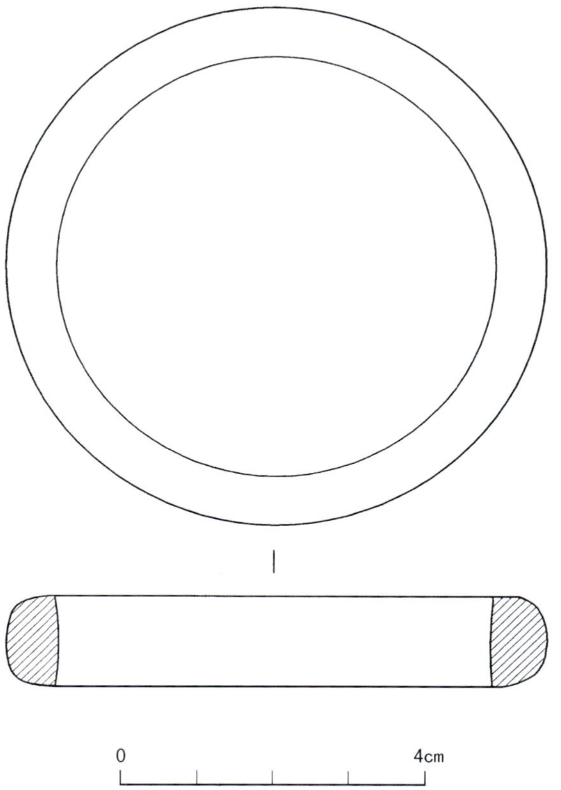

图五四五　玉镯（CJ：8）

图五四六　玉镯（CJ：8）

CJ：7　青玉，间有墨绿色和褐色花斑，玉质细腻，沁色呈白色条纹状，微透明。圆箍状，上下径较大，中部微向内弧，内外抛光，表面光滑。外径6.8、内径6.1、高1.9、厚0.35厘米（图五四七，图五四八）。

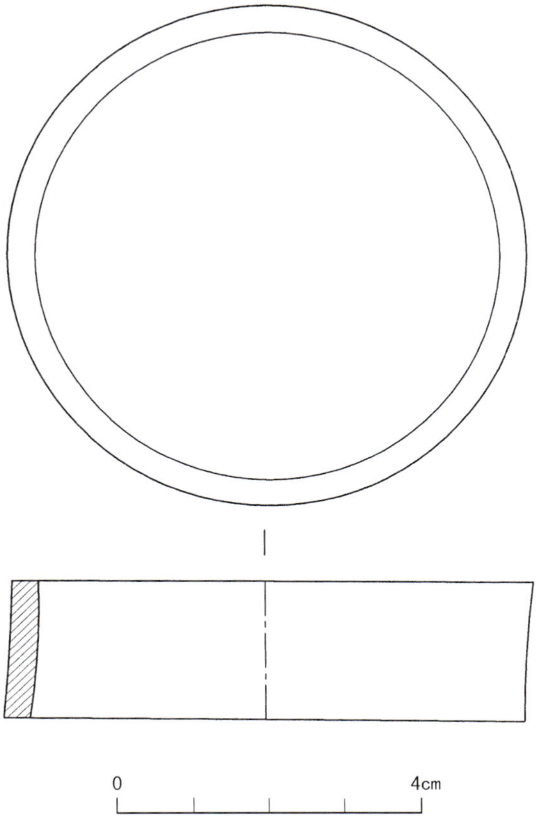

图五四七　玉镯（CJ：7）

图五四八　玉镯（CJ：7）

CJ：11　青玉，玉质细腻，受沁呈鸡骨白，玉色微泛黄，不透明。不规则圆箍状，断裂成三截，断裂处两侧钻有用以缀合的小孔，孔为单面钻，通体抛光，表面光滑。外径7.6～7.8、内径5.3～5.8、高1.4～2.9、厚0.5～1.4厘米（图五四九，图五五〇）。

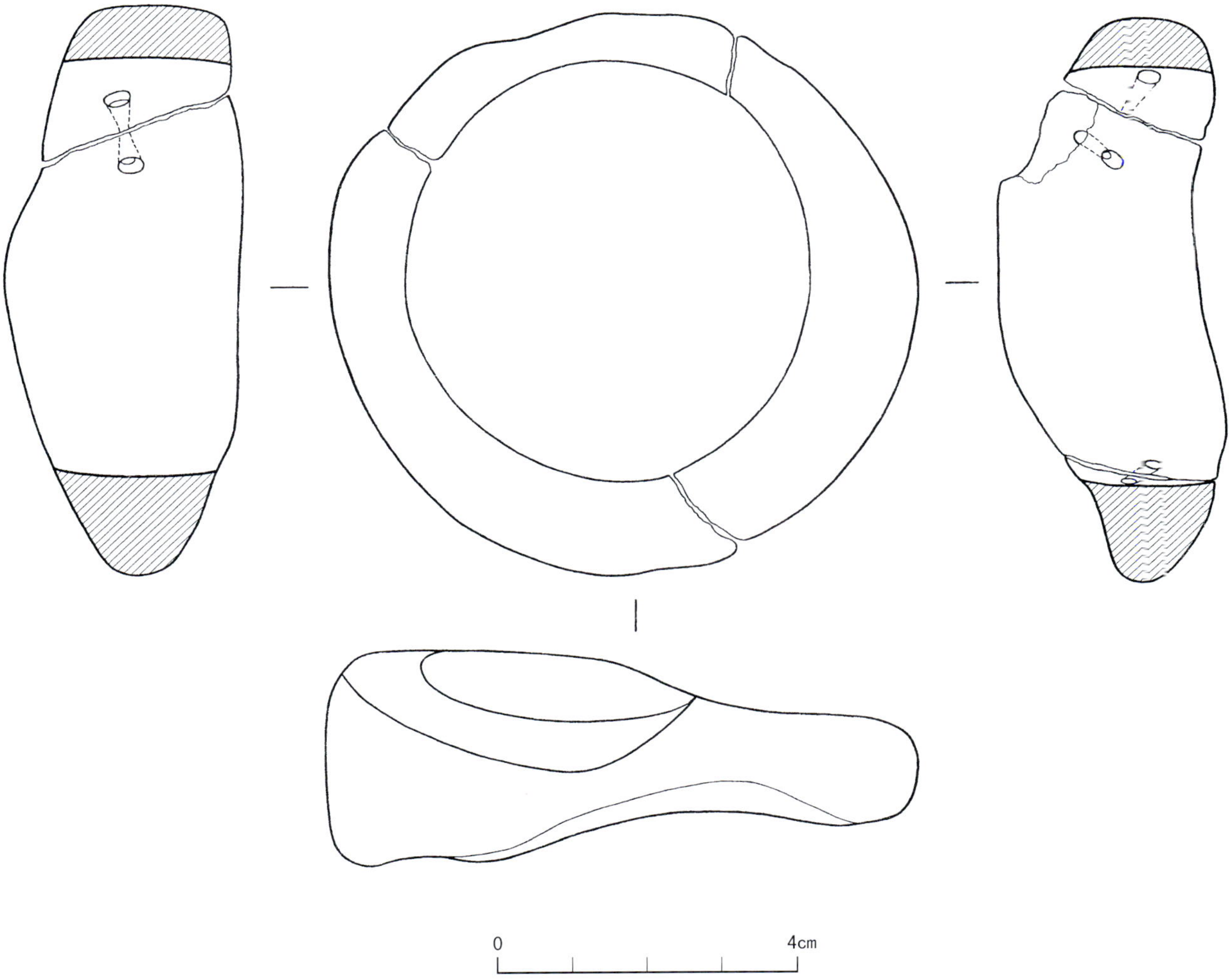

图五四九　玉镯（CJ：11）

图五五〇　玉镯（CJ：11）

图五五一　玉璧（CJ∶13）

璧　3件。

CJ∶13　青玉，玉色青绿，玉质晶莹，间有块状墨绿色和铁红色花斑，沁色呈青白色，微透明。圆形，边缘略有缺损，器形扁平、规整，素面，中有一圆孔，孔为两面对钻，孔内有未打磨尽的管钻痕和台痕，通体抛光，器表光滑，两面均留有未打磨尽的弧线切割痕。肉径17.8～18.0、好内径4.1、好外径4.6、厚0.7～0.8厘米（图五五一，图五五二；图版五一）。

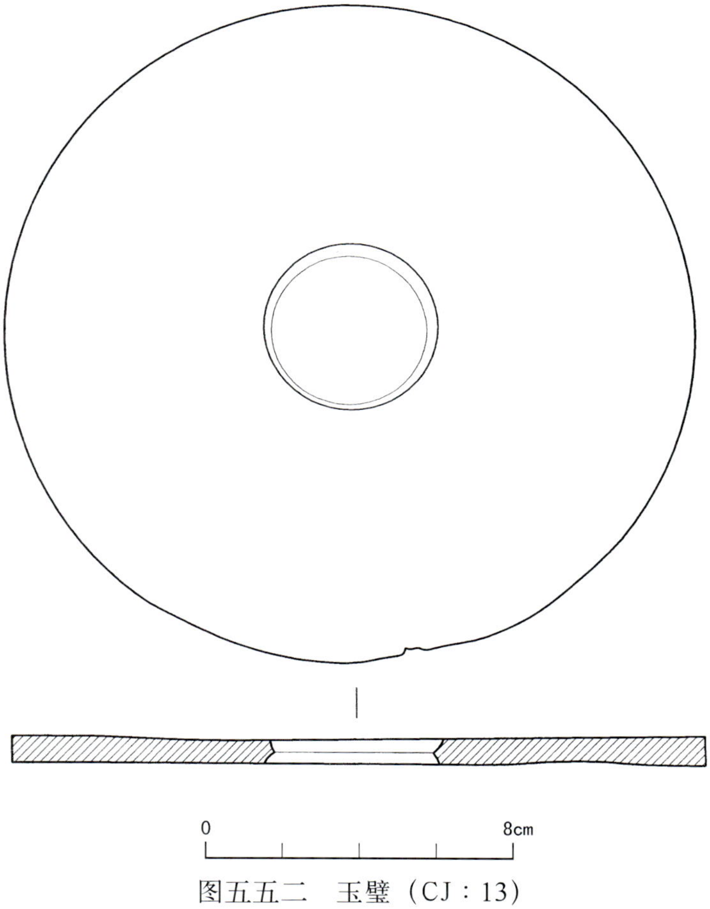

图五五二　玉璧（CJ∶13）

CJ：12　青玉，玉色深绿，近似碧玉，玉质晶莹，间有块状墨绿色花斑和铁红色条纹，沁色呈青白色条状，微透明。圆形，边缘略有缺损，器形扁平、规整，素面，中有一圆孔，孔为两面对钻，孔内有未打磨尽的管钻痕和台痕，通体抛光，器表光滑，两面均留有未打磨尽的弧线切割痕。肉径19.3～19.4、好内径3.8～3.9、好外径4.3、厚1.1厘米（图五五三，图五五四；图版五二）。

图五五三　玉璧（CJ：12）

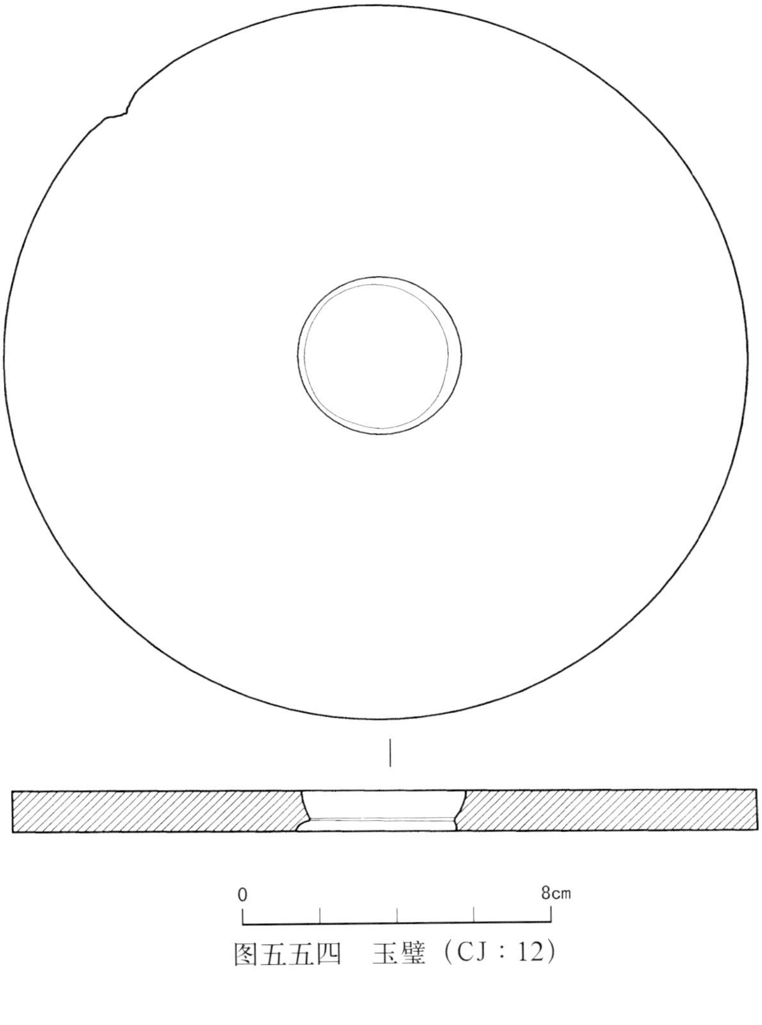

图五五四　玉璧（CJ：12）

图五五五　玉璧（CJ：14）

CJ：14　青玉，玉色青绿，玉质晶莹，间有块状墨绿色花斑，一面呈土黄色泥沁，一面呈青白色条状水沁，微透明。圆形，器形扁平、规整，边缘内弧，形体硕大，素面，中有一圆孔，孔为两面对钻，孔内有管钻痕和台痕，通体抛光，器表光滑。肉径24.4～24.6、好内径4.0～4.2、好外径4.7、厚1.25厘米（图五五五，图五五六；图版五三）。

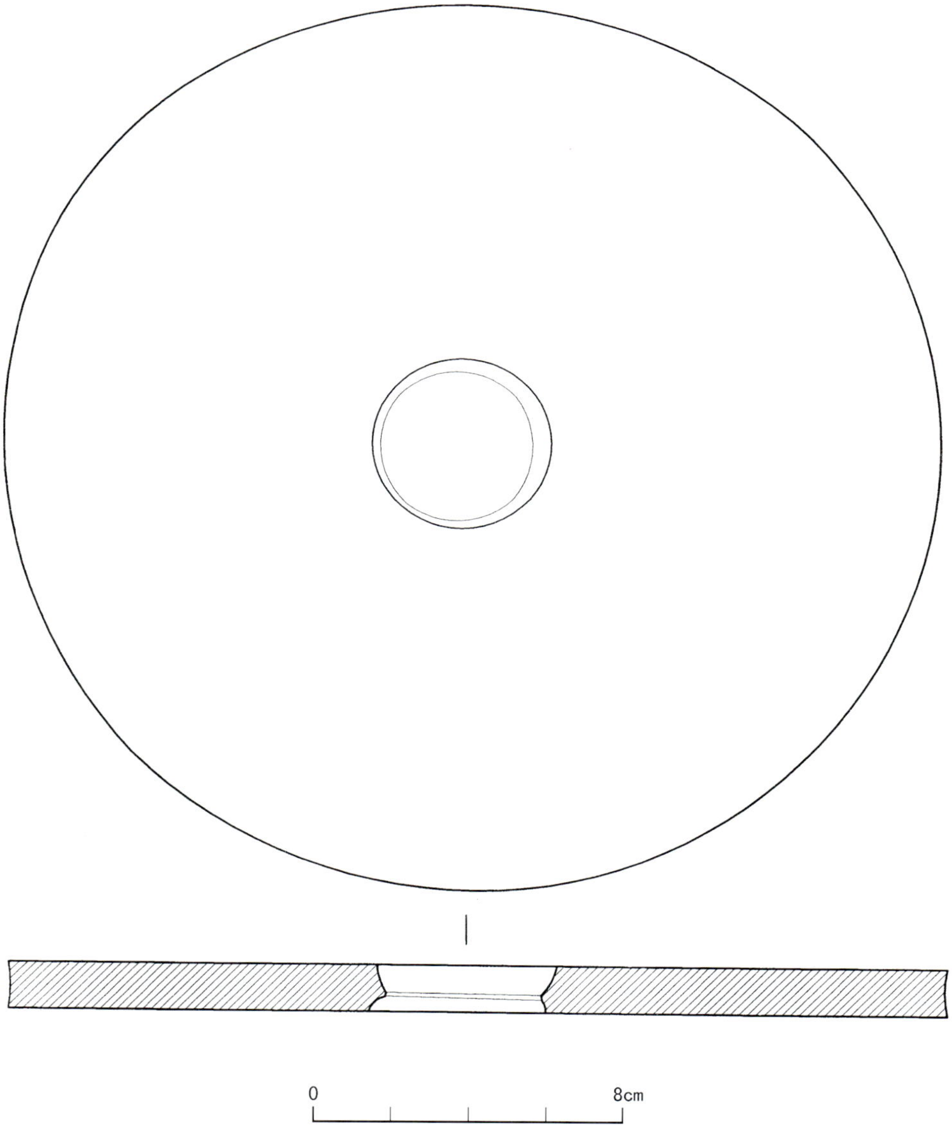

图五五六　玉璧（CJ：14）

五　采集的文化遗物

采集的文化遗物仅石器1件，在遗址东部采集。

犁　1件。

CJ：15　灰白色石料，犁尖残。三角形，顶部圆弧，中有方缺，两侧斜直，单面斜刃，犁身上部有两孔，下部有一孔，孔为双面管钻，通体仅粗略打磨。通宽24.4、残高14.5、孔外径2.4～2.6、孔内径2.0～2.2、厚1.2厘米（图五五七，图五五八）。

图五五七　石犁（CJ：15）

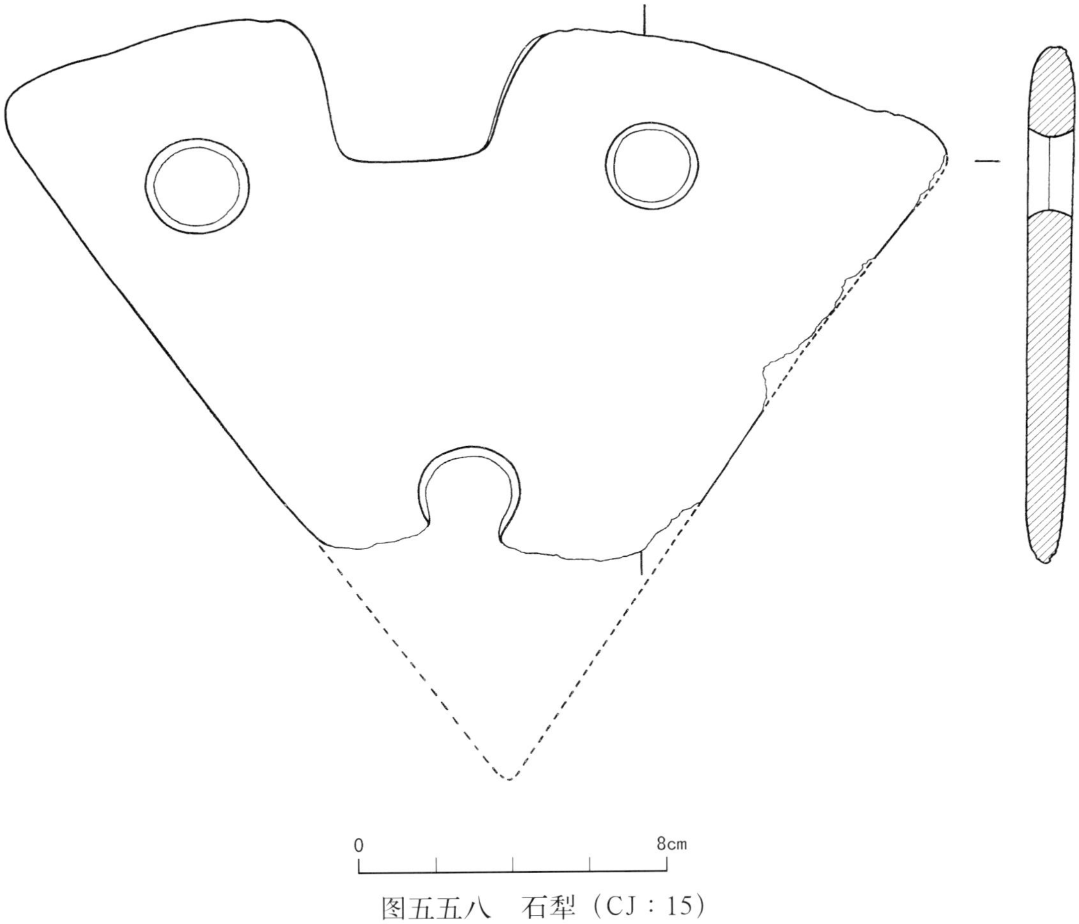

图五五八　石犁（CJ：15）

六 第三期文化性质与文化年代的推断

第三期的文化遗存主要有高土台和墓葬，墓葬出土的文化遗物十分丰富，有陶器、玉器和石器。陶器主要有侧扁足鼎、贯耳壶、带流阔把杯、罐、鬶等，玉器有琮、璧、钺、斧、坠、璜、镯、耳珰、梳背以及片状和管状玉饰等，石器主要有锛、斧、钺、刀等。

此外M1的填土中亦出土了较丰富的文化遗物，主要有玉璧、玉坠、玉镯等。

高土台即遗址的第3层出土了少量残石器。

第三期文化遗物的文化特征与分布于太湖地区的良渚文化相同。陶器中的截面呈“T”字形的侧扁足鼎、贯耳壶、带流阔把杯和罐、鬶等，皆为良渚文化的典型陶器，黑陶鼎、豆和贯耳壶刻划纹饰，也是典型良渚文化高规格随葬器物的装饰风格；玉器中，璧、琮、钺、坠、镯、璜、琮形管等都是良渚文化的常见玉器；而弧刃石斧和“风”字形石钺、斜柄石刀、三角形石犁等，同样为良渚文化的典型器物。

第三期的文化遗物主要表现为良渚文化的特征，根据墓葬形制和文化遗物推测，邱承墩遗址第三期文化遗存属分布于太湖地区的良渚文化。可资比较的良渚文化遗址有江苏武进寺墩遗址①、江阴高城墩遗址②、常熟罗墩遗址③、苏州草鞋山遗址④、昆山少卿山遗址⑤、赵陵山遗址⑥，上海青浦福泉山遗址⑦、马桥遗址⑧、寺前遗址⑨、金山亭林遗址⑩，浙江余杭

---

①南京博物院：《江苏武进寺墩遗址的试掘》，《考古》1981年第3期；南京博物院：《1982年江苏常州武进寺墩遗址的发掘》，《考古》1984年第2期；常州博物馆：《江苏武进寺墩遗址的新石器时代遗物》，《文物》1984年第2期；江苏省寺墩考古队：《江苏武进寺墩遗址第四、第五次发掘》，《东方文明之光——良渚文化发现60周年纪念文集》，海南国际新闻中心，1996年。

②江苏省高城墩联合考古队：《江阴高城墩遗址发掘简报》，《文物》2001年第5期；南京博物院、江阴博物馆：《高城墩》，文物出版社，2009年。

③苏州博物馆：《江苏常熟罗墩遗址发掘简报》，《文物》1999年第7期。

④南京博物院：《江苏吴县草鞋山遗址》，《文物资料丛刊（3）》，文物出版社，1980年；南京博物院：《苏州草鞋山良渚文化墓葬》，《东方文明之光——良渚文化发现60周年纪念文集》，海南国际新闻中心，1996年。

⑤苏州博物馆、昆山县文管会：《江苏昆山少卿山遗址》，《文物》1988年第1期；苏州博物馆、昆山市文物管理委员会：《江苏昆山市少卿山遗址的发掘》，《考古》2000年第4期。

⑥江苏省赵陵山考古队：《江苏昆山赵陵山遗址第一、二次发掘简报》，《东方文明之光——良渚文化发现60周年纪念文集》，海南国际新闻中心，1996年。

⑦上海市文物保管委员会：《青浦福泉山崧泽文化遗存》，《考古学报》1990年第3期；黄宣佩、张明华：《上海青浦福泉山遗址》，《东南文化》1987年第一辑；上海市文物保管委员会：《福泉山——新石器时代遗址发掘报告》，文物出版社，2000年。

⑧上海市文物管理委员会：《上海马桥遗址第一、二次发掘》，《考古学报》1978年第1期；上海市文物管理委员会：《马桥——1993—1997年发掘报告》，上海书画出版社，2002年。

⑨孙维昌：《上海青浦寺前村和果园村遗址试掘》，《南方文物》1998年第1期；上海市博物馆考古研究部：《上海市青浦寺前遗址的发掘》，《考古》2002年第10期。

⑩上海博物馆考古部：《上海金山区亭林遗址1988、1990年良渚文化墓葬的发掘》，《考古》2002年第10期。

瑶山遗址[①]、反山遗址[②]、汇观山遗址[③]、莫角山遗址[④]、庙前遗址[⑤]、横山遗址[⑥]、卢村遗址[⑦]、平湖庄桥坟遗址[⑧]、桐乡新地里遗址[⑨]、喇叭浜遗址[⑩]、章家浜和徐家浜[⑪]、海盐县龙潭港遗址[⑫]、湖州昆山遗址[⑬]等，此外还有嘉兴高墩坟、桐乡姚家山遗址、海宁东八角漾遗址、平湖图泽遗址[⑭]以及良渚遗址群[⑮]等。

第三期的文化遗存皆属良渚文化，然各文化遗存的年代略有差异。

高土台的土质纯净，包含物仅数件残石器，无法根据文化遗物推测其年代。高土台叠压在JS1和JS2之上，又被第三期墓葬打破，根据层位关系推测，其相对年代应晚于JS1和JS2，而早于M2～M11。

墓葬的年代也不尽相同。M7、M8和M9出土的陶器中，扁足罐形鼎、宽把罐形杯、折腹壶、花瓣足杯，以及鱼形玉璜等，似乎留有崧泽文化的特征；而M2、M3、M4、M5、M6、M10、M11出土的陶器中，有截面呈"T"字形侧扁足的夹砂红陶鼎和陶甗、贯耳的泥质灰陶簋、浅盆形腹的泥质黑陶鼎、扁腹的泥质黑陶贯耳壶、形体瘦长的带流阔把陶杯、高柄浅盘

①余杭县文物管理委员会办公室：《浙江省余杭县安溪瑶山12号墓考古简报》，《东南文化》1988年第5期　浙江省文物考古研究所：《余杭瑶山良渚文化祭坛遗址发掘简报》，《文物》1988年第1期；浙江省文物考古研究所：《余杭瑶山遗址1996－1998年发掘的主要收获》，《文物》2001年第12期；浙江省文物考古研究所：《瑶山》，文物出版社，2003年。

②浙江省文物考古研究所：《浙江余杭反山良渚墓地发掘简报》，《文物》1988年第1期；浙江省文物考古研究所：《反山》，文物出版社，2005年。

③浙江省文物考古研究所：《浙江余杭汇观山良渚文化祭坛与墓地发掘报告》，《浙江省文物考古研究所学刊》第三辑，长征出版社，1997年；浙江省文物考古研究所：《汇观山良渚文化遗址第二次发掘简报》，《文物》2001年第12期。

④浙江省文物考古研究所：《余杭莫角山遗址1992－1993年的发掘》，《文物》2001年第12期。

⑤浙江省文物考古研究所：《余杭良渚庙前遗址发掘的主要收获》，《浙江省文物考古研究所学刊》第二辑，科学出版社，1993年；浙江省文物考古研究所：《浙江良渚庙前遗址第五、六次发掘简报》，《文物》2001年第12期；浙江省文物考古研究所：《庙前》，文物出版社，2005年。

⑥浙江省余杭县文管会：《浙江余杭横山良渚文化墓葬清理简报》，《东方文明之光——良渚文化发现60周年纪念文集》，海南国际新闻中心，1996年。

⑦刘斌：《余杭卢村遗址的发掘及聚落考察》，《浙江省文物考古研究所学刊》，长征出版社，1997年。

⑧浙江省文物考古研究所、平湖市博物馆：《浙江平湖市庄桥坟良渚文化遗址及墓地》，《考古》2005年第7期。

⑨浙江省文物考古研究所、桐乡市文物管理委员会：《浙江桐乡新地里遗址发掘简报》，《文物》2005年第11期；浙江省文物考古研究所、桐乡市文物管理委员会：《新地里》，文物出版社，2006年。

⑩浙江省文物考古研究所：《桐乡喇叭浜遗址发掘》，《沪杭甬高速公路考古报告》，文物出版社，2002年。

⑪浙江省文物考古研究所：《桐乡章家浜、徐家浜良渚文化墓葬发掘》，《沪杭甬高速公路考古报告》，文物出版社，2002年。

⑫浙江省文物考古研究所：《浙江海盐县龙潭港良渚文化墓地》，《考古》2001年第10期。

⑬浙江省文物考古研究所、湖州市博物馆：《浙江省湖州市昆山遗址的新石器时代墓葬》，《南方文物》2006年第2期；浙江省文物考古研究所、湖州市博物馆：《昆山》，文物出版社，2006年。

⑭均见《崧泽·良渚文化在嘉兴》，浙江摄影出版社，2005年。

⑮浙江省文物考古研究所：《良渚遗址群》，文物出版社，2005年。

的泥质黑陶豆等，以及玉琮上饰简化的兽面纹和玉璧的边缘弧形内凹等，有明显的良渚文化特征。

因此，墓葬的年代可分为两个阶段：

前段　M7、M8和M9，其年代大致相当于良渚文化早期偏晚阶段；

后段　M2、M3、M4、M5、M6、M10和M11，其年代相当于良渚文化中期偏晚阶段或良渚文化晚期偏早阶段，而M1填土中出土文化遗物的年代与后段墓葬相当。

邱承墩遗址第三期未采集到可进行年代测定的碳-14标本，根据文化遗物推测，邱承墩遗址第三期的文化性质属良渚文化。良渚文化的年代与分期存在一定的分歧，本报告采用的良渚文化的年代跨度为公元前3300年～公元前2200年，分期采用早、中、晚三期。

邱承墩遗址第三期各文化遗存的文化年代排列为：

高土台的文化年代晚于JS1、JS2，早于前段墓葬，大致在公元前3300年～公元前3000年之间；

前段墓葬的文化年代为良渚文化的早期偏晚阶段，大致相当于公元前3000年前后；

后段墓葬的文化年代为良渚文化中期至晚期阶段，大致相当于公元前2400年前后。

根据以上分析，邱承墩遗址的第三期还可进一步分为前、后两期。

前期包括高土台和前段墓葬，年代大致在公元前3000年前后；后期主要为后段墓葬，年代大致在公元前2400年前后。

第三章　结　语

邱承墩遗址是继上海福泉山、吴县草鞋山、张陵山、昆山赵陵山、武进寺墩、常熟罗墩、江阴高城墩等良渚文化墓地后，太湖北部发现的又一处重要的新石器时代遗址。

邱承墩遗址中，又一次发现了太湖地区新石器时代的马家浜文化、崧泽文化和良渚文化的叠压关系，再次证实了太湖地区新石器时代考古学文化为马家浜文化——崧泽文化——良渚文化的发展演进过程，尽管邱承墩遗址所反映的文化序列还有一定的缺环。

邱承墩遗址第一次在太湖北部发现了崧泽文化晚期至良渚文化早期的并列的双祭台遗迹，并发现良渚文化中晚期的高台墓地。

第一节　邱承墩遗址的形成过程

通过邱承墩遗址的考古发掘，可以初步推测遗址的形成过程。

邱承墩遗址原为略高出四周的平地，马家浜文化时期开始有原始先民在此生息繁衍，留下居住遗迹和墓葬，形成最初的遗址。

崧泽文化晚期至良渚文化初期，在遗址上堆筑祭祀建筑，形成JS1和JS2。

良渚文化早期，在遗址上堆筑高土台，并将墓葬营造在高土台之上，形成高台和墓地。

战国早期，又在高土台的基础上，将土台加长、加宽和加高，修整成平台后开挖大型墓坑，埋葬后进行封土，最终形成覆斗状的土墩遗址。

邱承墩遗址在新石器时代经历了马家浜文化、崧泽文化和良渚文化三个时期，形成了良渚文化——崧泽文化——马家浜文化的三叠层。

第二节　邱承墩遗址第二期祭祀遗迹

崧泽文化的祭祀遗迹仅见于嘉兴南河浜遗址。

南河浜遗址的祭祀遗迹呈正方向，约为长方形覆斗状，底部南北残长13、东西宽12.5米；顶部南北残长10.5、东西宽10、高约1米。祭祀遗迹的北面与东面有两条灰沟环绕，可能与祭祀遗迹有一定的关系。

邱承墩遗址第二期祭祀遗迹的年代较南河浜略晚，约相当于崧泽文化末期至良渚文化初期，其规模与南河浜的祭祀遗迹相似，然保存较完整，而并列的双祭祀遗迹在太湖地区属首次发现。

邱承墩遗址并列的祭祀遗迹JS1的规模较JS2略大，JS1在西，底部近似正方形，底边东西长12.55、南北宽11.50、高1.10米，方向195°；JS2在东，底部近似正方形，东西长10.90、南北宽11.50、高1.50米，方向193°。

JS1的堆筑较JS2复杂，除堆积层多于JS2外，其底部有类似建筑的遗迹，顶部有一夹有黄、红、绿、褐、白色五花土的第3层并向上凸起呈不规则方柱状祭祀遗迹，祭祀遗迹的顶部置2件从腹部切割的夹砂陶罐，陶罐底部平置，口部扣置，呈两排并列置放，四周有经过烧烤后留下的不规则烧土，小玉器散放于方柱形祭祀遗迹周围的土中；而JS2顶部有类似JS1方柱状祭祀遗迹顶部的祭祀遗迹，同样置2件从腹部切割的夹砂陶罐，陶罐底部平置，口部扣置，唯置放方式呈十字形交叉状，与JS1不同，小玉器散放于顶部祭祀遗迹周围的土中。

邱承墩遗址祭祀遗迹的构筑方式特殊，而JS1底部的建筑基址可能与祖庙有一定关系。

《说文·示部》："礼，履也。所以事神致福也。从示从豊，豊亦声。"徐铉曰："五礼莫重于祭，故从示。豊者，其器也。"

礼，初文从豆、从玉。豆为陶器，玉为玉器。玉在豆中即为礼。邱承墩遗址祭祀遗迹的顶部皆为陶器，四周散置玉器，是否为最初的"礼"，值得探究。

《尔雅·释天》："祭天曰燔柴，祭地曰瘗薶。"《仪礼·觐礼》："祭天，燔柴。祭山、丘陵，升。祭川，沉。祭地，瘗。"祭祀遗迹中部的陶器四周经过火烧，是否为"燔"，值得探究；祭祀遗迹中大量瘗埋小玉器，是否为"瘗"，也同样值得探究。

邱承墩遗址的祭祀遗迹JS1居西，而JS2居东；JS1顶部有一向上凸起呈不规则方柱状祭祀遗迹，而JS2顶部的祭祀遗迹则内凹平置。"以西为尊"和"以北为尊"代表了不同的思想体系和文化传统，长江下游"以西为尊"的思想观念至少延续到秦统一之前。邱承墩遗址发现的并列的祭祀遗迹是否象征阴阳，是否为生殖崇拜的祭祀场所，同样值得探究。

首次发现的并列的祭祀遗迹，为研究和探讨崧泽文化晚期至良渚文化之初的社会形态和祭祀礼仪等提供了新的资料，也为探讨良渚文化社会形态的演进和礼仪制度的起源提供了新的资料。由于邱承墩遗址并列的祭祀遗迹为首次发现，可资比较的材料匮乏，仅能根据其表现出的文化现象作初步的探讨，而对其功能、性质作出最终的科学的结论，为时尚早。

第三节　邱承墩遗址第三期高台墓地

高台墓地在良渚文化遗址中是一个普遍现象，高台墓地的墓葬，大多随葬玉琮、玉璧、玉钺等高规格玉器，表明高台墓地是良渚文化的贵族墓地。

邱承墩遗址位于太湖北部，太湖北部发现的高台墓地自东而西有上海福泉山、昆山赵陵山、苏州草鞋山、江阴高城墩、武进寺墩，邱承墩遗址第三期高台墓地的发现，使太湖北部自东而西的高台墓地串连成片，并可根据高台墓地的空间分布对太湖北部的良渚文化作进一步的综合研究。

太湖北部高台墓地中，规格最高的当属武进寺墩遗址，其中寺墩M3出土玉琮33余件、玉璧24余件，然未见玉钺。

邱承墩遗址高台墓地中，M5随葬玉璧9件、玉琮2件、玉钺3件，在太湖北部的良渚墓葬中，规格仅次于寺墩M3；此外，邱承墩遗址第三期高台墓地的3座墓葬都随葬玉钺是一个值得注意的现象。

邱承墩遗址良渚文化贵族墓葬中，M3墓坑长3.09、宽1.16米；M5墓坑长3.58、宽1.05米；M11墓坑长3.55、宽0.99米。3座墓葬土坑的规模相差不大。

M3随葬器物62件（组），计有玉器19件（组），石器17件，陶器26件；M5随葬器物共54件（组），其中玉器26件（组），石器9件，陶器19件；M11随葬器物共51件（组），其中玉器22件（组），石器12件，陶器17件。3座墓葬随葬器物的数量和种类也相差无几。

良渚文化中，反映墓主身份高下的主要有玉琮、玉璧和玉钺。M3随葬玉琮3件、玉璧7件、玉钺1件，计11件；M5随葬玉琮2件、玉璧9件、玉钺3件，计14件；M11随葬玉璧6件、玉钺2件，计8件，不见玉琮，然有琮形玉管。根据玉琮、玉璧和玉钺的数量及组合，3座贵族墓葬的规格依次为M5、M3和M11。在太湖北部，邱承墩遗址M5应为玉琮、玉璧、玉钺数量较多的大型墓葬之一。

邱承墩遗址第三期文化遗物中，人面纹坠形管、“葫芦形”挂饰为首次发现的造型特殊的玉器，为良渚玉器的研究增添了新的器形。

邱承墩遗址高台墓地虽然仅清理了4座高规格的良渚文化墓葬，然其排葬有一定的规律，为研究良渚文化高台墓地中墓葬的排葬规律增添了新的资料。

Abstract

The Qiuchengdun site is located at the northeast to Hongshan Town, Wuxi City, with coordinate of 120°30' 16.8" E and 31°29' 38.6" N.

The alluvial plain from which the site was excavated, sitting on northern bank of the Tai Lake, is characteristic of the typical watery region in southern China whose circumstance is full of rivers and lakes with average altitude around 1-4m, and the highest about 5-6m. The pollen analysis shows that the environment before the site formatted had gotten the geographical features of everglade which was strewn thick with lands, rivers, lakes and swamps.

From Feb. to May of 2005, an archaeological group composed of the Jiangsu Provincial Archaeological Institute and the Cultural Relics Administrative Committee of Xishan, Wuxi City, carried out a rescue excavation, and 2015 m^2 of the Qiuchengdun Neolithic site have been dug up.

A study on the strata deposits and the unearthed artifacts, the features as well suggests that this Neolithic site could be divided into three stages.

Stage I: the stratum 5 and the 12 burials, M12—M23, broken though the stratum 5; And 2 house features (F1, F2).

Stage II: the stratum 4 and the sacrificed features, JS1 and JS2, overlapped on the stratum 4.

Stage III: the stratum 3 and the burials broken though the stratum 3, i.e. the high terrace made of earth though which the 10 burials, M2—M11, broken.

The artifacts belong to the stage I are much less than that from other stages, including mainly pottery such as *dou*, *guan*, stone tools like adzes and *huang*. The stage I could be dated back to *c*.4100 BC, corresponding to the late Majiabang Culture.

There are much plenty of artifacts and features discovered from the stage II, such as pots, cups, jars, *yan*, *dou* of pottery category, beats, bracelets, ear pendants of jade category, and sickles, adzes, knives, axes of stone tools. Age of the stage II presumably corresponds to the transition from the Songze Culture to the Liangzhu Culture, whose age is of *c*.3300 BC.

The staple features of the stage III are of the high terrace made of earth and burials. The grave goods from burials are quite affluent in pottery lake tripods (*ding*), pot with erect ears, cups with wide handles, jars and *gui*, in jades lake *cong*, *bi*, *yue*, *huang*, bracelets, ear pendants, axes, and in stone tools such as adzes, axes, knives.

Moreover, the stage III can be again partitioned to the early phase and the late phase. The early phase comprises the high terrace made of earth and M7, M8, M9, whose age corresponds to the early Liangzhu Culture, *c*.3300 BC to *c*.3000 BC. The late phase consists of M2, M3, M4, M5, M6, M10 and M11, whose age corresponds to the middle Liangzhu Culture, *c*.2400 BC.

The Qiuchengdun Neolithic site should taken as a continued and important discovery on the Liangzhu Culture after many cemeteries had been found from the sites such as Fuquanshan in Shanghai, Caoxieshan in Wu County, Zhaolingshan in Kunshan, Sidun in Wujin County, Luodun in Changshu Town, Gaochengdun in Jiangyin County, and the others.

During the time of the Majiabang Culture, the Songze Culture, and the Liangzhu Culture, the Qiuchengdun Neolithic site formatted its geographic deposits which respectively correspond to these three cultures.

The feature JS1 and feature JS2 of the stage II are considered as sacrificed features. The feature JS1 was constructed in a complicated way whose bottom was built as a foundation, and, from stratum 3 to the top, a earth cube with different colors are probably left as remains of sacrifice. At the top of the feature there are two jars which both were transected from middle with the upper parts in state of being inverted. Around the jars, there is some sporadic burnt earth with small artifacts made of jade on. This new discovery of the sacrificed features provides us with the latest evidences for understanding the society and the ceremony of the Liangzhu period.

From the high terrace made of earth, 4 burials, of 3 kept in intact state, and many grave goods have been discovered, 64 grave goods, of 3 jade *cong*, 7 *bi* and 1 *yue* from M3, 54 grave goods, of 2 jade *cong*, 9 *bi* and 3 *yue* from M5, 51 grave goods, of 6 jade *bi* and 2 *yue* from M11.

Some special artifacts made of jade such as a pipe with design of human mask, pendants in shape of gourd superinduce a new category to the jade of the Liangzhu Culture. The 4 burials from the high terrace made of earth were disposed in a regular way which provides a new information for the study of the cemeteries buried in the high terrace made of earth of the Liangzhu Culture.

后　记

《邱承墩——太湖西北部新石器时代遗址发掘报告》是我完成的第三部考古发掘报告，也是我的最后一部考古发掘报告。自1999年科学出版社出版了《龙虬庄——江淮东部新石器时代遗址发掘报告》以来，2007年文物出版社又出版了《鸿山越墓发掘报告》。十年之内出版了三部考古发掘报告，其中的酸甜苦辣也只能自己慢慢地回味了。

1979年春参加江苏海安青墩新石器时代遗址的发掘，可以说是我考古生涯的开端，至今已三十年矣。三十年的考古生涯，除完成三部考古发掘报告之外，由我主持的高邮龙虬庄新石器时代遗址、无锡鸿山越国贵族墓地和无锡阖闾城遗址还先后被评为1993年、2004年和2008年度的“全国十大考古新发现”。

出版三部考古发掘报告和三项考古工作被评为“十大考古新发现”，应是我从事考古工作三十年的一个总结。六十年一个甲子，也是人生的一个轮回。光阴荏苒，马齿徒增，不知东方之既白。《邱承墩——太湖西北部新石器时代遗址发掘报告》的出版，也意味着我的考古生涯终于画上了一个句号。子曰：“君子食无求饱，居无求安，敏于事而慎于言，就有道而正焉，可谓好学也已。”这正是我一生做事的准则和做人的追求。

《邱承墩》是一部描述型报告，而不是研究型报告。本报告尽可能地客观地反映遗址的真实面貌，尽可能保持文化遗迹和遗物的完整性，并且每一个文化遗迹和每一件文化遗物都可以回归到原层位之中。本报告有意识地回避了考古类型学和根据考古类型学而进行的文化分期，因为考古类型学和根据考古类型学而进行的文化分期是考古学研究的一种方法，反映了研究者的主观因素而并非反映遗址中各文化遗迹和文化遗物的原貌。考古发掘报告应客观地反映遗址的全貌，为研究者提供科学而客观的考古资料，而并非将主观认识强加于读者。

回想20世纪80年代在山东兖州西吴寺参加考古领队培训班时，规范田野考古操作规程和强化考古地层学和考古类型学的学习，使之成为考古工作者必须掌握的研究方法，本无可厚非。然矫枉过正，其后在编撰考古发掘报告时为了表明已娴熟地掌握了考古地层学和考古类型学，每每必对文化遗物进行分型、分式和分期，甚至还有亚型、亚式和分期、分段。事实上这样的考古发掘报告不仅使考古学之外的研究者难于应用考古发掘资料，而且为了顺应考古类型学的需要而丢失了大量的考古资料和信息。因此在编撰考古发掘报告时尽可能地去主观化，这应是编写考古发掘报告的一种回归，但愿能成为今后编撰考古发掘报告的趋势。

我曾经历过这个时代和这个过程，当时的心情可谓“少年不识愁滋味，为赋新词强说愁”。三十年过去了，现在的心态则是“而今识尽愁滋味，却道天凉好个秋”。科学而客观地反映考古发掘工作的全貌，为研究者提供翔实的资料和广阔的空间，是本报告编撰的宗旨。

“却道天凉好个秋”，考古如此，人生又何尝不如此。

大江东去，逝者如斯。三十年，弹指一挥间。

1978年春，我有幸进入南京大学历史系考古专业，也有幸成为蒋赞初先生的弟子。在为《蒋赞初先生八秩华诞纪念文集》所撰写论文的后记中，我曾这样写道：“蒋赞初先生是我的老师，也是我最崇敬的先生。先生治学严谨，平易近人，对我们这些恢复高考后首批进入南京大学的学生，更是倾注了大量心血，无论是在学校的课堂上，还是在鄂城的工地上，先生授业、解惑、传道，身体力行，言传身教，不仅传授了专业知识，更重要的是传授了治学态度和治学方法，使我们终身受益匪浅。三十年来，每当我在考古工作中遇到困难和挫折时，眼前总浮现出先生的音容笑貌；每当我在考古工作中取得一些成绩时，耳边又仿佛响起先生的教诲和鼓励。在我的心目中，先生是我永远的老师。时值先生八秩华诞之际，将自己在编写考古报告时所做的资料汇集工作编撰成文，为先生祝寿，甚感欣慰，这也许是先生精神的一种传承吧。”

报告完成之后，不禁又想起初入南京大学历史系之时，考古专业的张之恒、洪家义、查瑞珍、秦浩、吴伯匋和北京大学的李伯谦等先生将我一步一步领入考古学殿堂的情景，往事历历在目，恍若昨日。为了更好地培养我们，蒋先生还延请了东南大学的刘叙杰、南京医科大学的姚传业、河南省文物考古研究所的安金槐、浙江省文物考古研究所的朱伯谦、南京市博物馆的李蔚然等先生讲授了大量的专题课，使我们不仅学到了不同的专业知识，也学到了不同的研究方法。如果说今天能够取得一点成绩，与在南京大学打下的良好基础不无关系。于是我想无论如何一定要请我的启蒙先生为本报告作序，这也许是考古心态的一种回归吧！

如今八旬高龄的蒋先生冒盛夏酷暑，数易其稿，为本报告作了洋洋洒洒的序，其情也真真，意也切切，感激之情无法言表，但愿本报告的出版能够作为对蒋先生和其他先生谆谆教诲的一个回报吧！

愿先生健康长寿。

張敏

2009年8月7日，时值立秋。

图　版

M3随葬器物出土情况（东—西）

陶壶（M3：38）

陶壶（M3：39）

玉项饰（M3：2）

图版五

玉琮（M3:11）

玉琮（M3：10）

玉琮 (M3:6)

玉璧（M3：18）

玉璧（M3：17）

玉璧（M3：16）

玉璧（M3：21）

玉璧（M3：23）

玉璧（M3∶20）

玉璧（M3：20）

玉璧（M3：19）

玉璧（M3：19）

1、2. 玉斧（M3：12）

3、4. 玉钺（M3：26）

M3出土玉器

1. 玉管（M4∶6、M4∶8、M4∶5）

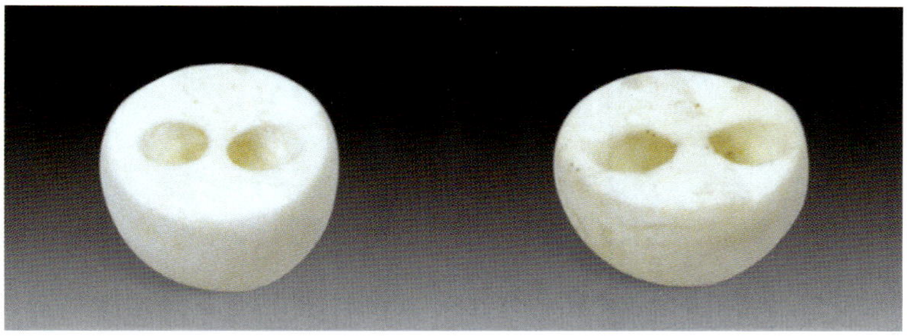

2、3. 玉扣形饰（M4∶9、M4∶10）

4. 玉管（M4∶2）

5、6. 玉璜（M4∶3）

M4出土玉器

1、2. 玉冠饰（M4∶4）

3. 玉镯（M4∶7）

4. 玉环（M4∶1）

M4出土玉器

M5随葬器物出土情况(南—北)

1. 玉项饰（M5:1）

2. 玉耳铛（M5:22，M5:23）

M5出土玉器

1、2. 玉梳背（M5：18）

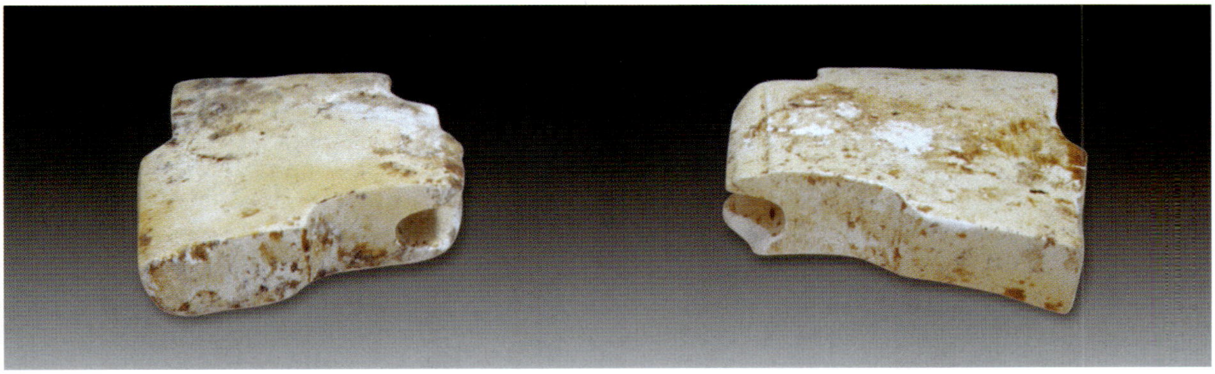

3～5. 有槽片形玉饰（M5：19、M5：21）

M5出土玉器

图版二三

玉琮（M5:5）

玉琮（M5：3）

玉璧（M5：35）

玉璧（M5：32）

玉璧（M5:36）

玉璧（M5：33）

玉璧（M5：27）

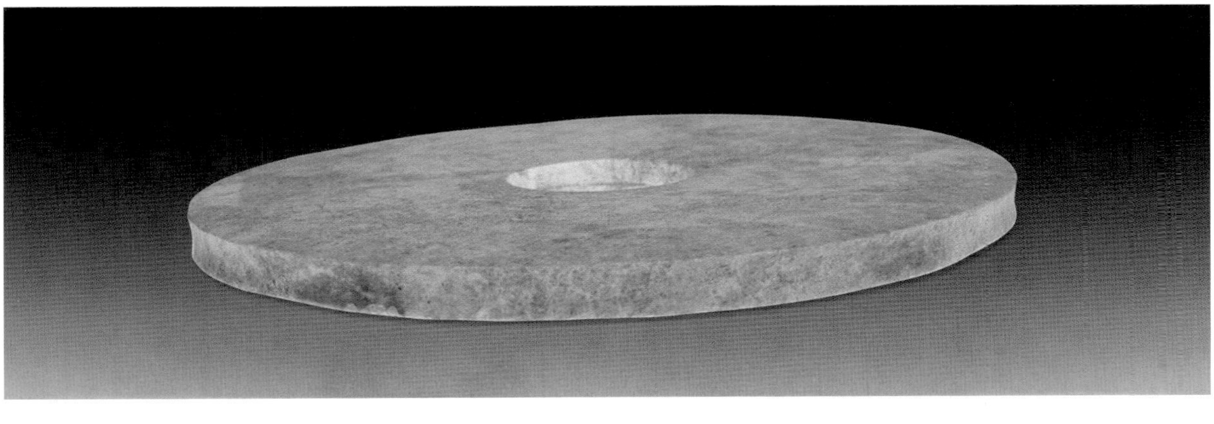

玉璧（M5：27）

玉璧（M5：31）

玉璧（M5：31）

玉璧（M5：29）

玉璧（M5：29）

玉璧（M5：25）

玉璧（M5：25）

玉璧（M5：28）

玉璧（M5：28）

M5出土玉璧

1、2. 玉钺（M5:13）

3、4. 玉钺（M5:8）

M5出土玉钺

图版四一

1、2. 玉钺（M5∶6）

3~5. 鱼形玉璜（M7∶3）

M5、M7出土玉器

陶鼎（M11：44）

1. 玉项饰（M11∶1）

2、3. 琮形玉管（M11∶19）

M11出土玉器

凿形玉饰（M11:5、M11:7）

1. M11出土玉璧

2、3. 玉璧（M11∶17）

4、5. 玉璧（M11∶13）

M11出土玉璧

1、2. 玉璧（M11∶15）

3、4. 玉璧（M11∶11）

M11出土玉璧

1、2. 玉璧（M11:14）

3、4. 玉璧（M11:2）

M11出土玉璧

1、2. 玉钺 (M11:24)

3、4. 玉钺 (M11:28)

M11出土玉钺

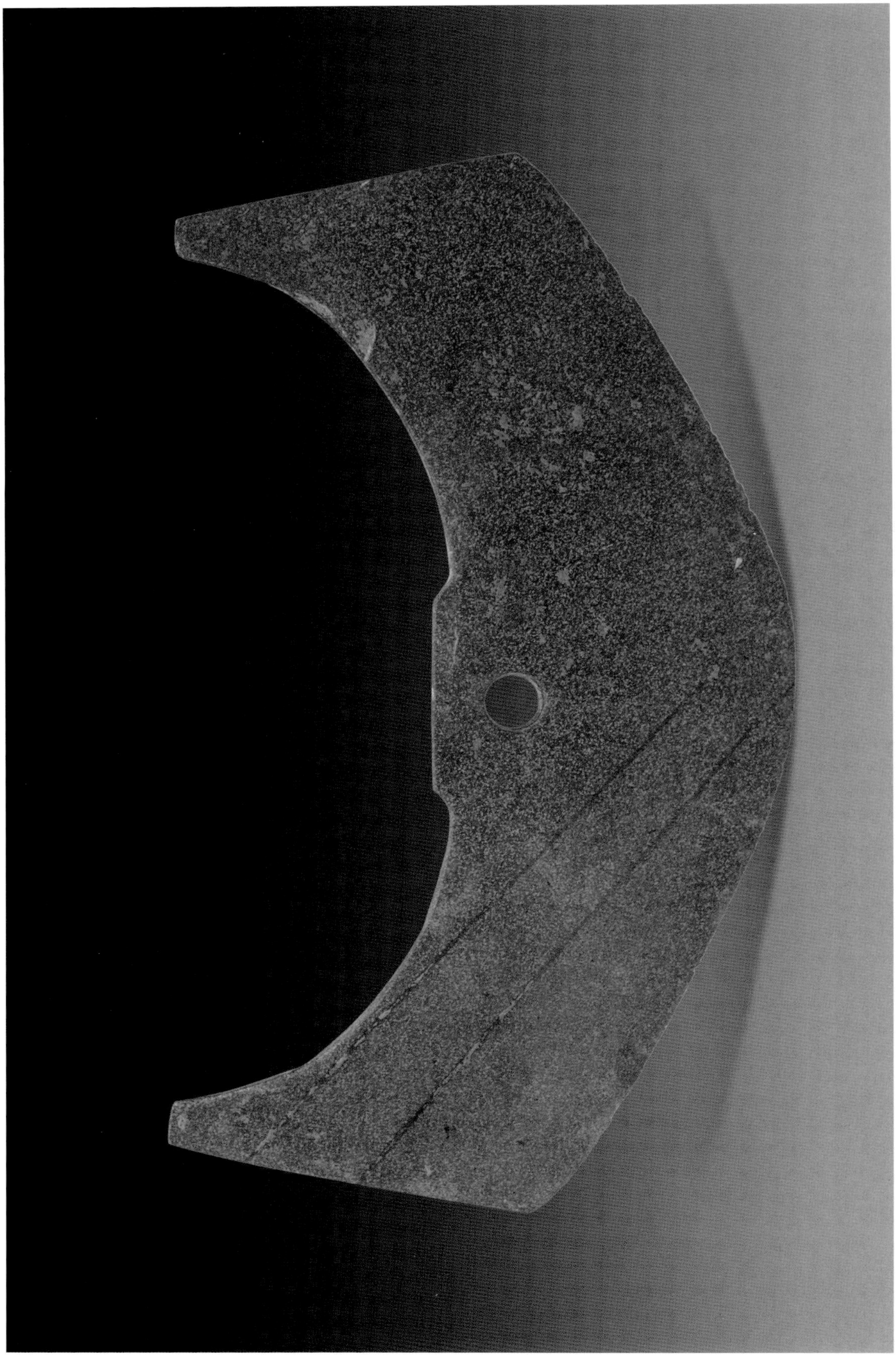

“V”字形石钺（M11:3）

M1填土中出土的玉坠形管（CJ:5）

图版五一

M1填土中出土的玉璧（CJ:13）

M1填土中出土的玉璧 (CJ:12)

M1填土中出土的玉璧（CJ:14）